COMMISE 1204

William "the Bastard" or "the Conqueror".

Born autumn 1028 at Falaise, Normandy; son of Robert I, sixth Duke of Normandy, by Herleve, daughter of Fulbert, a tanner. At the age of 7 he succeeded his father who had died whilst returning from crusade in July 1035. After defeating Harold Godwineson at Hastings on 14th October 1066 he was crowned King of England in Westminster Abbey on Christmas Day of the same year. William died on the morning of 9th September 1087 at Saint-Gervais, close to Rouen, following an intestinal injury suffered whilst attacking the town of Mantes in the Vexin some weeks before. The coin pictured is in the National Portait Gallery, London (to whom many thanks for permitting the reproduction of this image) and appears to be a copy of a 1068 silver penny measuring ¾ in. (19 mm) in diameter. The coin is similar in appearance to a coin in the British Museum Collections (William 1, BMC 20); a silver penny of William I, type 1, mint Hastings, moneyer Dunnic. Through the actions of William, England and Normandy were brought under a single political leadership. The Channel Islands remain Crown possessions. William's great-great-grandson, John, forfeited continental Normandy to King Philippe Auguste of France in 1204, 801 years ago. This event was known as the *Commise*.

Iura quaecunque dictauit optimis rationibus sanxit.

Whatever laws he promulgated, he promulgated for the best of reasons.

The Gesta Guillelmi of William of Poitiers, edited and translated by RHC Davies and Marjorie Chibnall, Oxford Medieval Texts, 1998 at ii.33.

The opening ceremony of the Rencontre 2004 in the Royal Courtroom, St Peter Port.
The Bailiff presides, accompanied by (seated to his right) the Lieutenant-Governor of Guernsey Lieutenant-General Sir John Foley, KCB, OBE, MC together with (on his left) Sir Charles Frossard, the Deputy Bailiff, Mme Poirey, M. Boutin, and the Jurats of the Royal Court.

COMMISE 1204

STUDIES IN THE HISTORY AND LAW OF CONTINENTAL AND INSULAR NORMANDY

Being a collection of papers produced for the *Rencontre du Droit Normand* held in the Royal Court Chamber, St Peter Port, Guernsey on 10th and 11th June 2004 to mark the 8th centenary of the *commise* or loss of continental Normandy by King John to the French Crown and to celebrate the continuing links between the Islands and the province.

EDITED BY

GORDON DAWES, MA (Oxon)
Barrister, England & Wales
Advocate of the Royal Court of Guernsey

THE GUERNSEY BAR
BARREAU DE GUERNESEY
AT ST PETER PORT
2005

Published in the Channel Islands by
The Guernsey Bar
St Peter Port
Guernsey
Channel Islands

www.guernseybar.com

ISBN 0-9550395-0-9

Potographs on pages ii, xiv and xxv by Brian Green

Produced by John Saunders Design & Production Oxfordshire, OX13 5HU
Printed and bound in Great Britain by Biddles Ltd., King's Lynn

The publication of this work is
dedicated by the Guernsey Bar
with profound respect
and affection to

Sir de Vic Carey
Bailiff of Guernsey
1999–2005

CONTENTS

FOREWORD

A C K DAY, CBE
Lieutenant and formerly Deputy Bailiff
of the Royal of Guernsey

The Guernsey Bar is not only to be congratulated on publishing the papers from the Rencontre, 2004, as an established record of the learning it engendered and its contribution to a wider understanding of our history, specifically in constitutional and legal matters. It is also to be commended for its worthy decision to dedicate this publication to the Bailiff, coinciding as it does with his retirement.

The law and legal practice is in Sir de Vic Carey's very blood. It was as long ago as 1889 that Jurat F.-J. Jeremie, in his preface to the publication by the Royal Court of the work by Laurent Carey (1723–1769) entitled "Les Institutions, Lois et Coûtumes de L'Ile de Guernesey", described the Carey family as "*la plus distinguée, après celle de Le Marchant, dans les annales judiciaires de cette île*". Clearly, the Le Marchants have, in succeeding decades, lacked the stamina of the Careys, whose production-line of eminent lawyers has continued unabated to this day; though the absence of members, save one, amongst the current Bar, now exceeding 100, might be considered worrying by some. I digress.

Sir de Vic Carey has served this community as a Crown appointee (Comptroller, Procureur, Deputy Bailiff and Bailiff), with unceasing and conscientious dedication and vigilance for approaching 30 years. Whilst this is not the place to explore the width of that distinguished service, it is a welcome opportunity to highlight one undoubted feature of his various terms of office, of which the general public may be largely unaware. I refer to his, almost paternal, concern for the standards and standing of the Guernsey Bar, within the context of the wider public interest.

Interspersed with the occasional outburst of frustration or displeasure, that concern has manifested itself in many positive and purposive ways. I take but a few examples. As Procureur and leader of the Bar, he was crucially involved in the introduction of regulations regarding advocates' accounts (trust and client accounts and deposit interest), as well as the amendment of conveyancing practices. Similarly, he was the driving force behind the establishment of the Guernsey Law Journal, a constructive attempt to improve the knowledge of, and information available to, both professionals and public alike. More recently, as a judge of the Royal Court, he has consistently been at pains to emphasise the width of Counsel's responsibilities to assist the Court in all aspects of litigation, rather than being driven solely by a client's interests. Moreover, as Bailiff, his assistance in the consolidation of links with Caen University (in contrast to elsewhere), and his encouragement of events such as the Rencontre in 2004, have been invaluable. They reflect the importance both of our Norman heritage, of which he is keenly and proudly aware, and that it should not suffer from total professional neglect.

Thus, Sir de Vic Carey has steadfastly maintained the high standards of his family's contribution to the legal and judicial traditions of the island. Not least, in emphasising the parameters of their responsibilities, he has been a good friend to the Guernsey Bar.

A C K Day CBE
Lieutenant and formerly Deputy Bailiff
of the Royal of Guernsey
March 2005

PREFACE
A Rencontre Diary

In June 2004 a gathering took place in St Peter Port attended by judges, academics and lawyers from Normandy, England, Jersey and Guernsey. The event coincided with the 8th centennial commemorations of the *Commise* or loss of Normandy by King John of England culminating with the fall of Rouen on 24th June 1204. Previous gatherings have been held from time to time, notably in 1923, 1927, 1938 and 1990, the last such occasion. They were called a *Semaine d'histoire du droit Normand* or simply *Semaine du droit Normand*. The strictures of time and the pressures of modern living meant, however, that we assembled on a Wednesday evening and separated on the Friday afternoon. Not feeling able to describe this period as a *semaine* the event was instead called a *rencontre*. In order to preserve the memory of that happy occasion I took a few notes.

We began on the evening of 9th June 2004 with a reception at the Candie Museum where, happily, there was an exhibition of the Guernsey Charters, ie those Royal charters granting rights and privileges so important to the Island and its people. Dr Tim Thornton was on hand to give an entertaining account of the meaning and significance of each of the principal charters in a talk that could rarely have been better illustrated. There has since been published his work, *The Guernsey Charters*[1], which both transcribes and translates each of the charters together with providing a commentary. The evening's fare and the company were excellent. It was particularly good to welcome our friends from the University of Caen.

On the morning of 10th June we assembled in the Royal Court fully robed – the Advocates looking rather sober by comparison to their academic colleagues, particularly when set against the bright yellows and scarlets of the Caennaise. After a speech of welcome from the Bailiff, a reply from M. Boutin of the University of Caen and a speech by JN van Leuven QC, HM Procureur, we processed to the Town Church for a service of thanksgiving. The column (for nothing else can describe it adequately) made its way to the Town Church. It was a formidable spectacle; families with small children sheltered in shop doorways, tourists took photos, others just gawped. The service itself was conducted by the Dean of Guernsey, the Very Reverend Canon Paul Mellor, and included prayers nobly recited by him in French.

[1] Published by Woodfield, 2004 ISBN 1–903953–65–0.

We then enjoyed an all too brief organ recital by François Neveux, who, apart from being a very accomplished historian at the University, is also organist of Bayeux cathedral. We marched back up the hill again and resumed proceedings; this time disrobed. First out of the blocks was M. Neveux, hot foot from the organ loft (albeit the loft is on the ground floor of the church). Appropriately enough his paper concerned the events leading up to and including the loss of Normandy in 1204. We proceeded, via an entertaining account of crime and punishment in medieval Guernsey by Dr Gregory Stevens Cox, to the early post-commise history of the *Échiquier* courtesy of Eric Barré and then Mme Poirey on the role of lineage in matrimony under Norman customary law. Mme Poirey takes responsibility for the *Certificat d'Etudes Juridiques Françaises et Normandes* course each year and the Guernsey Bar is very grateful to her.

After a good lunch in the Jurats' room we carried on with St John Robilliard identifying varying perceptions of the Duke and his Duchy throughout the ages. His account of one of HM's customs officers being thrown into the harbour by a disenchanted 18th century populace caused much pleasure. Martin Collins QC, for a long time a Court of Appeal Judge both in Guernsey and Jersey, proceeded to give an account of the current state of the remedy, or perhaps now non-remedy, known as *lésion ultradimidiaire*. We concluded the afternoon with a very entertaining history of the growth and development of the English Court of Exchequer by Master Robert Turner, Senior Master of the Queen's Bench Division of the High Court. The talk was illustrated by quit rent knives, tally sticks, wax seals and, of course, a chequered cloth.

In the evening it was on to the St Pierre Park Hotel for a pimms reception on the lawn. There was a live and humorous re-enactment of the events of 1204 and its aftermath featuring one Eustace the Monk, amongst others. There was a particularly long soliloquy from a wench sitting in the stocks.

Into the dining room we went for an excellent Bar dinner organised by Advocates Pauline Allen and Lisa Fisher. Our meal was accompanied by the harpsichord playing of Helen Coombs and speeches from the Bailiff and Bâtonnier, Peter Harwood. The courses were, naturally, interrupted by a *trou normand*. Our guests each received a copy of the Guernsey Bar's re-print of John Le Patourel's *Medieval Administration of the Channel Islands 1199–1399*. We were joined by the Bailiff of Jersey, Sir Philip Bailhache.

Some of us were, perhaps, a little the worse for wear come the next morning. But all such impediments were dissipated swiftly by Dr Thornton's scholarly paper on English attitudes to the laws of the Channel Islands in the early modern period. This was followed up by Dr Ogier's stimulating account of new-born child murder in Reformation Guernsey. Corinne Bléry gave us an interesting insight into the survival of the Norman customary law matrimonial regime even after the revolution. Dr (and Advocate) John Kelleher of the Jersey Bar concluded the papers with a fascinating account of a ship mysteriously abandoned off Sark in 1608 and the law relating to wrecks and found objects generally.

Throughout the Rencontre we were fuelled by the Women's Institute, who had supplied great quantities of cakes (and notably some very good coconut pyramids). No expense was spared, even the Royal Court hot drinks machine was set to free vend for the occasion.

The formal proceedings were closed and we adjourned to the Wellington Boot above Havelet Bay for a lunch hosted by our French guests. M. Boutin presented the Bailiff with a gift of a facsimile charter of King/Duke William the Conqueror/Bastard mentioning Guernsey. We then visited the Maison Victor Hugo for a tour around that ineffably quirky property before finally dispersing and going to the harbour to say *au revoir* to our continental Norman friends at the end of what had been a very enjoyable as well as very worthwhile event.

Since that time the papers have been gathered in, the French papers translated and this book assembled. Two other papers written for the Rencontre have also been included. Hopefully it will not be so long before we do it all again; perhaps every two years moving between St Peter Port, St Helier and Caen.

The thanks of the Guernsey Bar are due to all of those who contributed to the Rencontre for the time and trouble they took with their papers; all of which, without exception, are of the highest standard and usefulness to future study. Considerable thanks are also due to the Bailiff for organising the event, assisted by Advocate Alison Ozanne.

The production of this book has been paid for by the Guernsey Bar in order to preserve the works and the memory of the Rencontre. The Guernsey Bar also wanted to mark, in a suitably respectful and fitting way, the retirement of Sir de Vic Carey, Bailiff of Guernsey since 1999. Sir de Vic is held in great affection and high regard by the Guernsey Bar and we wish him a long and happy retirement.

This book is dedicated to Sir de Vic Carey.

Gordon Dawes
St Peter Port
14th April 2005

The column makes its way from the Royal Court towards the Town Church.

OPENING ADDRESS OF SIR DE VIC CAREY

Bailiff of Guernsey

My predecessor but one, Sir Charles Frossard, K.B.E. upon whom was conferred an honorary *doctorat* by the University of Caen in 1991, presided over the last *Semaine du Droit Normand* in 1990, and he opened the proceedings in French. I dislike speaking French in front of Sir Charles, and I am going to speak in English for two reasons: Firstly, you continental Normans understand English a lot better than you are prepared to admit and, secondly, we have, happily, on this occasion, a great many more Anglophone contributors and visitors from England than on previous occasions. However, that does not mean that my welcome to you from Caen is any less warm. We all look forward to the papers that our contributors have taken so much trouble over preparing.

According to the writer Warburton, King John came to the Islands on two occasions before he became King. Modern historians dispute the assessment of the records made by Warburton. However, I like to think he did come here and realised that these were a beautiful set of Islands and worth keeping, because even after the disaster of 24th June 1204, when Peter de Priaulx was forced into surrendering Rouen to the King of France, King John endeavoured to keep the Channel Islands as part of the Anglo-Norman realm. One of the great attractions was, of course, our anchorage outside of St. Peter Port. The Crown continued to keep its possessions in Aquitaine and Gascony for some years to come and in that period alcohol consumption seems to have been as big a part of life for the inhabitants of the English half of the Anglo-Norman realm, as it is indeed today. It was important that ships bringing wine from Bordeaux had somewhere safe to rest on their way to England.

We have, of course, the other Island of Jersey and we are sorry that the Bailiff of Jersey's judicial commitments make it impossible for him to be here this morning, but we look forward to seeing him at the Bar dinner this evening.

One of the oddities of the separation of these islands from *Normandie*, namely, the division of the Islands into two Bailiwicks and their very separate development as self-governing dependencies of the Crown over the centuries, is a matter that is always a surprise. When the Royal Courts were established in both islands they were as mediaeval courts, not just courts of law in the way that we now perceive courts to be. There would have been nothing unusual about the Bailiff making political comments such as that we ought to be working much more closely with Jersey, which is something I can say today, but in so doing I am trespassing into the political field. Generally, therefore, I do not make comments like that.

The Bailiff and Jurats would have been able to assert and have accepted by the community their own way of doing things, applying what they interpreted to be the custom of the island based on the ancient laws of Normandy. However, the way in which that custom was applied and accepted by the Crown and Privy Council during the centuries created a system of law which was appropriate for a small community. The establishment of Guernsey as an international financial centre, a "*paradis fiscal*", as some of my French friends rather disparagingly call it, and the increasing awareness of our citizens to issues of individual rights and expectations has led to an increase in the amount of litigation coming before the Court, a large increase in the number of Advocates, as can be evidenced today, and also a modest increase, in the number of judges.

We are engaged in a major programme for the extension of this building into a new court complex next door. We have had since 1964 the return of visiting judges from England and other parts of the British Isles to man our Court of Appeal. The original visiting judges were suppressed following the Charter of 1354 that we were hearing about last evening, the Edward III Charter. That new Court has made a tremendous impact on the development of Guernsey Law in all its facets. Life generally becomes more and more complex. Happily, Guernsey has enjoyed great prosperity in recent years and has been able to fund the exercise of drafting more and more laws and developing the law in decisions in the Court. There are no economies of scale for a small island community and I often wonder where all this activity will lead us.

The year 1204 started a process whereby we evolved as a small island States under the protection of the Crown of England. We enjoyed, and do enjoy, a very high level of self-determination. We must not forget our special situation and we must not forget that our law is founded in the custom of Normandy and the traditions thereof. That is why I personally hope that we will continue to have our close links with the University of Caen, represented here today by Monsieur Boutin, Madame Poirey, who is presently responsible for organising the course for Guernsey students, Professeur Neveu, Madame Bléry, and other professors from the university. We hope that it will be possible for our aspirants to continue to give time to attending Caen to learn of the traditions of the Norman system and, indeed, and more important in some ways, the French system as well, so that they realise that we are not and never have been part of England.

That is why for us there is something very important to celebrate after 800 years, and the Royal Court wishes to present to the University of Caen this plaque, which will be placed on the wall of the faculty next week when I am in Caen. This plaque is being presented to the University to mark the 800th anniversary of the separation from the continent and also in appreciation for the teaching that the University of Caen Faculty of Law has given to students from Guernsey over the centuries, I welcome everybody to this Rencontre.

We will carry on with the day's proceedings when we return from the Town Church.

Sir de Vic Carey, Bailiff

RESPONSE OF M. BOUTIN OF THE UNIVERSITY OF CAEN

Monsieur le Bailli, Madame et Messieurs les Jurés-justiciers de la Cour Royale, Messieurs les Officiers de la Couronne, Monsieur le Bâtonnier, Mesdames et Messieurs les Avocats du barreau de Guernesey, Chers Collègues, Mesdames, Messieurs,

Permettez-moi d'abord de vous remercier de votre invitation et de votre accueil. Il n'est jamais facile de monter un colloque international. Madame Dawes et madame Poirey ont réussi à coordonner l'ensemble avec bonheur.

C'est donc grâce à cette commune bonne volonté qu'avec plaisir et honneur le Centre d'Études Normand sur la Théorie et la Régulation de l'État, centre de recherches de la Faculté de droit et de sciences politiques de l'Université de Caen renoue, par ces *Rencontres de droit normand*, une collaboration aussi amicale qu'indispensable.

Amicale, parce que depuis quelques années, il me semble que les relations entre notre établissement et le bailliage se sont renforcées. Les changements apportés au Certificat d'Études Juridiques et Normandes ont en effet conduit à affiner notre collaboration, sans rien perdre je crois de son intérêt. Et les rencontres régulières qui ont lieu à ce sujet ont permis de concrétiser les liens d'estime réciproque qui existent depuis toujours entre nous.

Il est vrai qu'entre une Faculté – et une Université – fondées par le régent Bedford en 1432, sur l'ordre d'Henri VI, pour fournir à la Normandie ses cadres, et un bailliage qui est pleinement ancré dans sa tradition, les liens sont une évidence.

Nous voici réunis à l'occasion de la célébration du 800e anniversaire de la Commise de 1204 ! Mes amis Normands me demandent parfois pourquoi et comment commémorer cette date, puisqu'en 1204 la Normandie continentale perd son autonomie au profit du Royaume de France. Mais mes collègues historiens, plus compétents que moi, nous montrerons sans doute combien la spécificité normande a pu durer après 1204, avec la volonté des juristes normands de conserver les qualités de leur coutume. Comme vous, nous avons lutté pour obtenir des garanties du pouvoir central. Mais les nôtres n'ont pas tenues devant la Révolution de 1789.

1204 n'est donc pas la fin de la Normandie, en tout cas certainement pas pour des juristes. Et sans doute pas plus une séparation définitive entre la Normandie continentale et la Normandie insulaire des bailliages. Je crois que ce que l'on nomma autrefois le Grand bailliage du Cotentin et vos îles ont trop en commun pour que notre collaboration ne soit pas indispensable. La *Summa de legibus*, traduite en Grand Coutumier de Normandie, cette Somme Maukael, vient de Valogne. Basnage naquit à Sainte-Mêre Église. Les paroisses de Guernesey se jumellent avec nos villes, et vous le savez mieux que personne, Monsieur le bailli, qui venez régulièrement honorer de votre présence la fête de la Chandeleur de Montebourg.

"Quand on sait d'où l'on vient, on sait parfois mieux où l'on va", écrivait un auteur normand. Au moment où l'uniformité s'étend, plus que jamais peut-être, le monde appartiendra à ceux qui ont la mémoire la plus longue. Puissent ces *Rencontres* raviver la nôtre.

Je vous remercie.

~

Mr Bailiff, Lady and Gentlemen Jurats of the Royal Court, Messieurs Law Officers of the Crown, Mr Bâtonnier, Ladies and Gentlemen, Advocates of the Guernsey Bar, esteemed colleagues, Ladies and Gentlemen.

First of all, permit me to thank you for your invitation and welcome. It is never easy to assemble an international conference. Mrs Dawes and Ms Poirey have succeeded in coordinating the process most felicitously.

It is thanks to this shared goodwill that with pleasure and honour the *Centre d'Études Normand sur la Théorie et la Régulation de l'État*, research centre of the Faculty of Law and Political Science of the University of Caen, renews, via these *Rencontres de droit normand*, a collaboration which is as friendly as it is essential.

Friendly, because for some years now, it has seemed to me that relations between our establishment and the bailiwick have been reinforced. The changes to the *Certificat d'Études Juridiques et Normandes* have refined that collaboration without losing anything, I believe, of its interest. The regular meetings which have taken place on that subject permitted us to cement the links of mutual respect which have always existed between us.

Equally, it is true that between a Faculty and a University (founded by the Regent Bedford in 1432, on the order of Henry VI, to provide Normandy with its administrators) and a Bailiwick which is strongly anchored in its traditions, the links are obvious.

So, here we are joined together on the occasion of the celebration of the 800th anniversary of the Commise of 1204! My Norman friends have occasionally asked me why and how we can commemorate this date, because in 1204 continental Normandy lost its autonomy to the advantage of the Kingdom of France. However, my historian colleagues, much more competent than me, will doubtless show us how Norman specificity endured after 1204, with the desire of the Norman jurists to preserve the distinctive qualities of their Coutume. Like you, we fought to secure guarantees from the central power. But we were unable to hold firm before the Revolution of 1789.

1204 was not, therefore, the end of Normandy, in any event certainly not for the jurists. Nor was the definitive separation between continental Normandy and the insular Normandy of the bailiwicks. I believe that what was formerly named the *Grand Bailliage du Cotentin* and your islands have too much in common for our rencontre to be truly indispensable. The *Summa de legibus,* translated into French in the form of the *Grand Coutumier de Normandie*, this *Somme Maukael,* came from Valognes. Basnage was born in Sainte-Mêre-l'Église. The parishes of Guernsey are linked with our cities, and you know it better than anyone, Mr Bailiff, who regularly comes to honour with his presence the *fête de la Chandeleur* of Montebourg.

"*Quand on sait d'où l'on vient, on sait parfois mieux où l'on va*" ("When you know where you came from, sometimes you know better where you are going") wrote a Norman author. At a time when uniformity spreads, perhaps more than ever, the world will belong to those with the longest memories. Allow these *Rencontres* to revive ours.

Thank you.

Christophe Boutin
Professeur de droit public

ADDRESS BY HM PROCUREUR ON BEHALF OF THE GUERNSEY BAR

Mr. Bailiff,

It is an agreeable, though perhaps disconcerting, characteristic of lawyers that, when gathered together, they almost invariably discuss the law, unlike others who usually complain about lawyers. In our Rencontre, this lawyers' tendency to which I refer happily conflates with the participation of historians, whose value is to illuminate the present by reference to the past; it is wisely said that those who ignore history are condemned to repeat its mistakes, which justifies the profession of historians in a way unavailable to lawyers.

I have no doubt but that this 2004 Rencontre will reinforce the recognition that Guernsey's history until 1204 was as much, if not more, that of Normandy as of England after 1066, and, relevantly, that ever since "*la république de cette Ile*" our civic state and condition have been underpinned by the retention, as the foundation of Guernsey law, of the Coutume de Normandie. Without wishing to descend to the controversial on this auspicious occasion, it is worthwhile remembering that the preservation and enhancement of Guernsey customary law, and so the perpetuation of our Norman inheritance, imposes on the judiciary and the bar (whom I represent) onerous obligations. As John Le Patourel rightly said: "The origin of self-government in the Channel Islands is ... to be found in their possession of a customary law that was peculiar to them, and in the separate administration which had to be given to them on account of their customs".

Not only does this Rencontre remind us of our Norman antecedents, but also it is invaluable in informing academic and practising lawyers, historians, and the community at large, of what it is that marks our "*république*" as different. To ignore our traditions for the convenience of modern (and therefore somehow perceived to be better) notions, derived from (particularly) England, may be convenient, but to do so does not assist and encourage the preservation of our independence. So I and my colleagues look forward with keen interest to the various presentations to this Rencontre. The collected papers of previous Semaines de Droit Normand, held both in Jersey and Guernsey, continue to provide a rich source of authority and interest, and the contributions of those who now so freely give of their knowledge to this Rencontre will be equally as invaluable to our successors.

Finally, in our gathering for this Rencontre, "*les liens d'amitié et d'affinité*" not only between Caen University and Guernsey's legal system, but also between

Normandy and Les Iles Anglo-Normandes, about which the late Professeur Jean Yver was so enthusiastic, will assuredly be enhanced. On behalf of the Guernsey bar, I thank all those contributing to this Rencontre for your involvement.

J N van Leuven Q.C.
HM Procureur

The Bailiff and most of the participants pictured in the Bailiff's chambers.
From right to left: Martin Collins QC; Sir Charles Frossard, former Bailiff;
Master Robert Turner; Geoffrey Rowland, Deputy Bailiff; Sir de Vic Carey, Bailiff;
Mme. Sophie Poirey; M. François Neveux; M. Christophe Boutin;
Mme. Corinne Bléry; Dr. Timothy Thornton; Dr. Darryl Ogier.

La Conquête Francaise de la Normandie (1204)

FRANÇOIS NEVEUX

Les événements de 1204 sont un épisode fondamental de l'histoire de la Normandie, et des Îles anglo-normandes. La province fut alors conquise par le roi Philippe Auguste au détriment de Jean sans Terre, roi d'Angleterre, mais aussi duc de Normandie. À vrai dire, la Normandie avait toujours appartenu au royaume de France : elle était depuis le Xe siècle l'un des grands fiefs concédés par le roi à ses vassaux, au même titre que le duché d'Aquitaine et le comté d'Anjou (également possédés par Jean sans Terre) ou que le duché de Bourgogne, les comtés de Flandre, de Champagne et de Toulouse. La situation de la principauté n'était devenue particulière qu'après 1066, lorsque le duc était devenu le roi d'un royaume étranger, celui d'Angleterre.

On ne peut donc comprendre les événements de cette époque qu'en remontant à leurs causes lointaines. Il faut également tenir compte de la personnalité de Philippe Auguste et de ses relations avec les rois d'Angleterre successifs. Tels sont les facteurs qui permettent, dans une large mesure, d'expliquer la rapidité de la conquête elle-même et l'ampleur de ses conséquences (pour la France, pour l'Angleterre et pour les Îles).

Les Causes Lointaines de la Conquête (911–1189)

L'antagonisme entre les rois de France et d'Angleterre était ancien : il remontait à la conquête du royaume par le duc Guillaume en 1066. Auparavant existait déjà un conflit récurrent entre ducs de Normandie et rois de France.

Les rapports entre les ducs et les rois n'avaient certes pas toujours été mauvais. Au début du XIe siècle, par exemple, le roi Robert le Pieux (996–1031) se montra très proche de son exact contemporain, le duc Richard II (996–1026). Les relations commencèrent à se dégrader sérieusement sous le règne du roi de France Henri Ier (1031–1060). En 1047, alors que le jeune duc Guillaume le Bâtard était en situation de faiblesse, le roi accepta de lui accorder l'aide seigneuriale et lui permit de remporter sur les rebelles normands la bataille du Val-ès-Dunes. Quelques années plus tard, cependant, le même Henri Ier vit d'un mauvais œil croître la puissance de son vassal. Pratiquant une politique de bascule, il s'allia

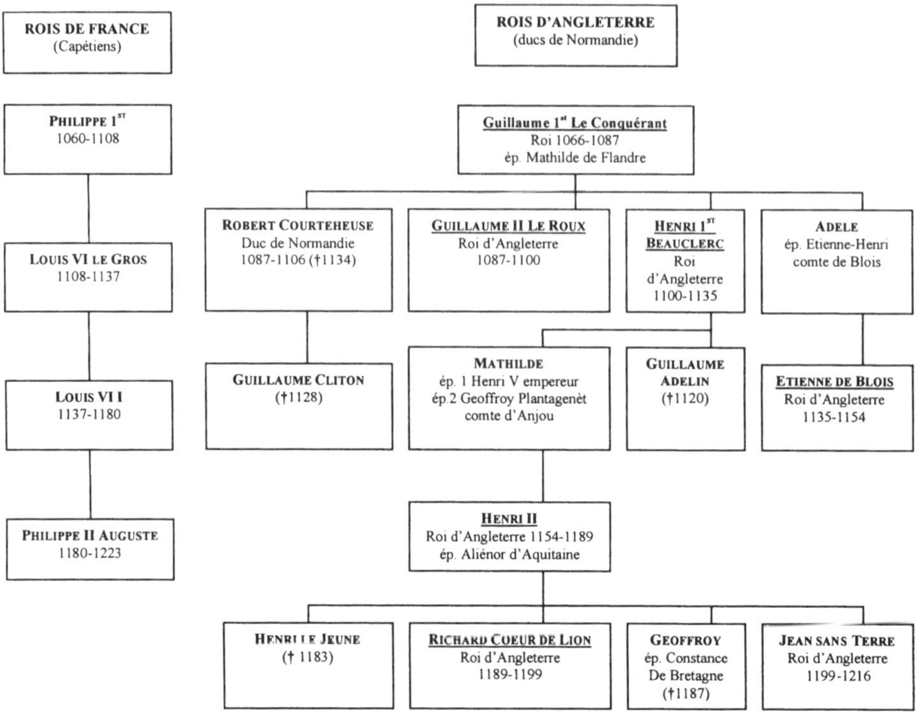

Fig. 1 Les rois de France et les rois d'Angleterre, Ducs de Normandie
(XIe – XIIe siècle)

avec le comte d'Anjou, Geoffroy Martel, alors principal ennemi du duc de Normandie. La province fut envahie deux fois (en 1054 et 1057) par ces alliés, qui furent deux fois vaincus par le duc Guillaume.

Si Guillaume put se lancer, sans craindre pour ses arrières, dans l'expédition hasardeuse que représentait la conquête de l'Angleterre, c'est que la situation avait changé. Henri Ier et Geoffroy Martel étaient morts tous les deux en 1060 et le nouveau roi de France, encore mineur, était Philippe Ier (1060–1108). La tutelle du jeune roi était exercée par le comte de Flandre, Baudouin V, propre beau-père du duc de Normandie. La conquête fut d'ailleurs l'œuvre d'une armée composée de Normands, mais aussi de « Français » d'Île-de-France, de Flamands et de Bretons. Une fois devenu adulte, Philippe Ier s'inquiéta à son tour de la puissance acquise par son vassal, devenu son égal en tant que roi d'Angleterre. Il soutint la révolte de Robert Courteheuse contre son père, Guillaume le Conquérant, dans les années 1078–1087 (*Fig. 1*).

À la génération suivante, le roi de France Louis VI le Gros (1108–1137) se montra un ennemi acharné de son contemporain Henri Ier Beauclerc

(1106–1135), roi d'Angleterre et duc de Normandie. Vaincu à Brémule en 1119, Louis VI n'hésita pas à faire appel au pape Callixte II, de passage en France. Au cours du concile de Reims, le roi de France accusa le roi d'Angleterre de s'être emparé illégalement de la Normandie aux dépens de son frère, Robert Courteheuse, toujours maintenu en prison. Louis VI voulait inciter le pape à condamner son adversaire, mais Callixte II préféra rencontrer Henri Ier à Gisors, et aucune sentence ne fut finalement prononcée.

Ce conflit séculaire allait encore s'aggraver avec la constitution de l'État plantagenêt. Dans la seconde moitié du XIIe siècle, une bonne partie du royaume de France (Normandie, Maine, Anjou, Touraine et Aquitaine) se trouvait entre les mains du nouveau roi d'Angleterre, Henri II Plantagenêt (1154–1189). C'était une situation intolérable pour le roi de France capétien, Louis VII (1137–1180). L'antagonisme politique entre les deux rois se doublait à cette époque d'une concurrence d'ordre matrimonial. Louis VII avait répudié en 1152 Aliénor d'Aquitaine, qui ne lui avait donné que des filles. Aussitôt, Henri Plantagenêt l'avait épousé, mettant ainsi la main sur l'Aquitaine, dont elle était l'héritière. Qui plus est, Aliénor lui donna quatre fils, assurant ainsi l'avenir des Plantagenêts. La dynastie capétienne, en revanche, se trouvait menacée. Il fallut attendre le troisième mariage du roi, avec Adèle de Champagne, pour que naisse enfin, en 1165, le futur Philippe Auguste. Malgré tous ses efforts, Louis VII fut incapable de l'emporter sur son puissant vassal, même au cours de la rébellion généralisée de 1173–1174. Il avait pourtant soutenu, dans la mesure de ses moyens, la révolte des fils d'Henri II contre leur père.

Philippe Auguste et les Rois d'Angleterre

La même politique fut reprise à son compte par Philippe Auguste, peu de temps après son avènement, en 1180. Le jeune roi sut nouer des liens qui semblaient amicaux avec le prince Richard. La campagne menée de concert par les deux hommes, en 1189, entraîna la défaite puis la mort du vieil Henri II (âgé de 56 ans).

Philippe et Richard Cœur de Lion (1189–1199)

Richard put alors s'emparer sans difficultés de l'immense héritage, sans souci des droits éventuels de son frère, Jean sans Terre. Les contraintes de la *Realpolitik* firent rapidement voler en éclat la belle amitié, et l'antagonisme ancestral reprit le dessus. Philippe Auguste fut incapable de remporter des succès durables pendant tout le règne de Richard Cœur de Lion (1189–1199). Au début, les deux rois furent contraints de s'associer pour la troisième croisade, qui avait pour objectif de reconquérir Jérusalem, perdue par les chrétiens à la suite du désastre de Hattin (1187). Philippe Auguste quitta son royaume de mauvais gré, en juillet 1190, et s'en retourna dès qu'il estima son vœu accompli, un an plus tard, après la reprise de Saint-Jean d'Acre (le 12 juillet 1191). Richard demeura encore en Terre Sainte jusqu'au mois d'octobre 1192, guerroyant et se couvrant de gloire. Au retour, il fut fait prisonnier par le duc d'Autriche et resta en captivité pendant plus d'un an.

S'il avait respecté les règles du droit féodal et l'éthique chevaleresque, Philippe Auguste aurait dû protéger les terres de son vassal en croisade, puis l'aider à obtenir sa libération. On sait qu'il agit de façon exactement contraire. Il s'aboucha avec Jean sans Terre, qui cherchait lui aussi à profiter de la situation pour récupérer une partie au moins des vastes États plantagenêts. Au début de l'année 1193, Jean prêta à Philippe l'hommage pour la Normandie et l'ensemble des fiefs français de Richard. Au mois d'avril, Philippe lança des opérations militaires, car la plupart des seigneurs et des chefs de garnison restaient fidèles à Richard. Il put s'emparer d'un certain nombre de places frontalières : Gisors, Eu, Aumale et Lyons-la-Forêt. L'année suivante, en janvier 1194, Jean sans Terre n'hésita pas à céder au roi de France l'essentiel de la Haute-Normandie, Rouen mis à part. Encore fallait-il conquérir ces territoires ! Philippe Auguste put se rendre maître du Vaudreuil[1], du Neubourg et d'Évreux, qu'il confia à la garde de Jean.

Richard fut libéré quelques mois plus tard, en février 1194, contre une rançon considérable de 100 000 marcs d'argent. Il débarqua le 12 mai en Normandie, où il fut triomphalement accueilli. Jean sans Terre changea une nouvelle fois de camp et se soumit à son frère. Les habitants d'Évreux furent les principales victimes de ce retournement de situation. Jean fit assassiner les Français de la garnison, mais Philippe se vengea en incendiant la ville et en massacrant une bonne partie de la population. La guerre reprit presque aussitôt entre Philippe et Richard. Elle fut toujours défavorable au roi de France. Dès le 3 juillet, celui-ci fut battu à Fréteval[2], dans le Vendômois. La Normandie restait cependant l'enjeu principal de l'affrontement. Sous l'influence du pape Célestin III, des négociations furent engagées : elles aboutirent au traité de Gaillon, conclu en janvier 1196 et rompu dès le printemps suivant par Philippe, qui s'empara à nouveau d'Aumale. Richard réagit par la construction de la redoutable forteresse de Château-Gaillard, bâtie en un temps record (1197–1198), malgré des difficultés de toute sorte. Le territoire des Andelys[3] appartenait à l'archevêque de Rouen, ce qui n'empêcha pas

[1] La commune du Vaudreuil est aujourd'hui en partie incluse dans l'agglomération nouvelle de Val-de-Reuil, chef-lieu de canton de l'Eure.

[2] Fréteval, canton de Morée, Loir-et-Cher.

[3] Le Château-Gaillard se trouve sur la commune des Andelys, aujourd'hui chef-lieu de canton de l'Eure.

Richard de commencer les travaux sans attendre son autorisation. L'archevêque Gautier réagit alors avec vigueur, en jetant l'interdit sur la province. Là encore, il fallut l'intervention du pape et des négociations, qui aboutirent à un compromis très avantageux pour l'archevêque : en échange des Andelys, celui-ci obtint le port de Dieppe, la seigneurie voisine de Bouteilles et celle de Louviers, ainsi que les forêts de Bord[4] et d'Aliermont[5]. La frontière était verrouillée et Richard reprit la guerre. Philippe Auguste fut encore battu en rase campagne, le 28 septembre 1198, à Courcelles[6]. Heureusement pour lui, Richard fut tué de façon inopinée dans une opération mineure, le 6 avril 1199, à Châlus[7] en Limousin.

Philippe et Jean sans Terre (1199–1203)

La mort de Richard Cœur de Lion était une grande chance pour Philippe Auguste. Le roi de France avait désormais affaire à un adversaire faible et inconstant, dont il connaissait bien les défauts : il allait savoir les exploiter de façon remarquable. Jean sans Terre, frère du roi défunt, âgé de 32 ans, réussit pourtant à s'imposer facilement face à l'autre successeur possible, Arthur de Bretagne, âgé de 12 ans. Arthur était le fils de Geoffroy et de Constance de Bretagne. Il avait pu apparaître comme un héritier potentiel de l'État plantagenêt, plus légitime que Jean sans Terre, en vertu du droit de primogéniture. Jean n'était en effet que le quatrième fils d'Henri II. Ainsi Arthur, à peine adolescent, représentait un enjeu de pouvoir entre les rois de France et d'Angleterre. Contre Jean sans Terre, Philippe Auguste défendit les droits d'Arthur, qu'il reconnut comme comte de Bretagne, mais aussi d'Anjou et du Maine ! Dès le printemps 1199, il recommença les opérations militaires. Attaquant la Normandie, il put reprendre le contrôle de la ville et du comté d'Évreux. Dans la région de la Loire, il fut un moment soutenu par Guillaume des Roches, puissant sénéchal d'Anjou. Lorsque celui-ci changea de camp, le roi de France dut se résoudre à négocier. Par la paix du Goulet, le 22 mai 1200, Philippe abandonnait son protégé, Arthur de Bretagne, et reconnaissait Jean comme successeur légitime de Richard.

Encore une fois, la paix ne dura pas. Philippe Auguste sut profiter d'un conflit d'ordre matrimonial qui opposa peu après Jean sans Terre et plusieurs de ses vassaux aquitains. Son pouvoir dans la région était menacé par les fiançailles entre Isabelle, unique héritière du comte Adhémar d'Angoulême, et Hugues IX de Lusignan, qui venait de recevoir le comté de la Marche. Jean sans Terre

[4] La forêt de Bord est situé au sud de Pont-de-l'Arche (chef-lieu de canton de l'Eure).

[5] L'ancienne forêt d'Aliermont était située entre Dieppe et Neufchâtel-en-Bray dans l'actuel département de Seine-Maritime. Elle fut entièrement défrichée au cours du XIIIe siècle, sous l'égide des archevêques de Rouen.

[6] Courcelles-lès-Gisors, canton de Chaumont-en-Vexin, Oise.

[7] Châlus, chef-lieu de canton de la Haute-Vienne.

voulait empêcher à tout prix la constitution d'une vaste principauté échappant à son contrôle, au cœur de l'Aquitaine. Or il venait de faire annuler son mariage avec Isabelle de Gloucester. Au mois de juillet 1200, il n'hésita pas à enlever la fiancée d'Hugues de Lusignan, Isabelle d'Angoulême (âgée de 12 ans), et l'épousa aussitôt ! C'était un audacieux coup de dés politique. Les Lusignan réagirent toutefois avec habileté, en faisant appel à leur suzerain, le roi de France. Philippe convoqua donc Jean devant la cour royale. Celui-ci refusant de comparaître, il fut condamné à la commise de tous ses fiefs français, le 28 avril 1202. Grâce à la stricte application du droit féodal, le roi de France disposait enfin d'une base légale lui permettant de s'attaquer au vaste État plantagenêt.

Pour Philippe Auguste, l'objectif principal était la Normandie, mais il agit de façon très prudente, voulant d'abord tester les réactions de son adversaire. Lors d'une première campagne, en juin 1202, il se contenta de s'emparer de quelques places frontalières, prenant d'abord le contrôle des forteresses de son allié le comte d'Eu (Raoul d'Exoudun, frère d'Hugues de Lusignan) : la ville d'Eu, Neufchâtel-en-Bray, Mortemer et Lyons-la-Forêt. Il fit ensuite le siège de Gournay-en-Bray, puis d'Arques[8].

Philippe Auguste renoua également avec Arthur de Bretagne, désormais âgé de 15 ans, et le chargea des opérations en Aquitaine. C'était une erreur politique que Jean, pour une fois, sut exploiter. Le 1er août 1202, il fondit sur le jeune homme, qui faisait le siège de Mirebeau[9]. Enfermé au château de Rouen, Arthur aurait été assassiné par Jean lui-même, sans doute au mois d'avril 1203. En tout cas, on n'entendit plus jamais parler de lui après cette date. C'était un sérieux échec pour le roi de France. Philippe dut renoncer provisoirement à la conquête du Poitou et des autres régions situées au sud de la Loire.

À la même époque, le roi de France était aussi handicapé par la réaction hostile du pape Innocent III, qui s'opposait à cette guerre entre les deux principaux souverains chrétiens, alors que tous ses efforts tendaient à organiser une nouvelle croisade. Aux yeux du pape, Jean sans Terre apparaissait comme la victime et Philippe Auguste comme l'agresseur. Aussi, en mai 1202, Innocent III ordonna-t-il aux archevêques de Rouen et de Cantorbéry d'excommunier les vassaux rebelles de Jean. Puis il envoya un légat, Gérard de Casamari, qui tenta de négocier la paix au cours des années 1203 et 1204. Les efforts de celui-ci n'aboutirent pas. Le roi de France fut soutenu publiquement par ses grands barons, et même par ses évêques. Lors du concile organisé à Meaux par le légat, en juin 1204, les évêques firent appel au pape contre son propre représentant ! Philippe pouvait désormais considérer qu'il avait les mains libres.

La nouvelle campagne, entamée au printemps 1203, allait se révéler déterminante. Philippe pouvait s'appuyer sur ses conquêtes antérieures. Il contrôlait

[8] Arques-la-Bataille, canton de Dieppe.

[9] Mirebeau-en-Poitou, chef-lieu de canton de la Vienne.

déjà le comté d'Eu, le pays de Bray et le Vexin normand, mais rien de décisif ne pourrait être obtenu tant qu'il n'aurait pas pris Château-Gaillard. Le roi s'était préparé à une campagne d'hiver, inhabituelle, mais indispensable s'il voulait venir à bout de la forteresse, réputée imprenable. Le siège commença au mois de septembre 1203 et dura tout l'hiver. La prise de Château-Gaillard, le 6 mars 1204, ouvrit à Philippe Auguste les portes de la Normandie, qui fut conquise en moins de deux mois.

La Conquête de la Normandie (Mai-Juin 1204)

La chute de Château-Gaillard eut un retentissement considérable. Jean sans Terre était reparti en Angleterre et n'avait rien tenté de sérieux pour dégager cette place hautement stratégique. Philippe Auguste sut tirer profit rapidement de cette attitude. Moins de deux mois plus tard, au début de mai, il se lança dans une campagne qui visait à soumettre l'ensemble de la province. L'essentiel était de s'emparer de Rouen, capitale de la Normandie, mais aussi ville maîtresse de la partie continentale de l'État plantagenêt. C'était une entreprise difficile et les rois de France s'y étaient souvent heurtés en vain depuis trois siècles. Prudent, le roi Philippe décida de contourner l'obstacle. Dès le 2 mai, il coupa Rouen de ses arrières en prenant plusieurs localités sur la Seine : Pont-de-l'Arche, Moulineaux et la Roche-d'Orival[10]. Puis il se dirigea résolument vers le sud-ouest pour mener campagne en Basse-Normandie. La résistance fut peu importante. Argentan tomba le 7 mai, Falaise le 14 et Caen le 21. Le reste de la Basse-Normandie fut conquis par les Bretons (*fig. 2*).

Gui de Thouars faisait alors fonction de « comte de Bretagne ». Il avait naguère épousé l'héritière, Constance, veuve de Geoffroy (†1187), second fils d'Henri II. Vicomte de Thouars, en Poitou, Gui n'était plus que le veuf de Constance, mais une fille, Alix, était née de cette union. Il continuait donc à gouverner la Bretagne au nom de l'héritière. Désormais allié de Philippe Auguste, Gui de Thouars envahit la Normandie par l'ouest, avec une armée composée essentiellement de Bretons.

Au printemps 1204, l'armée bretonne s'attaqua d'abord au Mont Saint-Michel, monastère et forteresse, qui marquait traditionnellement la frontière entre Bretagne et Normandie, et n'hésita pas à y mettre le feu. Cette destruction partielle, dramatique sur le moment, eut pourtant une heureuse conséquence : elle permit dans les années suivantes la construction du chef-d'œuvre de l'art gothique qu'on appelle « la Merveille ». Les Bretons se dirigèrent ensuite vers Caen, où ils firent leur jonction avec Philippe Auguste. Au mois de juin, ce

[10] Moulineaux, canton de Grand-Couronne, Orival, canton d'Elbeuf, Seine-Maritime.

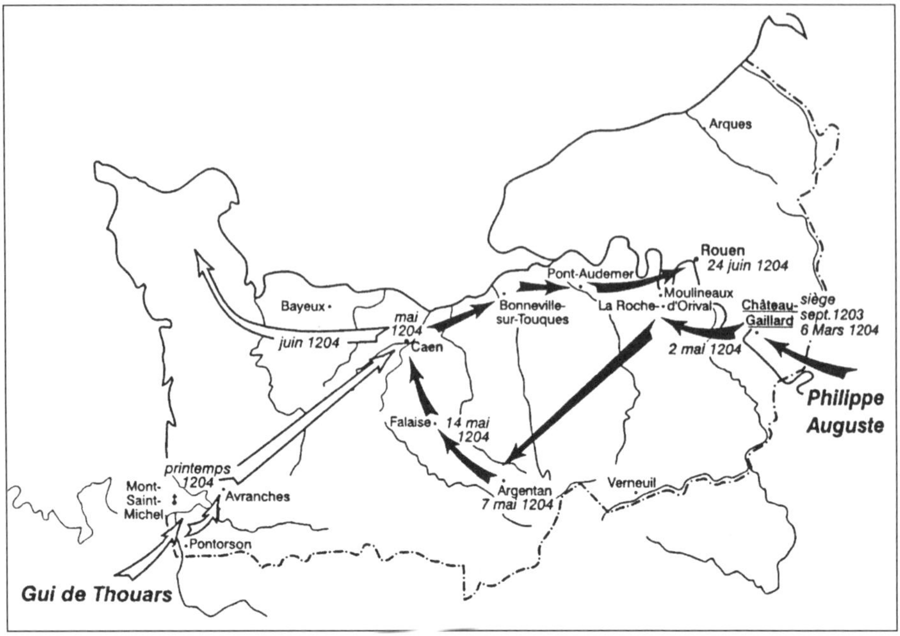

Fig. 2 La conquête française (1203–1204)

dernier les envoya conquérir le Cotentin. La Basse-Normandie était à peu près soumise : restait encore la Haute-Normandie, et surtout la ville de Rouen. Philippe se remit en marche en direction de l'est et s'empara du château de Bonneville-sur-Touques[11], puis de la ville de Pont-Audemer. Les Rouennais étaient très inquiets de l'évolution de la situation. Ils comprirent qu'il n'y avait plus rien à attendre de Jean sans Terre et entreprirent de négocier avec le roi de France. On parvint à un accord dès le 1er juin : si le roi d'Angleterre n'avait pas envoyé de secours dans les trente jours, la ville capitulerait. Deux autres villes, Arques et Verneuil-sur-Avre, s'associèrent à cet accord, liant leur sort à celui de Rouen. Finalement, Rouen capitula dès le 24 juin 1204, jour de la Saint-Jean, devançant de six jours le délai fixé. Arques et Verneuil la suivirent aussitôt. Toute la Normandie était désormais sous la coupe du roi de France, hormis les Îles « anglo-normandes », que Philippe Auguste ne réussit pas à conquérir, car il ne disposait pas de la flotte qui lui aurait été nécessaire.

En prenant possession de la Normandie, avec une facilité surprenante, Philippe Auguste avait réalisé le rêve caressé par nombre de ses ancêtres capétiens. S'il s'était servi habilement du droit féodal, il n'était pas sûr de conserver sa conquête en vertu de ce même droit. Jean sans Terre demeurait roi

[11] Bonneville-sur-Touques, canton de Pont-l'Évêque, Calvados.

d'Angleterre et conservait de nombreux fiefs dans le royaume de France : il était loin d'être définitivement battu. De son côté, nous le savons, Philippe Auguste ne possédait aucune force maritime lui permettant d'agir outre-Manche. En tout cas, une attaque du roi de France contre l'Angleterre serait apparue comme une agression pure et simple. Sur le continent, Philippe était encore le suzerain de l'Anjou et de l'Aquitaine, mais ces territoires ne seraient pas faciles à conquérir, après l'élimination d'Arthur de Bretagne.

Depuis les débuts de son règne, Jean sans Terre s'était fait beaucoup d'ennemis parmi ses vassaux d'Anjou et d'Aquitaine. La grande chance de Philippe fut la nouvelle défection de Guillaume des Roches, sénéchal d'Anjou. Celui-ci contrôlait tous les territoires plantagenêts situés au nord de la Loire, qui se rallièrent au roi de France. La Bretagne se trouvait déjà, grâce à Gui de Thouars, dans la mouvance française. Les choses furent plus difficiles au sud du grand fleuve. Poitiers fut prise au mois d'août 1204, mais l'ensemble du Poitou ne put être conservé par le roi de France. Celui-ci ne pouvait compter sur la fidélité des seigneurs aquitains, qui n'hésitaient pas à changer de camp au gré de leurs intérêts du moment. En octobre 1206, les deux rois conclurent une trêve de deux ans. La limite entre les deux obédiences fut alors fixée sur la Loire. Désormais, la Normandie se trouvait fortement ancrée au domaine royal : elle était protégée d'un hypothétique retour offensif du Plantagenêt par un large glacis au sud et à l'ouest. La trêve fut prolongée de facto pendant sept ans, ce qui permit au roi de France d'absorber sa conquête.

Conclusion

Le Destin de la Normandie et des Îles anglo-normandes

En 1204, la Normandie avait donc été rattachée au domaine royal français (et non au royaume de France, auquel elle appartenait déjà). Ce rattachement allait se trouver confirmé par les armes, dix ans plus tard. À Bouvines[12], en 1214, le roi Philippe Auguste fut en effet vainqueur de la coalition formée contre lui par Jean sans Terre. La même année, le roi d'Angleterre lui-même avait été vaincu par le prince Louis, héritier du royaume de France (à La Roche-aux-Moines, en Anjou). Dans les deux cas, le « jugement de Dieu » s'était montré favorable au roi de France. La paix n'était pas réalisée pour autant. Il fallut attendre plus d'un demi-siècle pour qu'elle soit enfin conclue entre les rois Henri III et Louis IX (Saint Louis), en 1258 [13]. Le traité de Paris reconnut alors au roi de France la possession de la Normandie, du Poitou et des régions de la Loire. En revanche, le

[12] Bouvines, canton de Cysoing, Nord (près de Lille).

[13] Cf. *Cartulaire normand*..., éd. L. DELISLE, n° 1201, p. 329–331 (mai 1258).

roi d'Angleterre conservait un vaste territoire au sud-ouest du royaume de France, en tant que duc d'Aquitaine. Pour ce duché, il se constituait vassal du roi de France. Ce traité équilibré, consacrant les droits acquis, permit de maintenir la paix entre les deux royaumes pendant près de 80 ans, jusqu'à la guerre de Cent Ans, qui débuta en 1337.

Le traité de Paris comportait cependant un oubli surprenant : il n'y était fait aucune allusion aux Îles anglo-normandes. C'est donc une simple situation de fait, non reconnue en droit, qui allait maintenir les Îles sous la dépendance de la couronne anglaise. Au début de la guerre de Cent Ans, il faut signaler une tentative des Français pour s'emparer des Îles. Le maréchal Robert Bertran réussit à prendre le contrôle de Guernesey. Les Français purent s'y maintenir pendant près de huit ans, jusqu'en 1346, année où le roi d'Angleterre, Édouard III débarquait en Normandie pour la première grande chevauchée de la guerre. Aucune autre tentative ne fut couronnée de succès. Au XVe siècle, les Îles furent à nouveau intégrées à la Normandie lorsque celle-ci fut conquise par le roi d'Angleterre, Henri V (en 1417–1418). Mais le roi de France, Charles VII, omit à son tour de les reconquérir, lors du « recouvrement de la Normandie » (en 1449–1450).

Les Îles continuent donc à reconnaître le roi (ou la reine) d'Angleterre en tant que duc. Guernesey et Jersey sont gouvernés par un bailli. Les baillis sont apparus dans l'État plantagenêt, mais ont été généralisés par Philippe Auguste dans le domaine royal français, et en particulier en Normandie. Dans la province, les bailliages se stabilisèrent au nombre de sept au cours du XIIIe siècle, les plus importants étant ceux de Rouen, de Caen et du Cotentin. Comme les baillis normands du Moyen Âge, les baillis des Îles disposent d'un pouvoir à la fois administratif et judiciaire. Comme eux, ils jugent selon la coutume de Normandie. Les baillis du Moyen Âge étaient également des chefs de guerre : ils devaient conduire les troupes de leur circonscription quand le roi convoquait l'armée féodale. Les baillis de Guernesey et de Jersey ont un rôle plus pacifique ... et la France et l'Angleterre ne sont heureusement plus en guerre. Entre nos deux pays, la paix a été consolidée depuis cent ans exactement, en 1904. Le 100e anniversaire de l'Entente Cordiale se superpose donc heureusement au 800e anniversaire du rattachement de la Normandie à la France et des Îles à la couronne d'Angleterre.

François NEVEUX
Université de Caen Basse-Normandie

BIBLIOGRAPHIE

Sources

Cartulaire normand de Philippe-Auguste, Louis VIII, Saint Louis et Philippe-le-Hardi, éd. L. DELISLE, Mémoires de la Société des Antiquaires de Normandie, t. XVI, Caen, A. Hardel, 1852.

Catalogue des actes de Philippe Auguste, éd. L. DELISLE, Paris, A. Durand, 1856.

Recueil des actes de Philippe Auguste, éd. H.-F. DELABORDE, Ch. PETIT-DUTAILLIS, J. BOUSSARD et M. NORTIER, 4 volumes, Paris, Imprimerie nationale / Klincsieck, 1916–1979.

Les registres de Philippe Auguste, publiés par J. W. BALDWIN, Paris, Imprimerie nationale / de Boccard, Recueil des Historiens de la France (Documents financiers et administratifs, t. VII), 1992.

Scripta de feodis ad regem spectantibus et de militibus ad exercitum vocandis e Philippi Augusti excerpta, éd. L. DELISLE, Recueil des Historiens des Gaules et de la France, t. XXIII, Paris, Imprimerie nationale, 1876, p. 605–723.

Œuvres de Rigord et de Guillaume le Breton, éd. H.-F. DELABORDE, 2 volumes, Paris, Renouard, 1882–1885 (Société de l'Histoire de France, 17).

Études

AURELL (Martin), *L'empire des Plantagenêt (1154–1224)*, Paris, Perrin, 2003 et 2004 (collection Tempus).

BALDWIN (John), *Philippe Auguste et son gouvernement. Les fondations du pouvoir royal en France au Moyen Âge*, trad. fr. de Béatrice BONNE, Paris, Fayard, 1991.

BOUSSARD (Jacques), *Le gouvernement d'Henri II Plantagenêt*, Paris, Librairie d'Argences, 1956.

FLORI (Jean), *Richard Cœur de Lion, le roi-chevalier*, Paris, Éditions Payot et Rivages, 1999.

JOUET (Roger), *Et la Normandie devint française*, Paris, Mazarine, 1983, rééd. Corlet, 2004.

La France de Philippe Auguste. Le temps des mutations, Actes du colloque international (Paris, 1980), Paris, C.N.R.S., 1982.

LEMÉNOREL (Alain), dir., *Nouvelle Histoire de la Normandie*, Toulouse, Privat, 2004.

MUSSET (Lucien), « Quelques problèmes posés par l'annexion de la Normandie au domaine royal français », in *La France de Philippe Auguste*, op. cit., p. 291–309.

NEVEUX (François), « De la province au duché : la Normandie au Moyen Âge », in *Nouvelle Histoire de la Normandie*, op. cit., p. 67–135.

NEVEUX (François), *La Normandie des ducs aux rois (X^e^-XIIe siècle)*, Rennes, Éditions Ouest-France Université, 1998 (cf. en particulier le chapitre XXIII : « La conquête française », p. 551–571).

POWICKE (Sir Maurice), *The Loss of Normandy, 1189–1204 : Study in the History of the Angevin Empire*, 1ère édition 1913, 2e édition, Manchester, Manchester University Press, 1961.

WARREN (W.L.), *King John*, Londres, Eyre Methuen, 1961, 2e édition 1978.

The French conquest of Normandy (1204)

FRANÇOIS NEVEUX

The events of 1204 were a fundamental episode in the history of Normandy and of the Channel Islands. The province was conquered by King Philip Augustus to the detriment of John Lackland, King of England, but also Duke of Normandy. True to say, Normandy had always belonged to the Kingdom of France, it was, from the 10th century one of the great fiefs conceded by the King to his vassals, in the same fashion as the Duchy of Aquitaine and the County of Anjou (also possessed by John Lackland) or that of the Duchy of Burgundy, the Counties of Flanders, Champagne and Toulouse. The situation of the principality only became distinct after 1066, when the Duke became the King of a foreign kingdom, that of England.

One cannot understand the events of that time without going back to their distant causes. It is necessary also to take into account the personality of Philip Augustus and his relations with successive kings of England. Such factors explain, in large measure, the rapidity of the conquest itself and the scope of its consequences (for France, for England and for the Islands).

The Distant causes of the Conquest (911–1189)

The antagonism between the kings of France and England was ancient, going back to the conquest of the kingdom by Duke William in 1066. There was a pre-existing recurring conflict between the Dukes of Normandy and the kings of France.

The relations between the dukes and the kings had certainly not always been bad. At the beginning of the eleventh century, for example, King Robert the Pious (996–1031) showed himself to be very close to his exact contemporary, Duke Richard II (996–1026). Relations began to worsen seriously under the reign of King Henri I of France (1031–1060). In 1047, when the young Duke William, the Bastard, was in a position of feebleness, the King agreed to grant him seigniorial aid and permitted him to prevail over the Norman rebels at the battle of Val-ès-Dunes. Some years later, however, the same Henri I regarded with a jealous eye the growth in power of his vassal. Blowing with the wind, he

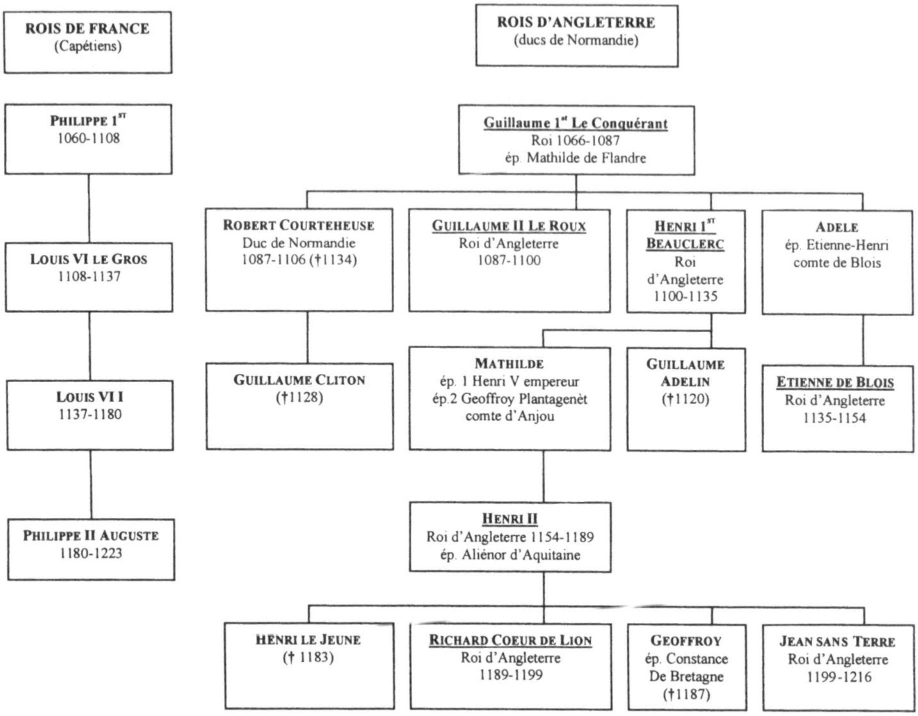

Fig. 1 The Kings of France and the Kings of England, Dukes of Normandy (11th – 12th century)

allied himself with the Count of Anjou, Geoffrey Martel, then the principal enemy of the Duke of Normandy. The province was invaded twice (in 1054 and 1057) by these allies, and twice they were vanquished by Duke William.

If William was able to throw himself, without fear for his rear, into the hazardous expedition which the conquest of England represented, it was because the situation had changed. Henry I and Geoffrey Martel both died in 1060 and the new King of France, still a minor, was Philip I (1060–1108). The guardianship of the young King was exercised by the Count of Flanders, Baldwin V, himself father-in-law of the Duke of Normandy. The conquest was, in addition, not only the work of an army comprising Normans, but also Frenchmen, ie from the Île-de-France, likewise Flemings and Bretons. Once he had reached adulthood, Philip I, in his turn, also worried about the power acquired by his vassal, now his equal in his capacity as King of England. He supported the revolt of Robert Curthose against his father, William the Conqueror, during the years 1078–1087 (*Fig. 1*).

In the following generation, the King of France, Louis VI "the Fat"

(1108–1137) showed himself to be a sworn enemy of his contemporary, Henry I of England (1106–1135) and Duke of Normandy. Defeated at Brémule in 1119, Louis VI did not hesitate to appeal to Pope Callistus II, travelling at that time in France. In the course of the Council of Rheims, the King of France accused the King of England of having taken Normandy illegally at the expense of his brother, Robert Curthose, who was still being kept in prison. Louis VI wished to incite the Pope to condemn his adversary, but Callistus preferred to meet Henry I at Gisors, and no sentence was ultimately pronounced.

This secular conflict was further aggravated by the creation of the Plantagenet State. In the second half of the twelfth century a good part of the Kingdom of France (Normandy, Maine, Anjou, Touraine and Aquitaine) found itself in the hands of the new King of England, Henry Plantagenet (Henry II of England, 1154–1189). This was an intolerable situation for the Capetian King of France, Louis VII (1137–1180). The political antagonism between the two kings redoubled at this time through matrimonial competition. In 1152 Louis VII had repudiated Eleanor of Aquitaine, who had only given him daughters. Henry married her immediately, thus giving him control of Aquitaine, of which she was the heiress. What is more, Eleanor gave him four sons, thus assuring the future of the Plantagenets. The Capetian dynasty, on the other hand, found itself threatened. It was necessary to wait for the King's third marriage, with Adele of Champagne, for there finally to be born, in 1165, the future Philip Augustus. Despite all of his efforts, Louis VII was incapable of prevailing over his powerful vassal, even in the course of the general rebellion of 1173–1174. He had maintained and sustained, insofar as it was within his power to do so, the revolt of Henry II's sons against their father.

Philip Augustus and the kings of England

The same political aims were espoused in turn by Philip Augustus shortly after his accession in 1180. The young King had established links with Prince Richard which seemed amicable. The campaign waged in concert by the two men in 1189 led to the defeat and then the death of the ageing Henry II (aged 56).

Philip and Richard the Lionheart (1189–1199)

Richard could therefore seize without difficulty his immense inheritance, without worry for the eventual rights of his brother, John Lackland. However, the constraints of "realpolitik" blew the happy friendship to pieces and the ancestral antagonism prevailed. Once more Philip Augustus was incapable of sustaining any lasting success during the reign of Richard the Lionheart

(1189–1199). Initially, the two kings were constrained by their association with the third crusade, which had for its objective the re-conquest of Jerusalem, lost by the Christians following the disaster of Hattin (1187). Philip Augustus left his kingdom in July 1190, much against his will, and returned as soon as he considered that he had fulfilled his vow one year later, after the re-taking of Acre (12th July 1191). Richard remained in the Holy Land until the month of October 1192, campaigning and covering himself with glory. On his return, he was made a prisoner by the Duke of Austria and remained in captivity for more than a year.

If he had respected the rules of feudal law and the ethic of chivalry, Philip Augustus ought to have protected the lands of his crusading vassal, then helped to obtain his liberation. However, we know that he acted in an exactly contrary fashion. He allied himself with John Lackland, who himself also sought to profit from the situation in order to recover a portion at least of the vast Plantagenet estates. At the beginning of the year 1193 John paid homage to Philip for Normandy and the rest of Richard's French fiefs. In the month of April, Philip launched military operations, since the greater part of the seigneurs and garrison chiefs had remained faithful to Richard. He seized a number of border locations : Gisors, Eu, Aumale and Lyons-la Forêt. In the following year, in January 1194, John Lackland did not hesitate to cede to the French King the core of Upper Normandy, Rouen apart. Again, it would be necessary to conquer these territories! Philip Augustus was able to master Vaudreuil[1], Neubourg and Évreux, which he confided to the protection of John.

Richard was freed some months later, in February 1194, against a considerable ransom of 100,000 silver marks. He disembarked on 12th May in Normandy, where he was welcomed triumphantly. John Lackland changed camp once again and submitted himself to his brother. The inhabitants of Évreux were the principal victims of this turn around. John had the Frenchmen of the garrison killed, but Philip avenged himself by burning the town and massacring a good part of the population. The war carried on nearly immediately between Philip and Richard. It was still unfavourable to the King of France. On 3rd July, he was beaten at Fréteval[2], in le Vendômois. Normandy remained, however, the principal stake in the confrontation. Under the influence of Pope Celestine III, negotiations were commenced. They ended in the treaty of Gaillon, concluded in January 1196 and broken the following spring by Philip, who again seized Aumale. Richard reacted by building the redoubtable fortress of Château-Gaillard, built in record time (1197–1198), despite all manner of difficulties. The Andelys territory belonged to the Archbishop of Rouen, which did not prevent Richard from beginning the works without waiting for his

[1] The commune of Vaudreuil is today included in the new agglomeration of Val-de-Reuil, county town of the canton of Eure.

[2] Fréteval, canton of Morée, Loir-et-Cher.

authorisation. Archbishop Gautier reacted vigorously, imposing his interdict on the province. Again, it required the intervention of the Pope and negotiations which ended in a compromise very advantageous to the Archbishop. In exchange for the Andelys, he obtained the port of Dieppe, the neighbouring seigneurie of Bouteilles and that of Louviers, as well as the forests of Bord[3] and of Aliermont[4]. The frontier was secured and Richard took up the war again. Philip Augustus was again defeated in open country on 28th September 1198 at Courcelles[5]. Happily for him, Richard was killed unexpectedly in a minor operation on 6th April 1199 at Châlus[6] in Limousin.

Philip and John Lackland (1199–1203)

The death of Richard the Lionheart was a great opportunity for Philip Augustus. From this time on, the King of France was dealing with a feeble and inconstant adversary, whose failings he knew well. He knew how to exploit those failings in a remarkable fashion. John Lackland, brother of the dead King, aged 32, succeeded however, in imposing himself easily over the other possible successor, Arthur of Brittany, aged 12. Arthur was the son of Geoffrey and Constance of Brittany. He appeared as a potential heir of the Plantagenet estate, more legitimate than John Lackland, by virtue of the right of primogeniture. John was only, in effect, the fourth son of Henry II. Thus Arthur, barely adolescent, represented a powerful playing piece between the kings of France and England. Against John Lackland, Philip Augustus defended the rights of Arthur, who he recognised not only as Count of Brittany but also of Anjou and Maine! From Spring 1199, he recommenced military operations. Attacking Normandy he re-took control of the town and County of Évreux. In the Loire region, he was, for a time, supported by William of Roches, powerful sénéschal d'Anjou. When William changed camp, the King of France had to resort to negotiation. By the peace of Goulet, 22nd May 1200, Philip abandoned his protégé, Arthur of Brittany, and recognised John as the legitimate successor of Richard.

Yet again, peace did not last. Philip Augustus knew how to profit from a matrimonial conflict which shortly afterwards opposed John Lackland and several of his Aquitainian vassals. His power in the region was threatened by the engagement between Isabelle, only heir of Count Adhémar d'Angoulême, and

[3] The forest of Bord is situated to the South of Pont-de-l'Arche (county town of the canton of Eure).

[4] The ancient forest of Aliermont was situated between Dieppe and Neufchâtel-en-Bray in the department of Seine-Maritime. It was entirely cleared in the course of the 13th century, under the aegis of the Archbishops of Rouen.

[5] Courcelles-lès-Gisors, canton of Chaumont-en-Vexin, Oise.

[6] Châlus, county town of the canton of Haute-Vienne.

Hugh IX of Lusignan, who had just received the County of Marche. John wanted to prevent at all costs the creation of a vast principality escaping from his control in the heart of Aquitaine. However, he had just had his marriage with Isabelle of Gloucester annulled and in July 1200 did not hesitate to carry off the fiancée of Hugh of Lusignan, Isabelle of Angoulême aged 12, and married her immediately! It was an audacious political coup. The Lusignans reacted skilfully however, appealing to their suzerain, the King of France. Philip therefore summonsed John before the Royal Court. He refused to appear and was condemned to the forfeiture of all his French fiefs on 28th April 1202. Thanks to the strict application of feudal law, the King of France was finally provided with a lawful foundation permitting him to attack the vast Plantagenet State.

For Philip Augustus, the principal objective was Normandy, but he acted in a very prudent fashion, wishing first to test the reactions of his adversary. Beginning with a first campaign in June 1202 he contented himself with seizing several frontier locations, first taking control of fortresses of his ally, the Count of Eu (Raoul d'Exoudun, brother of Hugh of Lusignan) and the towns of Eu, Neufchâtel-en-Bray, Mortemer and Lyons-la-Forêt. He besieged Gournay-en-Bray, then Arques[7].

Philip Augustus took up again with Arthur de Brittany, now 15 years old, and placed him in charge of operations in Aquitaine. It was a political error which John, for once, knew how to exploit. On 1st August 1202 he pounced on the young man, who was besieging Mirebeau[8]. Shut up in Rouen castle, Arthur may have been assassinated by John himself, probably in the month of April 1203. In any event, we hear nothing more of him after this date. It was a serious check for the King of France. Philip had to give up, for the time being, the conquest of Poitou, and of the other regions situated to the South of the Loire.

At the same time, the King of France was also handicapped by the hostile reaction of Pope Innocent III, who was opposed to a war between two leading Christian sovereigns when all his efforts were going towards the organisation of a new crusade. In the eyes of the Pope, John appeared as the victim and Philip the aggressor. Also, in May 1202, Innocent III ordered the Archbishops of Rouen and of Canterbury to excommunicate John's rebellious vassals. Then he sent a legate, Gérard de Casamari, who attempted to negotiate peace during the years 1203 and1204, but without success. The King of France was supported publicly by his leading barons, and even by his Archbishops. At the time of a council organised at Meaux by the legate in June 1204, the bishops were appealing to the Pope against his own representative! From now on, Philip was able to consider himself as having a free hand.

The new campaign, which opened in the Spring of 1203, was determinative.

7 Arques-la-Bataille, in the Canton of Dieppe.

8 Mirebeau-en-Poitou, County town of the canton of Vienne.

Philip exploited his former conquests. He already controlled the County of Eu, the Bray and the Norman Vexin, but nothing decisive could be achieved for as long as he could not take Château-Gaillard. The King prepared himself for a winter campaign, unusual, but essential if he wanted to overcome the fortress, perceived to be impregnable. The siege began in the month of September 1203 and lasted all winter. The taking of Château-Gaillard on the 6th of March 1204, opened the gates of Normandy to Philip and was conquered in less than two months.

The Conquest of Normandy (May to June 1204)

The fall of Château-Gaillard had considerable repercussions. John had returned to England and had made no serious attempt to relieve this very strategic location. Philip knew that he could profit swiftly from such an attitude. Less than two months later, at the beginning of May, he launched a campaign which was to see the whole province submit. The key was to take Rouen, not only capital of Normandy but the dominant town of the continental Plantagenet State. It was a difficult undertaking and the kings of France had often struck in vain during the last three centuries. Prudently, King Philip decided to go about the obstacle. From 2nd May he cut Rouen off from its rear while taking several locations on the Seine, Pont-de-l'Arche, Moulineaux and Roche-d'Orival[9]. Then he turned resolutely towards the South-West in order to lead the campaign into Lower Normandy. There was insignificant resistance. Argentan fell on the 7th May, Falaise the 14th and Caen the 21st. The remainder of Lower Normandy was conquered by the Bretons (*fig. 2*).

At that time Guy of Thouars was discharging the functions of "Count of Brittany". He had previously married the heiress Constance, widow of Geoffrey (who had died in 1187) second son of Henry II. Viscount of Thouars, in Poitou, Guy was not only the widower of Constance, but a daughter, Alix, was born of this union. He continued therefore to govern Brittany in the name of the heiress. Henceforth allied with Philip Augustus, Guy of Thouars invaded Normandy from the West with an army essentially comprising Bretons.

In the Spring of 1204, the Breton army attacked first Mont Saint-Michel, the monastery and fortress which traditionally marked the frontier between Brittany and Normandy, and did not hesitate to put it to the torch. This partial destruction, dramatic at the time, had, however, a happy consequence. In the following years it permitted the construction of the masterpiece of Gothic art which is known as "the Marvel". The Bretons then directed themselves towards Caen

[9] Moulineaux, canton of Grand-Couronne, Orival, canton of Elbeuf, Seine-Maritime.

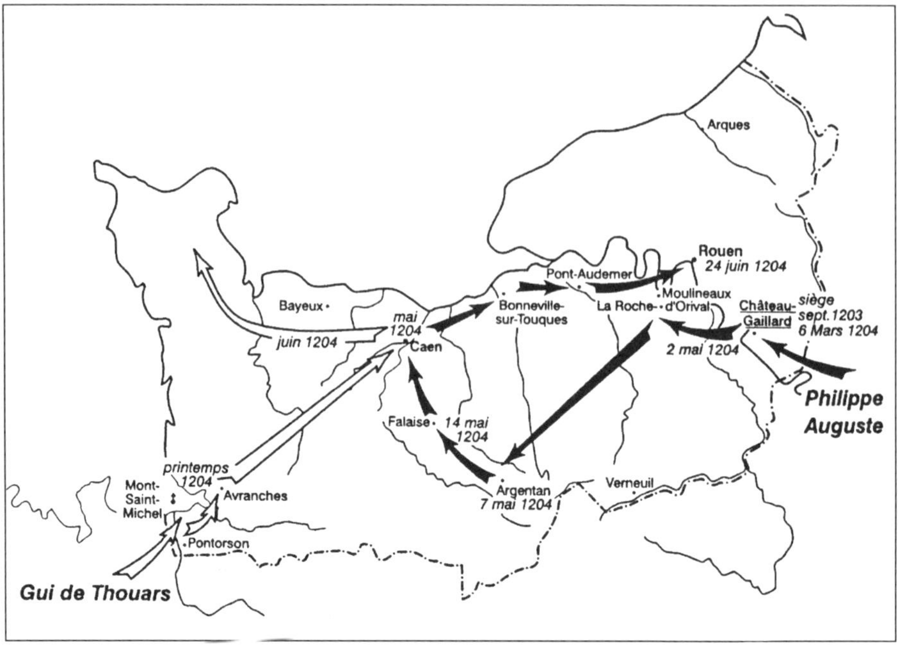

Fig. 2 The French Conquest (1203–1204)

where they joined up with Philip. In the month of June he sent them to conquer the Cotentin. Lower Normandy had all but submitted, still leaving Upper Normandy and moreover the town of Rouen. Philip marched again Eastwards and took the castle of Bonneville-sur-Touques[10], then the town of Pont-Audemer. The occupants of Rouen were disturbed by the evolving situation. They understood that they could expect nothing from John and began negotiations with the King of France. An accord was reached on 1st June. If the King of England had not sent help in thirty days the town would capitulate. Two other towns, Arques and Verneuil-sur-Avre, associated themselves with this agreement, linking their fate to that of Rouen. Finally, Rouen surrendered on the 24th June, St John's day, advancing the agreed period by six days. Arques and Verneuil followed suit immediately. All Normandy was, from that point on, under the control of the King of France, all except for the Channel Islands, which Philip did not succeed in conquering, because he did not possess the fleet which would have been necessary.

By taking possession of Normandy with surprising ease Philip had realised a dream cherished by a number of his Capetian ancestors. But if he had made

[10] Bonneville-sur-Touques, canton of Pont-l'Évêque, Calvados.

skilful use of feudal law he was not certain to keep his conquest by virtue of that same law. John remained King of England and retained many fiefs in the Kingdom of France. He was far from being beaten conclusively. For his part, we know that Philip did not possess any maritime force permitting him to operate on the other side of the Channel. In any event, an attack by the King of France against England would have had the appearance of aggression, pure and simple. On the continent, Philip was still suzerain of Anjou and Aquitaine, but these territories would not be easy to conquer after the elimination of Arthur of Brittany.

From the beginning of his reign, John had made many enemies among his vassals in Anjou and Aquitaine. The great opportunity for Philip was the renewed defection of William of Roches, sénéschal of Anjou. William controlled all the Plantagenet territories located to the North of the Loire, which consequently rallied to the King of France. Brittany found itself already, thanks to Guy of Thouars, within the French fold. Matters were more difficult to the South of the great river. Poitiers was taken in the month of August 1204, but the entirety of Poitou could not be held by the French King. He could not count on the loyalty of the Aquitaine seigneurs, who did not hesitate to change camp according to their interests at any given moment. In October 1206 the two kings concluded a truce for two years. The limit between the two powers was fixed by reference to the Loire. From now on, Normandy found itself firmly anchored in the royal domain, protected from a hypothetical Plantagenet counter-offensive by a large buffer to the South and West. The truce was prolonged de facto for seven years which permitted the French King to absorb his conquest.

Conclusion

The Fate of Normandy and the Channel Islands

In 1204 Normandy was therefore re-attached to the Royal French domain (and not to the kingdom of France, to which it belonged already). This re-attachment would find itself confirmed by armed force ten years later. At Bouvines[11], in 1214, King Philip was, the vanquisher of a coalition formed against him by John. In the same year John had been defeated by Prince Louis, heir of the Kingdom of France, at La Roche-aux-Moines, in Anjou. In both cases, the "judgment of God" had showed itself favourable to the King of France. However, peace was not established. It was necessary to wait more than a half century before it was finally concluded between Kings Henry III and Louis IX (Saint Louis), in

[11] Bouvines, canton of Cysoing, North (near to Lille).

1258 [12]. The Treaty of Paris recognised the King of France's possession of Normandy, Poitou and the Loire regions. But the King of England retained a vast territory in the South-West of the Kingdom of France in his capacity as Duke of Aquitaine. For this duchy he constituted himself vassal of the King of France. This balanced treaty, affirming acquired rights, allowed peace to be maintained between the kingdoms for nearly 80 years until the Hundred Years War, beginning in 1337.

The Treaty of Paris contained, however, a surprising omission. No reference was made to the Channel Islands. It was therefore a simple matter of fact, not recognised in law, which maintained the Islands as dependencies of the English Crown. The beginning of the Hundred Years War signalled a French attempt to seize the Islands. Marshal Robert Bertran succeeded in taking control of Guernsey. The French remained for nearly eight years until 1346 when King Edward III of England disembarked in Normandy for the first great sally of the war. No other French attempt was successful. In the 15th century, the Islands were again integrated into Normandy when the province was conquered by Henry V of England in 1417–1418. Charles VII of France again neglected in his turn to re-conquer the Islands when Normandy was recovered in 1449–1450.

The Islands continued therefore to recognise the King (or Queen) of England as Duke. Guernsey and Jersey are governed by a Bailiff. Bailiffs appeared in the Plantagenet State but became generalised under Philip Augustus in the French Royal domain, and in particular in Normandy. The number of bailiwicks in Normandy stabilised at seven in the course of the 13th century, the most important being those of Rouen, Caen and the Cotentin. Like the Norman bailiffs of the Middle Ages, the bailiffs of the Islands were endowed with both administrative and judicial power. Like them, they judge according to the custom of Normandy. The bailiffs of the Middle Ages were equally war leaders. They had to lead the troops of their jurisdictions when the King summonsed the feudal army. The Bailiffs of Guernsey and Jersey have a more peaceful role and, happily, France and England are no longer at war. Peace has been consolidated between our two countries since 1904, one hundred years exactly. The 100th anniversary of the Entente Cordiale happily coincides with the 800th anniversary of the re-attachment of Normandy to France and of the Islands to the English Crown.

François NEVEUX
Université de Caen Basse-Normandie

Translated by Gordon Dawes

[12] Cf. *Cartulaire normand*..., ed. L. DELISLE, n° 1201, p. 329–331 (May 1258).

Crime and Punishment in Medieval Guernsey

DR GREGORY STEVENS COX

My approach to medieval crime and punishment is essentially that of an historian interested in economic and social themes. The primary documents associated with the administration of justice offer a wealth of evidence – both witting and unwitting – about the life of medieval people and their day-today experiences; and, no less, about the anxieties of the insular authorities worried about maintaining control. My researches are far from complete. What I would like to offer you today is essentially a "position paper", a summary of my understanding accompanied by an acknowledgement of themes and topics that require further investigation. In the first section I briefly sketch the judicial organisation that pertained in Guernsey in the medieval period. Next, I outline the nature of the crimes committed on the island. Finally I review the punishment meted out.

Judicial Organisation

Until 1204 Guernsey formed an integral part of the Norman duchy and, as such, was included in the circuits of Norman itinerant justices. After 1204 a re-adjustment was required, it no longer being appropriate for justices to come over from Normandy. In the new order little was changed except that now the warden took the assizes when they fell due and ran them according to the law and custom of the Islands. Post 1204 the warden made a miniature *iter* (journey) among the islands just as the Norman bailli traversed his bailliage[1].

The administration of justice altered in the late thirteenth and early fourteenth centuries, during the rule of Otto de Grandison. The bailiwicks of Guernsey and Jersey ceased to form a single unit of administration. At the same time the judicial authority of the warden was devolved to the bailiffs of the respective islands. The nature of the assizes changed and by the reign of Edward III general eyres were held. Professor Le Patourel neatly sums up the transition; "Thus, from the time of Henry II to the time of Edward III, the local assizes, held by justices itinerant from Normandy, had developed into the formidable general eyre, which was essentially an English institution. Every judicial

[1] This paragraph and the next are very heavily based on Le Patourel, especially Chapter III (pp 36–67).

commission, however, contained a direction that the proceedings should be in accordance with the "the laws and customs of the Island"[2].

The commonalty of Guernsey made it clear on more than one occasion that they were governed by neither the law of England nor of Normandy but by certain customs used in the Island from time immemorial[3]. From the English point of view the Guernsey folk were in error because they had assumed to themselves "... for law and custom certain ones which they use, which differ altogether from the laws and customs of the other islands"[4].

Little evidence survives to illuminate the administration of justice in the thirteenth century. However, there are excellent sources for the years from 1299 to 1331, principally a set of plea rolls and associated documents covering the business of the eyres. Some of the documents have been published, most notably the Assize Rolls for the eyre of 1309. Most of my research so far has been based on that record but I have also looked at documents connected with the eyre of 1299 (a transcript of which I have thanks to the kindness of the States Archivist, Dr Darryl Ogier) and the eyre of 1331[5].

At first it is tempting to use these sources as the basis for a statistical analysis. However, such a course is not wise. First, we need to remember that justice was administered not only in the king's courts but also in ecclesiastical and seigneurial courts. Sometimes we catch glimpses of this in the Assize Rolls. For example we read in the Roll for 1331 that Johannes Poindestre and Johannes Fylot, clerks (*clerici*), with others broke into the house of Johannes Bequerel in the Vale by night and beat and wounded him and his wife and took his goods and chattels, linen and woollen sheets. Poindestre and Fylot were caught and, being clerks, were then freed to the Ordinary of the place. Two of their alleged accomplices were found not guilty in the king's court. The fifth named in the indictment, Petrus Columbel, was found guilty and outlawed[6]. We are aware of this case because three of those indicted fell within the competence of the secular court. Inevitably, however, there were many cases heard before ecclesiastical and seigneurial courts about which we know nothing today. Secondly, we have no direct knowledge of cases heard before the Royal Court between the triennial assizes. It is not clear to me how many cases were dealt with in a summary fashion (at ordinary sittings of the Royal Court) and how many were held over to the assizes. Finally, a statistical analysis could never be complete because some of the rolls were defective or damaged.

The working of the eyre was explained in detail by Julien Havet and subsequently by the late Professor Le Patourel. Here the briefest of summaries must

[2] Le Patourel, p 55.
[3] Rolls of the Assizes, p 29.
[4] Rolls of the Assizes, p 33.
[5] Some documents of the 1331 eyre were printed in the Second Report.
[6] Second Report, p 307.

suffice. The king's justices sat in the Royal Court; the twelve jurats claimed to render judgment with them (and were generally allowed so to do); *hareles* (juries of presentment) were produced by the parishes. The bailiff discharged the duties of coroner and sheriff[7].

Crimes

The eyre covered many matters that fell outside the criminal category. We also need to remember that the modern concept of crime is not totally congruent with the medieval understanding. A society that was feudal and explicitly Christian necessarily observed codes and canons often at variance with modern principles of jurisprudence.

[Occasionally the Rolls reveal even earlier forms of criminal justice. For example, in 1309 we read: "*The jurors present that Ralph son of Colin Gobbe a child in the cradle was suffocated by a certain pig … the pig was burnt according to custom, which said custom is now prohibited …*"[8]].

The eyre examined issues of *quo warranto*; feudal disputes, infringements of royal rights such as trespass on the king's warrens and the taking of fish and eels from his ponds, encroachments on the king's highway, obstruction of the king's highway and the assize of bread and wine. Although we are eschewing a statistical approach it is appropriate to try to identify the principal patterns of criminality. Most common was petty theft of a rural nature, the stealing of sheaves of wheat, of a wether (castrated ram), sheep, hens, capons, pigs, a horse and so on. Sometimes tackle was taken, a cart misappropriated. On an island with one town and nine country parishes this pattern comes as no surprise. The lslanders farmed and fished. In St Saviour in 1309 Richard Blondel was indicted for stealing ray-fish throughout the country[9].

There were quite a few taverns in the country parishes. St Andrew's boasted at least thirty[10]. These inns were sometimes the location for crime. In Torteval Henry de Vic was wont "to take simple paupers into the taverns and afterwards…. [make] them pay for the drinks contrary to their will"[11].

There was quite a lot of physical violence. It was an age when men frequently carried knives, sometimes swords. Arguments could quickly take an ugly turn. Many indictments were for assaults committed on the king's highway. There is a tacit implication that this was more serious than an assault elsewhere. A disturbance on the king's highway was a violation of the king's peace, an outrage

[7] Le Patourel, p 95.
[8] Rolls of the Assizes p, 160.
[9] Rolls of the Assizes, p 190.
[10] Rolls of the Assizes, p 155.
[11] Rolls of the Assizes, p 138.

against the king as much as against the immediate victim of the assault. Although there were plenty of indictments for assault, murder was a relatively rare crime.

There were a certain number of burglaries, one or two of those indicted seem to have been quite practised criminals. For example, John son of John du Moulin "was wont to make instruments of crooked iron to open the locks of doors furtively"[12].

Quite a few cases of assault occurred in St Peter Port. This was a busy port town by 1309 and also housed the garrison. English solders and foreign sailors packed into the taverns of the town and the neighbouring parishes. The islanders sometimes took advantage of them. Following the practice of Henry de Vic in Torteval, a certain John Lalowe in the Catel compelled "poor soldiers unwilling very often to pay for his drink!"[13].

Those indicted of crime were usually males. Women figure less often and, when they do appear, seem to be involved in petty theft or domestic violence. Occasionally wives were much more than a match, physically, for their husbands. In 1299:

> "*Guillemotte wife of Pierre Colomb charged with beating her husband on the foreshore by night, and wounding and ill-treating him. And she has not come. So let her be exacted and outlawed.*"[14]

Sometimes women were found guilty of sexual misdemeanours:

> "*Joan ... took her daughter the wife of Richard Caun into a certain small house which is called la Cote of Ranulph Gautier in order that a stranger might lie there with her in adultery for which she was sent to prison, now comes and is sent back to prison to compound. Afterwards the said Joan by the counsel of the jurats is punished with the pillory.*"[15]

Punishment – Imprisonment

It was for a long time argued that in the middle ages imprisonment was not used as a punishment but rather for pre-trial custody or as a means of compelling fulfilment of the actual penalty (the payment of a fine, for example). However, recent research has cast doubt on this. Scholars increasingly see imprisonment as having been used as a direct method of punishment[16]. Some confirmation for this idea may be found in the Guernsey records. In the Rolls for 1309 we read that a certain John and another (possibly others, the text is damaged) were committed to prison

[12] Rolls of the Assizes, p 148.
[13] Rolls of the Assizes, p 172.
[14] Rolls of the Assizes 1299.
[15] Rolls of the Assizes, p 162.
[16] Dean, p 120.

to be punished (*puniendi*). Afterwards they compromised (i.e. paid a fine) instead of going to prison[17]. The use of the gerundive *puniendi* is telling. This is not the case of the guilty being threatened with prison unless they pay a fine. Quite the reverse. They are to go to prison *as a punishment* and they only avoid this by paying a fine. We seem to have a similar situation with John du Val who "... inflicted many enormities on the English. Therefore he is committed to gaol. Afterwards he came and compounded for the said transgression by 40 sols ..."[18].

Hanging

The hanging of a condemned criminal in Guernsey was a duty carried out by a specific *bordier*. In 1299 Guillaume de Solers gave up the Solers bordage because he was unwilling to perform the service which pertained to it, that is, to hang thieves indicted in the king's court[19].

Capital punishment was inflicted for theft. In 1309 Ralph Ledevin of St Peter-in-the Wood was accused of stealing his own over-tunic, "maliciously laying that theft upon Stephen le Jovene, an honest man, in order to cause him to be hanged"[20]. Although theft appears to have been a fairly common crime, relatively few people were hanged for the offence. There are, I think, three reasons for this. First, in some instances the jurors may have acquitted the guilty to spare the accused the death penalty for a relatively trivial offence. Secondly, theft could be punished by banishment. Thirdly, as we shall see presently, the guilty could avoid serious punishment by opting for abjuration.

Banishment

Professor Dean comments that banishment was a preferred alternative to capital punishment[21]. It was a form of punishment acceptable to the church (it avoided the taking of life or shedding of blood) and it was less costly than capital punishment. It was awarded for serious offences. In 1299 we find it as the judgment for aiding the enemy during wartime and for theft:

> "*Robert Combwell indicted that, at the time when he was the bailiff in the island of Guernsey, he allowed victuals to be taken to the king's enemies at Barneville in Normandy for the money he obtained from them. And the said Robert has not come. So let him be exacted and outlawed. Robert le Feron indicted of theft, that is of money, and he has not come. Therefore let him be exacted and outlawed.*"[22]

[17] Rolls of the Assizes, p 169.
[18] Rolls of the Assizes, p 181.
[19] Rolls of the Assizes 1299.
[20] Rolls of the Assizes, p 170.
[21] Dean, p 121.
[22] Rolls of the Assizes 1299.

Abjuration

Frequently the guilty arranged their own banishment by seeking sanctuary in a church and then abjuring the island. Professor Dean comments that the general rule in medieval Europe provided that sanctuary "was limited to those who killed or injured by accident. Deliberate killers, habitual criminals, thieves and convicts should all have been excluded. The key principle was that the crime should be unpremeditated and should inflict serious injury or death"[23]. In Guernsey this rule does not appear to have been followed consistently for we find examples both of felonious killers and of thieves successfully abjuring. Again it was a requirement "... that no one ought to abjure the islands unless through the refuge of the Church ..."[24]. In 1309 the justices required that the bailiff should properly record in the rolls the names of those who abjured, the date, the felonies acknowledged and the port assigned to the felon[25]. Abjuration offered mutual benefits: the felon escaped a capital sentence; the authorities were rid of a problem. There was even the opportunity for a degree of clemency:

> "*Jean fils Enite Belesent indicyted of hens, flax and other petty thefts has come and defends all theft. But because he did not dare to put himself on the country, he asks that he may abjure the islands. This is granted to him by the justices for God because he is a poor man, on condition that he does not return to them in the future.*"[26]

Monetary Penalties

Professor Robert Muchembled has demonstrated that "judicial fines were at the heart of the system" in the medieval period. Fines and banishment "constituted the essential arsenal of repression"[27]. Professor Muchembled's study was based on Arras in the north of France, but his conclusions are equally valid for Guernsey. Fines were regularly imposed as the penalty for physical violence, even when the assault was serious. In 1309 Colin le Marchant was found guilty of assaulting Richard Paynel; he "broke into his house threatening him with burning. Therefore he is to be heavily amerced"[28]. Although many fines were imposed there are very few indications of the precise sums exacted. The

[23] Dean p 111.
[24] Rolls of the Assizes, p 148.
[25] Rolls of the Assizes, p 171.
[26] Rolls of the Assizes 1299.
[27] Dean, p 130.
[28] Rolls of the Assizes, p 139.

TABLE 1: Abjurations (1309) [Examples from *Rolls of the Assizes*]

Name	*Crime*	*page reference*
Thomas de Estfeld	killing	28
Ranulph Galtier	killing	142
John du Moulin	theft	148
Gillot f. Richard Goye	thefts	156
Alice f. Jordan Malegue	theft	156
Robert le Rateys	theft	156
Jordan Clouet	killed abortive child	157
Scotlastica de Parys	death of her infant	162
Emeline wife of Robert Eminer	for receiving Matilda Lohir who had previously abjured the islands for thefts etc.	168
Coletta la Miresse	for receiving the said Matilda	168
Emma Hungier	theft	168
Matthew la Besoigne (since died) & John de Rocheford & Johanettus de Genas	for seizing Johanette Naom and killing her feloniously	168
Richard Lestornel	theft	179

following are helpful exceptions. When Johanetta Wylon was fined for assaulting Henry Howe in the cemetery of St Peter Port and drawing blood she paid a fine of 18 sols[29]. Osbert Alexander was fined 19 sols for wounding Helen, wife of William Restaud[30] and Simon le Mesurer who by night on the king's highway assaulted William le Rey "unto flowing of blood" was fined 18 sols[31]. What do these sums signify? We can get some notion from Table 2 which illustrates the purchasing power of money in 1309.

Shaming

From time to time the guilty were sentenced to the pillory, to be shamed in public. For example William Boye when found guilty of malice and deceit was committed to gaol: "Afterwards he is punished with the pillory"[32].

[29] Rolls of the Assizes, p 191.
[30] Rolls of the Assizes, p 174.
[31] Rolls of the Assizes, p 144.
[32] Rolls of the Assizes, p 182.

TABLE 2: the value of money, 1309 [Examples from *Rolls of the Assizes*]

	livres	*sols*	*deniers*	*page reference*
one cow		20		137
one cow		40		137
one sow		8		137
one empty hogshead		3		141
one ox		30		146
two cows	4 (2 x 2 livres)			154
four sheep		4	5	154
two sheep		2	2	154
yarn of wool		2	4	154
one old tripod			3	154
one old pan			8	154
one horse		32		157
one pig		5		157
two lambs		8		157
one pick-axe		2	6	164
one cow		20		199
one heifer		20		199
one calf		5		199
one foal		20		199
a sheep		20		199
hog		6		199
one chest		3		199
one pan with a tripod		4		199
6th part of a boat		8		199

One livre (tournois) = 20 sols; one sol = 12 deniers

Corporal Punishment

Corporal punishment was frequently meted out in Guernsey in later centuries but I have come across no examples in the early fourteenth century.

Conclusion

The patterns of crime and punishment in medieval Guernsey fit very comfortably with the general European picture painted by Professor Dean and other scholars. There is no trace of the brutal savagery suggested by Foucault in his thesis about punishment. There was, rather, a reliance on fines and banishment.

Either the Crown would make some money; or the community would be rid of a trouble-maker. It was a thoroughly pragmatic approach, in many respects closer to that of the modern age, and certainly different from the institutionalised violence of the sixteenth century with frequent burnings and torture.

Dr Gregory Stevens Cox
Blanchelande Girls' College

BIBLIOGRAPHY

Dean T. Dean, *Crime in Medieval Europe 1200–1550,* Harlow, 2001

Havet: J. Havet, *Les Cours Royales des Iles Normandes,* Paris, 1878

Le Patourel: J H Le Patourel, *The Medieval Administration of the Channel Islands 1199–1399,* Oxford, 1937, re-published by the Guernsey Bar in 2004

Second Report: *Second Report of the Commissioners appointed to inquire into the States of the Criminal Law in the Channel Islands,* Guernsey, 1848

Rolls of the Assizes: *Rolls of the Assizes held in the Channel Islands in the Second Year of the reign of King Edward II, A.D. 1309,* Jersey, 1903

Rolls of the Assizes, 1299, typed transcript (original in the National Archives not yet checked by the present author).

L'Échiquier de Normandie au XIIIe siécle

ERIC BARRÉ

La conquête de la Normandie, de La Touraine, de l'Anjou, du comté du Mans, du Nord du Poitou par Philippe-Auguste au début du XIIIe siècle constitue une rupture[1]. Les populations ont tout à craindre des capétiens dont l'un des buts affichés est la destruction de l'empire de leur puissant vassal angevin depuis le milieu du XIIe siècle. Le domaine royal capétien voit sa surface quadruplée en quelques années. Le roi de France doit désormais de l'administrer de manière à ne pas générer de révoltes risquant de tout compromettre.

Dans le cadre de la Normandie, il reprend l'organisation territoriale préexistante : les sergenteries, les vicomtés et les comtés. Au niveau ducal, les offices curiaux continus d'être pourvus[2] sauf celui de sénéchal. Poursuivant la politique des ducs de Normandie, il nomme des personnages de second plan : Guérin Glapion et Guillaume Crassus. La mesure est transitoire. Ils pourraient avoir eu un successeur en la personne de Pierre de Thillai mais ce denier est aussi qualifié de « sénéchal de Caen » en 1207. Renaud de Ville-Thierry, représentant le roi pour une région Avranches et Bayeux, entre 1226 et 1227, est successivement « Justicier du seigneur roi », « bailli de Bayeux et d'Avranches », « sénéchal »[3].

L'office de sénéchal semble a été vraisemblablement démembré entre plusieurs titulaires placés dans des circonscriptions plus réduites. A cette fonction judiciaire semble avoir été jointe une fonction plus comptable, celle du bailli administrant, durant la période angevine, une unité du domaine ducal. Le titre de bailli finit par l'emporter dans la mesure où le contenu de l'office correspondait à ce qui se pratiquait dans le domaine royal.

La confirmation de cette transformation se trouve dans la seconde rédaction de coutume de Normandie, la « *Summa de legibus* » écrite durant le deuxième quart du XIIIe siècle. Au chapitre « *De justiciaro* », l'auteur distingue deux types de justiciers, les justiciers supérieurs et les justiciers inférieurs. Les justiciers

[1] VATINEL (Ph), *La confiscation de la Normandie par Philippe Auguste, Étude sur la commise de 1202*, Rouen, Le Veilleur de Proue, 1998, 37 p.

[2] Ils sont en fait devenus héréditaires : chambrier (Tancarville), bouteiller (Aubigny), connétable (Hommet).

[3] « *justiciarius domini regis* », « *baillivus Baiocorum et Abrincorum* », « *senescalus* » BALDWIN (J.), *Philippe-Auguste et son gouvernement, la fondations du pouvoir royal en France au Moyen Âge*, Paris, Fayard, 1991, p. 665.

supérieurs sont ceux nommés par le duc « *ut magistri scacarii et baillivi* »[4]. Cette catégorie est elle-même divisée en deux groupes : les majeurs et les mineurs. Les maîtres de l'Echiquier appartiennent à la première catégorie et ils ont pouvoir d'amender ce qui a été fait de moins juste par les mineurs, les baillis. La différence entre les deux groupes est assez faible : elle est liée à leur commission et au fait que les baillis ne peuvent juger que leur ressort géographiquement plus limité. De fait, l'office de sénéchal disparaît alors que le groupe des justiciers est éclaté en deux.

Les Sessions

Comme le constate Guillaume Le Breton dans ses « Philippides », le roi n'abroge ni les jugements ni les lois en vigueur[5]. Ce principe joint aux besoins des justiciables est sans doute le principal facteur de reprise des sessions de l'Echiquier de Normandie[6]. Après une période vraisemblable d'observation, elles reprennent à Falaise en 1207. Il faut attendre Pâques 1222 pour que les séances reprennent à Caen. De Pâques 1226 à la Saint-Michel, elles alternent plus ou moins entre Caen et Rouen : par la Seine, la ville était plus facile d'accès. De Pâques 1229 à Pâques 1234, Rouen paraît devoir l'emporter. A partir de cette date, les sessions subissent une profonde mutation ; si la cour conserve les même termes, elle tient deux assises : l'une à Caen, l'autre à Rouen. Le cas s'est déjà produit une fois à la Saint-Michel 1228. Cette situation semble avoir duré jusqu'à la mort de saint Louis, en tenant compte qu'une partie des vacations n'a laissé aucune trace. Le repli sur Rouen entre 1229 et 1234 est, sans doute, lié aux opérations du roi d'Angleterre, Henri III, en Bretagne[7]. De la même manière, le déplacement du tribunal entre la principale ville de la partie orientale de la Normandie et celle de la partie occidentale durant la même session pourrait correspondre à une récompense de Louis IX pour sa relative fidélité lors des événements précédents ou à une volonté de resserrer les liens avec la couronne. Ce nouveau mode de fonctionnement ne connaît qu'une exception notable. A la Saint-Michel 1238, l'Échiquier ne tient pas sa deuxième session à Caen mais à Brionne. A Pâques 1239, il y a une seule session à Rouen. Il est pour l'instant impossible d'en connaître la raison si ce n'est d'émettre l'hypothèse d'une agitation en Basse-Normandie. Dans l'ensemble le nouveau système fonctionne bien et, comble de

[4] TARDIF (E.J.), *Coutumiers de Normandie, textes critiques, la* Summa de legibus Normannie in curia laïcali, Paris-Rouen, A. Lestringant-A. Picard et Fils, t. II,1896, p. 8–9.

[5] LE BRETON (Ph.), « Philippides », éd. M.J.J. Brial, *Recueil des Historiens de France et des Gaules*, t. XVII, 1878, p. 117–287.

[6] Cf. tableau. Sauf mention particulière, les renseignements qui suivent proviennent d'un article de Monsieur Yves Sassier. SASSIER (Y.), « De l'Échiquier ducal à l'Échiquier permanent », *Du Parlement de Normandie à la Cour d'appel de Rouen (1499–1999)*, Rouen, 1999, p. 31–53.

[7] BOÜARD (M. de) dir., *Histoire de la Normandie*, Privat, Toulouse, 1970, p. 197.

raffinement, il arrive que les textes ne fassent plus références aux deux termes mais essayent de tenir compte de la date réelle des séances : Saint-Philippe et Saint-Jacques[8], Saint-Jean de la Porte latine[9], pour Pâques, Saint-Denis[10] et Saint Luc[11], pour la Saint-Michel.

Le Role Comptable De L'Echiquier

A cette régularité approximative des sessions correspond une conformité du contenu. L'Echiquier conserve sa double fonction comptable et judicaire. Certes, si la documentation privilégie la seconde, la première ne cesse pas pour autant de fonctionner. Le 9 février 1238, Jean, comte de Mâcon, et Aales, sa femme, vendent le comté de Mâcon au roi contre 10 000 livres et une rente de 1000 livres à prendre par moitié à l'Echiquier de Pâques et à l'Echiquier de la Saint-Michel[12].

Pour présider les sessions, en tant que justiciers majeurs supérieurs, le roi envoie plusieurs de ses familiers qui ont déjà fait leurs preuves en Normandie[13]. Le premier d'entre eux, frère Guérin, futur chancelier, a des compétences aussi bien financières que juridiques. De la même manière, les analyses de l'Échiquier réalisées au XIIIe siècle par Guillaume Acarin, clerc du bailli de Caen et futur maître, donne du chambrier à Gauthier le Jeune alors que Barthélémy de Roye reçoit l'office de grand chambrier en 1208[14]. Certes, les archives n'ont conservé aucune trace des premières sessions de la période capétienne mais cette faiblesse des sources confirme la survivance du rôle comptable de l'assemblée.

A l'inverse, il est vraisemblable que la structure ait été influencée par l'évolution des institutions royales. La spécialisation du personnel et la naissance du Parlement et de Chambre des comptes contribuent sans doute à la naissance de sessions spécialisées. Le seul indice probant est constitué par quelques folios insérés au début du registre de l'Echiquier de Pâques 1453[15]. Il permet de confirmer qu'il s'agit uniquement des comptes du domaine et des droits royaux dont la comptabilité est dressée par les vicomtes et les baillis. Selon Strayer, au

[8] 1er mai.

[9] 6 mai.

[10] 9 octobre.

[11] 18 octobre.

[12] DELISLE (L.), "Cartulaire normand de Philippe-Auguste, Louis VIII, Saint Louis et Philippe Le Hardi", *Mémoires de la Société des Antiquaires de Normandie*, t. 16, 1852, p. 72.

[13] STRAYER (J.R.), *The administration of Normandy under Saint Louis,* Cambridge, The médieval academy of America, 1932, p. 92–93. DELISLE (L.), "Chronologie des baillis et sénéchaux royaux, depuis les origines jusqu'à l'avènement de Philippe de Valois ", *Recueil des Historiens des Gaules* et de France, t. XXIV-1,1904, p. 15*-270*.

[14] DELISLE (L.), *Recueil des jugements de l'Èchiquier de Normandie au XIIIe siècle suivi d'un mémoire sur les anciennes collections de ces jugements*, Paris, Imprimerie impériale, 1864, 289 p.

[15] A.D. 76, 1 B 29, fol. 1.

XIIIe siècle, la reddition des comptes se déroule selon deux mouvements. Dans un premier temps, les comptes des vicomtes et des baillis sont mis en forme lors des sessions de l'Echiquier. Dans un deuxième temps, les rôles obtenus sont envoyés à la cour où ils subissent un contrôle final en présence des baillis.

Pour être plus précis, il est probable que chaque session ait conservé sa procédure habituelle. Les vicomtes et les baillis remettent la moitié de leur du lors d'une première session et le reliquat à la suivante où les comptes sont mis en forme avant de partir pour Paris. Il est à noter que les corps des villes reçoivent un traitement à part : une ordonnance de saint Louis de 1256 leur fait obligation de venir rendre leurs comptes à Paris[16]. Pour être complet, il est intéressant de constater que, si les rois de France conservent à l'Echiquier sa mission comptable, ils ne cherchent pas à étendre ses compétences aux revenus extraordinaires obtenus par la suite.

Le Role Judiciare

Contrairement à la fonction comptable, la fonction judiciaire a laissé des traces plus significatives. L'intégration au domaine royal semble avoir été l'occasion de difficultés plus conséquentes.

Durant la période ducale, s'il existe une hiérarchisation des différentes cours, rien n'empêche les justiciables de s'adresser directement à l'Échiquier. Après la conquête, cette pratique n'a aucune raison de prendre fin mais la disparition de la cour ducale offre la possibilité aux plaideurs d'en appeler directement à la cour du roi, puis à sa manifestation judiciaire après la création du Parlement vers 1250. À ce premier facteur vient s'adjoindre, sans aucun doute celui de la brièveté des sessions. Entre 1258 et 1268, Eudes Rigaud, archevêque de Rouen, y participe régulièrement. Son « *Registre des visites* » leur donne une durée moyenne de huit jours, sans tenir compte du voyage de Rouen à Caen lorsque le cas se présente. En outre, après la mort de Louis IX, les réunions se font plus rares. Sans compter les années où il n' y a qu'une session, il n'existe aucun témoignage de tenue de l'Échiquier entre la Saint-Michel 1270 et Pâques 1276, entre Pâques 1280 et Pâques 1282, entre la Saint-Michel 1294 et Pâques 1296, entre la Saint-Michel 1299 et la Saint-Michel 1301[17].

À la décharge de l'ordonnateur, le roi, il est séduisant d'évoquer une possible disparition des sources. Malgré cela, il devient important, voire essentiel, de s'adresser directement à la justice française d'autant que le Parlement siége à d'autres termes[18]. Le nombre de Normands s'adressant au Parlement ne cesse

[16] STRAYER (J.R.), *The administration of Normandy under Saint Louis*, Cambridge, The médieval academy of America, 1932, p. 32–55.

[17] Cf. tableau.

[18] Épiphanie, Chandeleur, Pentecôte, Nativité de la Vierge Marie, Toussaint, Saint-Martin d'hiver, Noël.

d'augmenter si bien qu'il faut leur réserver des journées spécifiques[19]. En 1287, une procédure opposant le roi à l'abbé de Saint-Pierre-sur-Dives est renvoyée au prochain Parlement « au jour des Normands »[20]. En 1313, un appel d'un jugement du prévôt de Caen contre les hommes de Louvigny qui prétendent ne payer aucun droit sur les marchandises vendues à Caen est envoyé par les maîtres de l'Échiquier « au jour du duché de Normandie au futur plus proche parlement », où il est confirmé[21].

En fait, le nombre de cas évoqués devant le Parlement au XIIIe siècle n'est jamais d'une grande importance. Au travers des *Olim*, J.R. Strayer a comptabilisé une moyenne de 5 cas par an. De la même manière, il aurait été logique que le roi, source de toute justice, essaye d'accroître son influence par divers moyens : il n'en est rien. Seule l'abbaye de Fécamp semble avoir profité de la situation. En 1211, l'abbé obtient une confirmation de la concession du plaid de l'épée sur l'ensemble du royaume[22–23].

À cette action limitée, il faut joindre l'évolution normale de la législation. En 1260, le Parlement enregistre une ordonnance de Louis IX supprimant, dans l'étendue de ses domaines, les batailles et les duels pour leur substituer la preuve par témoin. Par ailleurs, dans les pays où les roturiers peuvent appeler du jugement de leur seigneur, les procédures seraient portées à la cour du roi où le jugement serait confirmé ou mis à néant[24]. On peut se poser la question de l'efficacité d'une telle décision[25]. En Normandie, le roi reste dans la limite des cas ducaux relevant maintenant de la justice royale. A la Toussaint 1296, le Parlement enregistre une ordonnance de Philippe le Bel liquidant une guerre privée entre le seigneur d'Harcourt et Guillaume de Tancarville . Dans les années 1275, Guillaume Bertran poursuit Guillaume de Fontenay qu'il veut contraindre au service militaire en raison de son fief de chevalier et de son hommage lige. Jugé aux assises de Caen, le litige vient à l'Échiquier où les maîtres l'envoient devant le Parlement. À l'Épiphanie 1277, ce dernier déboute

[19] STRAYER (J.R.), "Exchequer and Parlement under Philip the Fair", *Droit privé et institutions régionales, Etudes historiques offertes à Jean Yver*, Paris, P.U.F., 1976 , p. 655–662.

[20] « ... *ad diem Normanorum* ... ».

[21] « ... *ad diem ducatus Normannie futuri proximo parlamento* ... ». BEUGNOT (Cte), *Les* olim *ou registres des arrêts rendus par la cour du roi sous les règnes de saint Louis, Philippe le Hardi, de Philippe le Bel, de Louis le Hutin, de Philippe le Long*, Paris, Imprimerie royale, 1839–1848, t.II, p. 268, t. IV, p. 603–604.

[22] TEULET (Al.), *Layettes du trésor des chartes*, Paris, Henri Plon, 1863, t. I, p. 373.

[23] TARDIF (E.J.), *Coutumiers de Normandie, textes critiques publiés avec note et éclaircissement, le Très ancien coutumier de Normandie, texte latin*, Rouen, Imprimerie Espérance Cagniard, t.I.1, 1887, p. 23.

Pour la Normandie, cette procédure est une voie de recours permettant au plaideur de s'adresser au prince si son seigneur refuse de lui rendre justice

AUBOIN (J) : *Recherches sur les voies de recours en Normandie du XIIIe au XIVe siècle*, Thèse pour le doctorat en droit, sous la direction de R. Besnier , Paris, 1953, p. 6.

[24] LAURIERE (M. de), *Ordonnances des rois de France de la troisième race recueillies par ordre chronologique*, Paris, Imprimerie royale, 1723, t.I, p. 86–93.

[25] CANEL (A.), *Le combat judiciaire en Normandie*, Caen, Hardel, 1858, 152 p.

le plaignant car ce droit n'appartient qu'au roi. De fait[26], la majorité des cas jugés par le Parlement concernent essentiellement le domaine ou bien mettent en cause un officier du roi tout comme l'évocation des privilèges royaux et les litiges entre la coutume normande et celle d'une autre région[27].

Le rôle des maîtres de l'Échiquier, en la matière, est sans doute important. Issus de l'entourage royal puis du Parlement, leur connaissance de la coutume de Normandie est relative. Tout comme les baillis peuvent consulter l'Échiquier en cas de problème d'interprétation du droit, les maîtres de l'Échiquier ont recours à la cour du roi puis au Parlement lorsque ce même problème se pose. Par ailleurs, il est probable que, par courtoisie, ces même maîtres envoient à Paris les causes des personnages les plus importants, à moins qu'il ne s'agissent, symboliquement, de bien marquer la dépendance de l'Échiquier vis-à-vis de la cour royale et de sa session judiciaire devenue Parlement dans les années 1250. Le problème est qu'il n'existe que peu de témoignages de cette pratique. Un fragment d'un rôle d'audience de l'Échiquier établi vers 1275 contient l'analyse de quarante-sept procès dont deux furent renvoyés devant le Parlement[28]. Le premier concerne le bailliage de Rouen où le seigneur du Mesnil demande l'autorisation de vendre son bois sans payer les tiers et dangers. Les maîtres envoient l'enquête au Parlement pour qu'il décide. La seconde oppose un nommé Caletot à Jean d'Yvemesnil, avoué de Pétronille de Morville. La nature du litige non précisée est envoyée au Parlement suivant, « au conseil du seigneur roi »[29].
Quant aux *Olim*, ils ne contiennent, en tout et pour tout, qu'une dizaine d'actes permettant de confirmer ce qui a été avancé ci-dessus. En 1299, l'Échiquier demande au Parlement de réaliser une enquête suite à un litige opposant les habitants de Leure[30] à ceux d'Harfleur. Les premiers reprochent aux seconds d'avoir creusé une tranchée pour détourner le cours de la Seine. L'enquête conclut en faveur des premiers et la cause est renvoyée à la juridiction normande pour expédition[31]. Parmi ces documents, deux d'entre eux démontrent, s'il en est encore besoin, les liens de dépendance de l'Échiquier et la possibilité de faire appel de ces décisions devant le Parlement. À la Toussaint 1296, ce dernier confirme un jugement de l'Échiquier de Rouen de 1294 rendu en faveur de l'abbaye de Saint-Julien de Tours contre Richard Malherbe sur le patronage de

[26] BEUGNOT (Cte), *op. cit.*, t. II, p. 101–102.
PERROT (E.), Arresta communia Scacarii, *deux collections d'arrêts notables de l'Échiquier de Normandie*, Caen, L. Jouan, 1910, p. 109–111.

[27] Cf. note 138.

[28] DELISLE (L.), « Preuves de la préfaces », *Recueil des Historiens des Gaules et de France*, Imprimerie nationale, 1904, t. XXIV-1, p. 271* – 368*.

[29] « ... *ad consilium domini regis* ... ».

[30] Leure, Seine-Maritime, arrondissement du Havre, commune du Havre.

[31] BEUGNOT (Cte), *Les* olim *ou registres des arrêts rendus par la cour du roi sous les règnes de saint Louis, Philippe le Hardi, de Philippe le Bel, de Louis le Hutin, de Philippe le Long*, Paris, Imprimerie royale, 1839–1848, t. III, p. 11.

l'église de *Mename*[32]. L'année suivante, il confirme un autre jugement de l'Échiquier en appel d'un jugement des assises d'Argentan attribuant le patronage de la chapelle de Saint-Laurent de Torigni et de l'église de Saint-Amand aux religieux de Cerisy[33].

Les Juges

Au delà de ce nouvel état de chose, il est nécessaire de voir l'évolution du rôle des commissaires envoyés tenir l'Échiquier et des autres éléments constitutifs de la cour. Présents dans les recueils des jugements de l'Échiquier du XIIIe siècle de Delisle[34] et dans les "*Arresta communia Scacarii*" de Perrot[35], les commissaires sont cités en compagnie des évêques et des barons. Il convient de noter, à la suite de Soudet, que ces derniers apparaissent dans l'édition de Delisle plus spécialement lorsqu'il s'agit d'actes proprement législatifs : ordonnances et arrêts de règlements[36]. Par ailleurs, une sentence de l'Échiquier de Pâques 1251 fournit une liste de 23 noms parmi lesquels se trouve : Jean de La Cour, évêque d'Èvreux, Ètienne de Saint-Samson, doyen de Saint-Aignan d'Orléans, Foulques, évêque de Lisieux, l'abbé de Fécamp, Guillaume de Friardel, chanoine de Lisieux , Eudes de Gisors, baillli de Bayeux, Raoul Tesson, chevalier ; Richard de Milly, sénéchal de Fécamp, Richard Le Sénéchal, vicomte de Rouen[37]. Cette liste est peut-être à mettre en relation avec celle qui se trouve dans la *Summa de legibus* et qui définit les personnes aptes à être justiciers dans le chapitre « *De judicio* » : archevêque, évêques, chanoines de la cathédrale, abbés, prieurs conventuels, recteurs d'église, baillis, chevaliers, sergents de l'épée du prince, sénéchaux des barons[38].

Malgré cela, il est impossible d'imaginer que l'ensemble des personnes citées puisse collectivement prononcer la sentence. À l'Échiquier de Pâques 1219, il est ordonné par Guérin, évêque de Senlis, et Barthélémy de Roye, chambrier de France que Guillaume Cornart aurait la terre de Raoul Huigan parce qu'il est son plus proche héritier[39]. À l'Échiquier de Pâques 1252, le jugement est passé

32 BEUGNOT (Cte), *op. cit.* , t. II, p. 380.

33 BEUGNOT (Cte), *op. cit.* , t. II, p. 402–403.

34 DELISLE (L.), *Recueil des jugements de l'Èchiquier de Normandie au XIIIe siècle (1207–1270) suivi d'un mémoire sur les anciennes collections de ces jugements*, Paris, Imprimerie impériale, 1864, n° 94, 176, 190, 230, 272, 273, 294, 315, 373, 375, 395, 541 538, 567, 570, 584, 618, 619, 644 , 740.

35 PERROT (E.), *Arresta communia Scacarii – Deux collections d'arrêts notables de l'Échiquier de Normandie à la fin du XIIIe siècle (1276–1290, 1201–1294)*, Caen, L. Jouan, 1910, n° 44, 45, 151, 153.

36 SOUDET (F.), *Ordonnances de l'Échiquier de Normandie au XIVe et XVe siècle*, Rouen-Paris, A. Lestringant-A. Picard, 1929, p. XII.

37 DELISLE (L.), *Recueil des jugements de l'Échiquier de Normandie au XIIIe siècle (1207–1270) suivi d'un mémoire sur les anciennes collections de ces jugements*, Paris, Imprimerie impériale, 1864, p. 178.

38 TARDIF (E.J.), *Coutumiers de Normandie, textes critiques, la* Summa de legibus Normannie in curia laïcali, Paris-Rouen, A. Lestringant-A. Picard et Fils, t. II,1896, p. 31–32.

39 DELISLE (L.), *op. cit.* , p. 64.

en présence des *magistris domini regis* : Jean, évêque d'Èvreux, Eudes de Loerit et Geoffroi de La Chapelle, chevaliers, auxquels succèdent une liste de 13 témoins[40]. Sans conteste, les maîtres de l'Échiquier, les maîtres du seigneur roi, sont les véritables juges de l'Échiquier qu'ils président en tant que justiciers supérieurs majeurs[41]. Les évêques et les barons, comme tout jury, n'y interviennent vraisemblablement qu'à titre de conseil conformément au contrat féodo-vassalique. L'Échiquier reste une cour féodale. En 1423, ce principe est toujours d'actualité puisqu'un des chapitres de la partie commune du manuel de l'Échiquier de Pâques s'intitule : « Registre d'appel des nobles laïcs et ecclésiastiques devant comparaître à l'Eschiquier pour aider à faire les jugements »[42].

En réalité, si la présence des barons laïcs et ecclésiastiques est nécessaire pour valider le contenu des sessions, leur rôle devient progressivement figuratif. À l'Échiquier de la Saint-Michel 1219, « les évêques et les barons dirent que l'archevêque de Rouen doit venir à l'échiquier par convocation des baillis et qu'ils ont vu venir l'archevêque Gauthier sur convocation des baillis du roi »[43]. Les évêques normands n'en restent pas là. Au Parlement de la Pentecôte 1288, il est décidé, sur un différend intervenu entre le roi et les pontifes " neustriens " que ces derniers viendraient à l'Échiquier, soit de leur propre volonté, soit sur mandement royal[44]. L'origine de cette désaffection est impossible à déterminer. Il faut peut-être aussi y voir l'évolution du mode de l'instruction. Aux anciennes procédures du duel et du serment confirmé par des cojureurs sont venues s'ajouter, au XIIe siècle, l'enquête par jury. Avec l'arrivée des commissaires royaux, et probablement sous leur influence, il semble s'être produit une nouvelle mutation leur donnant un rôle essentiel quant à l'estimation et à la validation des témoignages plus conforme aux méthodes françaises[45]. Dans ces conditions, la seule solution est de faire appel à un personnel spécialisé.

Si, jusqu'au milieu du XIIIe siècle, il n'y a que deux maîtres[46], leur nombre va

40 DELISLE (L.), *op. cit.* , p. 179.

41 Cf. p. 68.

42 A.D.76, 1423 (Pâques), manuel, fol. 7.

43 « ... *episcopi et barones dicunt quod archiepiscopus Rothomagensis debet venire ad scacaria domini regis per submonitionem baillivorum et dicunt quod viderunt archiepiscopum Galterum ibi venire per submonitionem baillivorum regis* ... ».

DELISLE (L.), *Recueil des jugements de l'Échiquier de Normandie au XIIIe siècle (1207–1270) suivi d'un mémoire sur les anciennes collections de ces jugements*, Paris, Imprimerie impériale, 1864, p. 70.

44 BEUGNOT (Cte), *Les olim ou registres des arrêts rendus par la cour du roi sous les règnes de saint Louis, Philippe le Hardi, de Philippe le Bel, de Louis le Hutin, de Philippe le Long,* Paris, Imprimerie royale, 1839–1848, t. II, p. 167.

45 BESNIER (R.), « La dégénérescence des caractères normands des preuves dans la procédure civile du duché après la rédaction du Grand Coutumier », *Revue d'Histoire du Droit*, 1959, p. 48–61.

46 DELISLE (L.), *op. cit.* , p. 4, 6, 9, 12, 16, 19, 20, 29, 30, 34, 38, 40, 59, 67, 70, 73, 76, 79, 81, 84, 90, 91, 92, 93, 96, 98, 99, 103, 104, 105, 107, 108, 111, 115, 117, 118, 121, 122, 124, 125, 131, 132, 134, 135, 137, 139, 140, 142, 143, 144, 145, 158, 159, 162.

progressivement augmenter. À l'Échiquier de Pâques 1252, ils sont trois[47]. Une ordonnance de Philippe le Bel de 1296 concernant le Parlement, l'Échiquier et les Jours de Troyes démontre que la plupart des commissaires sont issus du premier ensemble[48]. En ce qui concerne la cour normande, le roi indique à l'article 3 qu'il y aurait deux Échiquiers, le premier dans la huitaine de la Saint-Michel, le second dans la huitaine de Pâques. L'article 4 précise que le Parlement se réunirait à la Saint-Michel et le lendemain de Pâques et que, de là, ils iraient à l'Échiquier ou aux Jours de Troyes. Il est probable que cette séance sert à désigner officiellement ceux qui se déplaceraient en Normandie et ceux qui s'achemineraient vers la Champagne. L'article 33 ajoute que, dans le cadre de l'Echiquier de Normandie, il y aurait 10 commissaires : 4 membres de la Chambre, 6 des Arrêts ou du Conseil.

Conclusion

En fonction de ces éléments, il apparaît que l'Echiquier de Normandie a retrouvé un fonctionnement régulier au lendemain de la conquête de Philippe-Auguste après une période d'observation. Ses actions comptables et judiciaires reprennent leur cour et s'inscrivent dans la pyramide judiciaire du royaume. La disparition du sénéchal et des justiciers représentant le duc absent est compensée par l'envoi d'officiers curiaux du roi puis d'officiers du Parlement. Par ailleurs, le roi veille à ne pas accroître les compétences comptables de l'institution alors que, d'un point de vue judiciaire, l'Echiquier devient partiellement dépendant du Parlement après sa fondation. L'Echiquier de Normandie, émanation de la cour ducale, cour féodale, est devenue logiquement, au XIIIe siècle, une émanation de la cour royale.

Eric Barré
Université de Caen Basse-Normandie

[47] DELISLE (L.), *op. cit.* , p. 179.
[48] PARDESSUS, *Essai historique sur l'organisation judiciaire et administrative de la justice depuis Hugues Capet jusqu'à Louis XII*, Paris, Durant, 1851, p. 161–168.

Sessions de l'Échiquier de Normandie de 1200 à 1299

LÉGENDE : s.l. : sans lieu, s.t. : sans terme, s.l.n.t. : sans lieu ni terme.

1200, s.t., Caen.
1201, s.l.n.t.
1202, s.t., Caen.
1203, s.t., Caen.
1207, Pâques, Falaise.
1207, Saint-Michel, Falaise.
1208, Pâques, Falaise.
1208, Saint-Michel, Falaise.
1209, Pâques, Falaise.
1209, Saint-Michel, Falaise.
1210, Pâques, Falaise.
1210, Saint-Michel, Falaise.
1211, Pâques, Falaise.
1211, Saint-Michel, Falaise.
1212, Pâques, Falaise.
1212, Saint-Michel, Falaise.
1213, Pâques, Falaise.
1213, Saint-Michel, Falaise.
1214, Pâques, Falaise.
1214, Saint-Michel, Falaise.
1215, Pâques, Falaise.
1215, Saint-Michel, Falaise.
1216, Pâques, Falaise.
1216, Saint-Michel, Falaise.
1217, Pâques, Falaise.
1217, Saint-Michel, Falaise.
1218, Pâques, Falaise.
1218, Saint-Michel, Falaise.
1219, Pâques, Falaise.
1219, Saint-Michel, Falaise.
1220, Pâques, Falaise.
1220, Saint-Michel, Falaise.
1221, Pâques, Falaise.
1222, Pâques, Caen.
1222, Saint-Michel, Caen.
1223, Pâques, Caen.
1223, Saint-Michel, Caen.
1224, Pâques, Caen.
1224, Saint-Michel, Caen.
1225, Pâques, Caen.
1225, Saint-Michel, Caen.
1226, Pâques, Rouen.
1226, Saint-Michel, Saint-Michel, Caen.
1227, Pâques, Rouen.
1227, Saint-Michel, Rouen.
1228, Pâques, Rouen.
1228, Saint-Michel, Caen.
1228, Saint-Michel, Rouen.
1229, Pâques, Rouen.
1229, Saint-Michel, Rouen.
1230, Pâques, Rouen.
1230, Saint-Michel, Rouen.
1231, Pâques, s.l.
1231, Saint-Michel, Rouen.
1232, Pâques, Rouen.
1232, Saint-Michel, Rouen.
1233, Pâques, Rouen.
1233, Saint-Michel, Rouen.
1234, Pâques, Rouen.
1234, Saint-Michel, Rouen.
1234, Saint-Michel, Caen.
1235, Pâques, Rouen.
1235, Pâques, Caen.
1235, Saint-Michel, Rouen.
1235, Saint-Michel, Caen.
1236, Pâques, Rouen.
1236, Pâques, Caen.
1236, Saint-Michel, Rouen.
1236, Saint-Michel, Caen.
1237, Pâques, Rouen.
1237, Pâques, Caen.
1237, Saint-Michel, Rouen.
1238, Pâques, Rouen.
1238, Pâques, Caen.
1238, Saint-Michel, Rouen.
1238, Saint-Michel, Brionne.
1239, Pâques, Rouen.
1239, Saint-Michel, Rouen.
1239, Saint-Michel, Caen.
1240, Saint-Philippe et St-Jacques, Rouen.
1240, Saint-Jean du Latran, Caen.

1240, Saint-Denis, Rouen.
1241, Pâques, Rouen.
1241, Saint-Michel, Caen.
1242, Pâques, Rouen.
1242, Saint-Michel, Rouen.
1243, Pâques, Rouen.
1243, Pâques, Caen.
1243, Saint-Denis, Rouen.
1243, Saint-Luc, Caen.
1244, Pâques, Rouen.
1244, Saint-Denis, Rouen.
1245, Saint-Jean-de-Latran, Rouen.
1245, Saint-Luc, Rouen.
1246, Pâques, Rouen.
1246, Pâques, Caen.
1246, Saint-Michel, Rouen.
1246, Saint-Michel, Caen.
1247, Pâques, Rouen.
1248, Saint-Michel, Rouen.
1251, Pâques, Rouen.
1252, Pâques, Caen.
1254, Saint-Michel, Rouen.
1256, Saint-Michel, Caen.
1257, Pâques, Caen.
1258, Pâques, Caen.
1258, Saint-Michel, Caen.
1258, Saint-Michel, Rouen.
1259, Pâques, Caen.
1259, Saint-Michel, Rouen.
1260, Saint-Michel, Rouen.
1260, Saint-Michel, Caen.
1261, Pâques, Rouen.
1261, Pâques, Caen.
1261, Saint-Michel, Rouen.
1261, Saint-Michel, Caen.
1262, Pâques, Rouen.
1262, Pâques, Caen.
1263, Pâques, Rouen.
1263, Pâques, Caen.
1264, Pâques, Rouen.
1264, s.t., Caen.
1264, Saint-Michel, Rouen.
1265, Saint-Michel, Rouen.
1266, Pâques, Rouen.
1267, Pâques, Rouen.[49]
1267, Saint-Michel, Rouen.
1268, Pâques, Rouen.
1268, Saint-Michel, Caen.
1268, Saint-Michel, Rouen.
1269, Saint-Michel, Rouen.
1270, Saint-Michel, Rouen.
1276, Pâques, Rouen.
1277, Pâques, Rouen.
1277, Saint-Michel, Rouen.
1278, Saint-Michel, Rouen.
1282, Pâques, Rouen.
1282, Saint-Michel, Rouen.
1283, Pâques, Rouen.
1283, Saint-Michel, Rouen.
1284, Pâques, Rouen.
1284, Saint-Michel, Rouen.
1285, Pâques, Rouen.
1285, Saint-Michel, Rouen.
1286, Pâques, Rouen.
1286, Saint-Michel, Rouen.
1287, Pâques, Rouen.
1288, Pâques, Rouen.
1288, Saint-Michel, Rouen.
1289, Pâques, Rouen.
1289, Saint-Michel, Rouen.
1290, Pâques, Rouen.
1290, Saint-Michel, Rouen.
1291, Pâques, Rouen.
1291, Saint-Michel, Rouen.
1292, Saint-Michel.
1293, Pâques.
1293, Saint-Michel.
1294, Pâques.
1294, Saint-Michel, Caen.
1296, Pâques, Rouen.
1296, Saint-Michel, Rouen.
1299, Saint-Michel, Rouen.

[49] Au delà de cette date, il est probable que tous les Echiquiers, dont le lieu de session est inconnu, ont eu lieu à Rouen.

SOURCES

BEUGNOT (Cte), *Les olim ou registres des arrêts rendus par la cour du roi sous les règnes de Saint Louis, de Philippe le Hardi, de Philippe le Bel, de Louis le Hutin et de Philippe le Long,* Paris, Imprimerie royale, 1839–1848, 4 vol., CIII-1149 p., LXXI-1027, LXXVIII p., 709 p., 956 p.

BERGER (E.), DELISLE (L.), *Recueil des actes d'Henri II, roi d'Angleterre et duc de Normandie, concernant les provinces françaises et les affaires de France*, Paris, Imprimerie nationale, 1909–1927, 4 vol., XIX-570 p., VII -587 p., VI -465 p., 270 p.

DELISLE (L.), *Recueil de jugements de l'Échiquier de Normandie au XIIIe siècle (1207–1270) suivi d'un mémoire sur les anciennes collections de ces jugements*, Paris, Imprimerie impériale, 1864, 289 p.

LÉCHAUDÉ D'ANISY, " Appendix ad Scaccarium Normanniae ", *Mémoires de la Société des Antiquaires de Normandie,*t. XV, 1846, p. 196–214.

LÉCHAUDE D'ANISY, " Scaccarium Normannie sub regibus Francie ", *Mémoires de la Société des Antiquaires de Normandie*, t. 15, 1846, p. 137–195.

MARNIER (A.J.), *Etablissements et coutumes, assises et arrêts de l'Échiquier de Normandic au treizième siècle (1207–1245)*, Paris, Techener-Delamotte,1839, XXVIII – 221 p.

PERROT (E), Arresta communia scacari, *Deux collections d'arrêts notables de l'Échiquier de Normandie de la fin du XIIIe siècle (1276–1290. 1291–1294)*, Caen, L. Jouan, 1910, 152 p.

SOUDET (F.), *Ordonnances de l'Échiquier de Normandie aux XIVe et XVe siècles*, Rouen – Paris, A. Lestringant-A. Picard, 1929, XXXI-264 p.

STAPPLETON (Th.), *Magni routuli Scaccarii Normanniae sub regibus Anglie*, Londres, Société des Antiquaires de Londres, 1840–1844, 2 vol., CCXXVII-288 p., CCCXXX-276 p.

VALIN (L.), *Le duc de Normandie et sa cour (912–1204),Etude d'histoire juridique*, Paris, Librairie du recueil J.B Sirey et du Palais 1910, 287 p.

The Exchequer of Normandy in the 13th Century

ERIC BARRÉ

The conquest of Normandy, Touraine, Anjou, the County of Mans and the North of Poitou by Philip Augustus at the beginning of the 13th century was akin to a traumatic amputation (*rupture*)[1]. The populace had everything to fear from the Capetians, for whom the destruction of the empire of their powerful Angevin vassal had been a public goal since the middle of the 12th century. Equally, in just a few years the Royal Capetian domain had quadrupled in size. The King of France had to administer his domain in such a manner as not to provoke revolts which might compromise the entirety of the achievement.

In the context of Normandy, the King adopted the pre-existing territorial organisation, the serjeantries, the viscounties and the counties. At the ducal level, the court offices continued in existence[2] save for that of the sénéschal. Pursuing the politics of the Norman dukes, he appointed persons from the second rank in society such as Guérin Glapion and Guillaume Crassus. However, the measure was temporary. They may have had a successor in the person of Pierre de Thillai but this last was also styled "sénéschal of Caen" in 1207. Renaud de Ville-Thierry, the King's representative for Avranches and Bayeux between 1206 and 1227 was successively "Justice and seigneur of the King", "bailiff of Bayeux and Avranches" and "sénéschal"[3].

The office and function of sénéschal was most likely divided between several office-holders placed at the head of reduced jurisdictions. To this judicial function seems to have been attached a function of a more accounting kind, that of the Bailiff administrator, a unit of the ducal domain during the Angevin period. The title of Bailiff ended up by incorporating the functions of the corresponding office in the royal domain.

1 VATINEL (Ph), *La confiscation de la Normandie par Philippe Auguste, Étude sur la commise de 1202*, Rouen, Le Veilleur de Proue, 1998, 37 p.

2 They had in fact become hereditary : chambrier (Tancarville), bouteiller (Aubigny), connétable (Hommet).

3 "justiciarius domini regis", "baillivus Baiocorum et Abrincorum", "senescalus". BALDWIN (J.), Philippe-Auguste et son gouvernement, la fondations du pouvoir royal en France au Moyen Âge, Paris, Fayard, 1991, p. 665. "Chronologie des baillis et sénéchaux royaux, depuis les origines jusqu'à l'avènement de Philippe de Valois", Recueil des Historiens des Gaules et de France, t. XXIV-1,1904, p. 15*-270*.

Confirmation of this transformation is to be found in the second collation of the Norman coutume, the "*Summa de legibus*" written during the second quarter of the 13th century. In the chapter "*De justiciaro*", the author distinguishes between two types of Justices, Superior and Inferior. Superior Justices were those named by the duke "*ut magistri scacarii et baillivi*[4]". This category was itself divided into two groups; the major and the minor. The masters of the Echiquier belonged to the first category and had power to alter perceived injustices committed by the bailiffs. The difference between the two groups was very narrow and linked to their commission and the fact that bailiffs could only judge in their more limited geographical jurisdiction. In fact, the office of sénéschal disappeared when the Justices were divided in two.

The Sessions

As William Le Breton says in his "Philippides", the King abrogates neither judgments nor the laws in force[5]. This principle, joined to the needs of those concerned with court proceedings, was without doubt the principal factor for the resumption of sessions of the Norman Exchequer[6]. After what was probably a period of observation, the sessions resumed at Falaise in 1207. It was not until Easter 1222 that sittings resumed at Caen. From Easter 1226 until Michaelmas 1228, they more or less alternated between Caen and Rouen, which, being by the Seine, was the easier town to access. From Easter 1229 until Easter 1234, Rouen appeared to gain the upper hand. From this time onwards the sessions underwent a substantial change. If the Court maintained the same terms, they held two sittings, one at Caen and the other at Rouen. This had happened once already at Michaelmas 1228. The arrangement seems to have lasted until the death of Saint Louis, whilst taking account of the fact that one part of the vacations has left no trace. The concentration on Rouen between 1229 and 1234 was, without doubt, related to the operations of King Henry III of England in Brittany[7]. Likewise, the movement of the tribunal between the principal town of the eastern part of Normandy and that of the western part during the same session might correspond to a reward of Louis IX for relative loyalty as regards preceding events, or to a desire to tighten links with the Crown. This new mode of functioning knew

[4] TARDIF (E.J.), *Coutumiers de Normandie, textes critiques, la* Summa de legibus Normannie in curia laïcali, Paris-Rouen, A. Lestringant-A. Picard et Fils, t. II, 1896, p. 8–9.

[5] LE BRETON (Ph.), "Philippides", éd. M.J.J. Brial, *Recueil des Historiens de France et des Gaules*, t. XVII, 1878, p. 117–287.

[6] See table. Save where stated otherwise, the information which follows is taken from an article of Monsieur Yves Sassier.

SASSIER (Y.), "De l'Échiquier ducal à l'Échiquier permanent", *Du Parlement de Normandie à la Cour d'appel de Rouen (1499–1999)*, Rouen, 1999, p. 31–53.

[7] BOÜARD (M. de) dir., *Histoire de la Normandie*, Privat, Toulouse, 1970, p. 197.

only one notable exception. At Michaelmas 1238, the Echiquier did not hold its second session at Caen but at Brionne. At Easter 1239 there was only a single session at Rouen. It is now impossible to know the reason why, unless one is to put forward the hypothesis of a disturbance in Lower Normandy. In the main the new system functioned well and, laden with refinement, the texts made no more references to two terms but attempted to take account of the actual dates of the sittings, St Philip's day and St James'[8], St John of the Latin Gate[9], Easter, St Denis' day[10], St Luke's day[11], and Michaelmas.

The Accounting Role of the Exchequer

The approximate regularity of sessions corresponded with the conformity of their content. The Echiquier maintained its double function, accounting and judicial. Certainly, if the documentation favours the latter, the former did not cease to function. On the 9th February 1238, Jean, Count of Mâcon and Aales, his wife, sold the county of Mâcon to the King for 10,000 pounds and a rent of 1,000 pounds, half to be drawn from the Echiquier at Easter and half at Michaelmas[12].

In order to preside over the sessions as senior superior justices, the King sent several of those close to him who had already proved themselves in Normandy[13]. The first amongst them, Brother Guérin, future Chancellor, was competent both financially and judicially. Likewise the analyses of the Echiquier produced in the 13th century by William Acarin, clerk of the Bailiff of Caen and future master, and given by the *chambrier* (one of the high Royal officers, akin to a chancellor) to Gauthier le Jenue when Barthélémy de Roye received the office of grand *chambrier* in 1208[14]. Certainly the archives have retained no trace of the first court sessions of the Capetian period but these sources, few as they are, confirm the survival of the accounting role of the assembly.

By contrast, it is probable that the structure of the Echiquier was influenced by the evolution of royal institutions. The specialisation of personnel and the establishment of the Parlement as well as the Chamber of accounts contributed, without doubt, to the creation of specialised sessions. The only

[8] 1st May.

[9] 6th May.

[10] 9th October.

[11] 18th October.

[12] DELISLE (L.), "Cartulaire normand de Philippe-Auguste, Louis VIII, Saint Louis et Philippe Le Hardi", *Mémoires de la Société des Antiquaires de Normandie*, t. 16, 1852, p. 72.

[13] STRAYER (J.R.), *The administration of Normandy under Saint Louis,* Cambridge, The médieval academy of America, 1932, p. 92–93.

DELISLE (L.), "Chronologie des baillis et sénéchaux royaux, depuis les origines jusqu'à l'avènement de Philippe de Valois ", *Recueil des Historiens des Gaules* et de France, t. XXIV-1,1904, p. 15*-270*.

[14] DELISLE (L.), *Recueil des jugements de l'Èchiquier de Normandie au XIIIe siècle suivi d'un mémoire sur les anciennes collections de ces jugements*, Paris, Imprimerie impériale, 1864, 289 p.

probative indicator comprises several folios inserted at the beginning of the register of the Echiquier for Easter 1453[15]. These allow us to confirm that the accounting function was directed by the viscounts and bailiffs exclusively towards the accounts of the royal domain and royal rights. According to Strayer, the verification of accounts in the 13th century took place in two stages. At the first stage, the accounts of the viscounts and the bailiffs were drawn up during the Echiquier sessions. At the second stage, the rolls produced were sent to the court where they underwent a final control in the presence of the bailiffs.

To be more precise, it is probable that each session maintained a standard or normal procedure. The viscounts and the bailiffs deposited half of their dues at the time of the first session and the balance at the following session when the accounts were drawn up before going to Paris. It is noteworthy that towns were dealt with separately. An ordinance of Saint Louis in 1256 obliged them to go to Paris to render their accounts[16]. For the sake of completeness, it is interesting to note that, although the Kings of France retained the Echiquier's accounting role, they did not seek to extend its competence to extraordinary revenues obtained subsequently.

The Judicial Role

By contrast with the accounting function, the judicial function has left greater traces. Integration within the royal domain seems to have been the occasion of more significant difficulties.

During the ducal period, if there existed a hierarchy of different courts then there was nothing to prevent parties from addressing themselves directly to the Echiquier. After the conquest there was no reason for this practice to end, but the disappearance of the ducal court instead gave parties the opportunity of appealing directly to the King's court, and then to his judicial manifestation after the creation of the Parlement towards 1250. To this first factor had to be added, without doubt, that of the brevity of sessions. Between 1258 and 1268, Eudes Rigaud, archbishop of Rouen, participated in sessions regularly. His "*Registre des visites*" recorded an average duration of eight days, without taking into account the journey from Rouen to Caen when the case arose. Besides, after the death of Louis IX the gatherings became rarer still. Without counting the years when there was only one session, there is no evidence of the holding of an Echiquier between Michaelmas 1270 and Easter 1276, between Easter 1280 and Easter 1282, between Michaelmas 1294 and Easter 1296, between Michaelmas 1299 et Michaelmas 1301[17].

15 A.D. 76, 1 B 29, fol. 1.

16 STRAYER (J.R.), *The administration of Normandy under Saint Louis*, Cambridge, The medieval academy of America, 1932, p. 32–55.

17 See table.

For any apologist of the King, it is attractive to point to a possible disappearance of sources. Regardless of such theories it became important in reality, even essential, to address oneself directly to French justice to the extent that the Parlement sat at other times[18]. The number of Normans taking matters to the Parlement increased to the point when specific days were reserved for them[19]. In 1287, a case opposing the King and the Abbey of Saint-Pierre-sur-Dives was sent to the Parlement "on Normans' day"[20]. In 1313, an appeal from a judgment of the Provost of Caen against the men of Louvigny (who claimed not to have to pay any dues on merchandise sold at Caen) was sent by the masters of the Echiquier to "the Normans' day of the next parlement", where it was confirmed[21].

In fact the number of cases brought before the Parliament in the 13th century was never of very great importance. Having studied the Parlement registers (the "*Olim*"; a word borrowed from Latin meaning "formerly" and which was used as a substantive in order to designate the Parlement registers) J.R. Strayer counted an average of 5 cases per year. Likewise, it would have been logical for the King, source of all justice, to try to increase his influence by various means, but nothing of the sort. Only the abbey of Fécamp seems to have profited from the situation. In 1211, the abbey obtained confirmation of the concession of capital jurisdiction over the whole kingdom[22–23].

To this limited activity one must add normal legislative evolution. In 1260 the Parlement registered an ordinance of Louis IX suppressing battles and duels throughout his domains, substituting for them proof by witness. In addition, in those parts of the country where commoners could appeal from the judgment of their seigneur, proceedings could be brought to the King's court where the judgment would be confirmed or set aside[24]. One could question the efficiency of such a provision[25]. In Normandy, the King remained within the limit of the

[18] Épiphanie, Chandeleur, Pentecôte, Nativité de la Vierge Marie, Toussaint, Saint-Martin d'hiver, Noël.

[19] STRAYER (J.R.), " Exchequer and Parlement under Philip the Fair ", *Droit privé et institutions régionales, Etudes historiques offertes à Jean Yver*, Paris, P.U.F., 1976 , p. 655–662.

[20] "*... ad diem Normanorum ...*".

[21] "*... ad diem ducatus Normannie futuri proximo parlamento ...*".

BEUGNOT (Cte), *Les* olim *ou registres des arrêts rendus par la cour du roi sous les règnes de Saint Louis, Philippe le Hardi, de Philippe le Bel, de Louis le Hutin, de Philippe le Long,* Paris, Imprimerie royale, 1839–1848, t.II, p. 268, t. IV, p. 603–604.

[22] TEULET (Al.), *Layettes du trésor des chartes*, Paris, Henri Plon, 1863, t. I, p. 373.

[23] TARDIF (E.J.), *Coutumiers de Normandie, textes critiques publiés avec note et éclaircissement, le Très ancien coutumier de Normandie, texte latin*, Rouen, Imprimerie Espérance Cagniard, t.I.1, 1887, p. 23.

In Normandy, this procedure was a means of recourse permitting a party to address himself to the prince if his seigneur refused to render him justice.

AUBOIN (J) : *Recherches sur les voies de recours en Normandie du XIIIe au XIVe siècle*, Thèse pour le doctorat en droit, sous la direction de R. Besnier , Paris, 1953, p. 6.

[24] LAURIERE (M. de), *Ordonnances des rois de France de la troisième race recueillies par ordre chronologique*, Paris, Imprimerie royale, 1723, t.I, p. 86–93.

[25] CANEL (A.), *Le combat judiciaire en Normandie*, Caen, Hardel, 1858, 152 p.

ducal, now become royal, jurisdiction. On All Saints' Day 1296, Parlement registered an ordinance of Philip the Handsome ("le Bel") terminating a private war between the seigneur of Harcourt and William de Tancarville. In 1275, William Bertran pursued William of Fontenay, whom he wished to compel to perform military service by reason of his knight's fief and the feudal service he thereby owed. Judged at the Caen assizes, the litigation came to the Echiquier where the masters referred the matter to the Parlement. On 6th January 1277 (epiphany) the Parlement nonsuited the complainant since this right belonged only to the King. In fact[26], the majority of cases judged by the Parlement essentially concerned the domain or else put in issue privileges claimed by a royal officer, alternatively conflicts of law between Norman custom and the custom of another region[27].

The role of the masters of the Echiquier in any given matter was, without doubt, important. A product of the royal entourage drawn from Parlement, their knowledge of Norman custom was imperfect. In the same way that the bailiffs could consult the Echiquier concerning a problem of interpretation of law, the masters of the Echiquier had recourse to the court of the King, then to Parlement when similar problems arose. Likewise, it is probable that, as a matter of courtesy, these same masters would send the actions of the most important persons to Paris, unless it was a question of acknowledging symbolically the dependency of the Echiquier upon the royal court and its judicial session, which became the Parlement in the 1250s. The problem is that there remains very little evidence of this practice. A fragment of an audience roll of the Echiquier from towards 1275 contains an analysis of 47 cases which were sent before Parlement[28]. The first concerns the bailiwick of Rouen where the seigneur of Mesnil asked for the power to sell his wood without paying forest dues (*tiers et dangers*, two forms of forest dues). The masters sent the matter to the Parlement for a decision. The second saw opposed one named Caletot and Jean d'Yvemesnil, attorney of Pétronille de Morville. The nature of the litigation is not elaborated and the matter was sent to the next following Parlement "to the council of the King seigneur[29]".

As for the *Olim*, they only contain, in all, approximately one dozen acts permitting us to confirm what has been suggested above. In 1299, the Echiquier asked Parlement to conduct a judicial enquiry as a result of litigation opposing

[26] BEUGNOT (Cte), *op. cit.*, t. II, p. 101–102.
PERROT (E.), Arresta communia Scacarii, *deux collections d'arrêts notables de l'Échiquier de Normandie*, Caen, L. Jouan, 1910, p. 109–111.

[27] Cf. note 138.

[28] DELISLE (L.), "Preuves de la préfaces", *Recueil des Historiens des Gaules et de France*, Imprimerie nationale, 1904, t. XXIV-1, p. 271* – 368*.

[29] "... *ad consilium domini regis* ..."

the inhabitants of Leure[30] and those of Harfleur. The former accused the latter of having dug a canal in order to divert the course of the Seine. The enquiry concluded in favour of the former and the matter was sent back to the Norman jurisdiction in order to be expedited[31]. Among these documents two of them show, if there was still any need, the dependent relationship of the Echiquier and the possibility of appealing from its decisions to the Parlement. On All Saints' day 1296, the latter confirmed a judgment of the Echiquier of Rouen of 1294 given in favour of the abbey of Saint-Julien de Tours against Richard Malherbe concerning patronage of the church of *Mename*[32]. The following year, it confirmed another judgment of the Echiquier in an appeal from a judgment of the Argentan assizes attributing the patronage of the chapel of Saint-Laurent de Torigni and of the church of Saint-Amand to the religious community of Cerisy[33].

The Judges

Beyond this new state of affairs, it is also necessary to note the evolving role of commissaries sent to preside over the Echiquier and other constitutive elements of the court. Present in Delisle's[34] collection of judgments of the Echiquier of the 13th century and in Perrot's[35] "*Arresta communia Scacarii*", the commissaries are cited in company with bishops and barons. It is worth noting, along with Soudet, that these last appear in Delisle's edition more especially when it is a question of acts which are of a legislative character as well as ordinances and regulatory judgments (*arrêts de règlements*)[36]. Furthermore, a sentence of the Echiquier of Easter 1251 provides us with a list of 23 names, amongst whom are found: Jean de La Cour, bishop of Èvreux, Stephen of Saint-Samson, dean of Saint-Aignan d'Orléans, Foulques, bishop of Lisieux, the abbot of Fécamp, William of Friardel, canon of Lisieux, Eudes of Gisors, bailiff of Bayeux, Raoul Tesson, knight, Richard de Milly sénéschal of Fécamp and Richard Le Sénéchal,

[30] Leure, Seine-Maritime, arrondissement du Havre, commune du Havre.

[31] BEUGNOT (Cte), *Les* olim *ou registres des arrêts rendus par la cour du roi sous les règnes de Saint Louis, Philippe le Hardi, de Philippe le Bel, de Louis le Hutin, de Philippe le Long,* Paris, Imprimerie royale, 1839–1848, t. III, p. 11.

[32] BEUGNOT (Cte), *op. cit.* , t. II, p. 380.

[33] BEUGNOT (Cte), *op. cit.* , t. II, p. 402–403.

[34] DELISLE (L.), *Recueil des jugements de l'Èchiquier de Normandie au XIIIe siècle (1207–1270) suivi d'un mémoire sur les anciennes collections de ces jugements*, Paris, Imprimerie impériale, 1864, n° 94, 176, 190, 230, 272, 273, 294, 315, 373, 375, 395, 541 538, 567, 570, 584, 618, 619, 644 , 740.

[35] PERROT (E.), *Arresta communia Scacarii – Deux collections d'arrêts notables de l'Échiquier de Normandie à la fin du XIIIe siècle (1276–1290, 1201–1294)*, Caen, L. Jouan, 1910, n° 44, 45, 151, 153.

[36] SOUDET (F.), *Ordonnances de l'Échiquier de Normandie au XIVe et XVe siècle*, Rouen-Paris, A. Lestringant-A. Picard, 1929, p. XII.

viscount of Rouen[37]. This list is perhaps to be considered alongside that found in the *Summa de legibus* in the chapter "*De judicio*", defining those individuals capable of being justices namely: archbishop, bishops, canons of the cathedral, abbots, priors, rectors, bailiffs, knights, sergeants of the prince's sword and baron sénéschals[38].

Despite all of this, it is impossible to imagine that the whole of such a group of persons could pronounce sentence collectively. At the Echiquier of Easter 1219, it was ordered by Guérin, bishop of Senlis, and Barthélémy of Roye, *chambrier* of France that Guillaume Cornart should have the land of Raoul Huigan because he was the closest heir[39]. At the Echiquier of Easter 1252, judgment was passed in the presence of the *magistris domini regis*: Jean, bishop of Èvreux, Eudes of Loerit and Geoffroi de La Chapelle, knights, to which was appended a list of 13 witnesses[40]. Without doubt, the masters of the Echiquier, ie the masters of the King seigneur, were the true judges of the Échiquier who presided in their capacity as superior principal Justices[41]. The bishops and the barons, like any other jury, probably did not interfere, save only as a council conforming to the feudo-vassalistic contract. The Échiquier remained a feudal court. In 1423, this principle remained the reality, since one of the chapters of the common parts of the manual of the Easter Échiquier is entitled: "Register of lay and clerical nobles summonsed before the Échiquier to assist in the making of judgments[42]".

In reality, if the presence of lay barons and ecclesiastics was necessary in order to validate the business of the sessions, their role became progressively symbolic. At the Échiquier of Michaelmas 1219, "the bishops and the barons said that the archbishop of Rouen must come to the Echiquier upon the summonsing of the bailiffs and that they had seen archbishop Gauthier come following the convocation of the King's bailiffs[43]".

The Norman bishops did not leave it there. At the Parlement of Pentecost 1288 it was decided, in a dispute between the King and the "neustrien" (ie Norman) bishops that the latter would come to the Échiquier, whether of their

[37] Delisle (L.), *Recueil des jugements de l'Échiquier de Normandie au XIIIe siècle (1207–1270) suivi d'un mémoire sur les anciennes collections de ces jugements*, Paris, Imprimerie impériale, 1864, p. 178.

[38] Tardif (E.J.), *Coutumiers de Normandie, textes critiques, la* Summa de legibus Normannie in curia laïcali, Paris-Rouen, A. Lestringant-A. Picard et Fils, t. II,1896, p. 31–32.

[39] Delisle (L.), *op. cit.* , p. 64.

[40] Delisle (L.), *op. cit.* , p. 179.

[41] Cf. p. 68.

[42] A.D.76, 1423 (Pâques), manuel, fol. 7.

[43] "... *episcopi et barones dicunt quod archiepiscopus Rothomagensis debet venire ad scacaria domini regis per submonitionem baillivorum et dicunt quod viderunt archiepiscopum Galterum ibi venire per submonitionem baillivorum regis* ...".

Delisle (L.), *Recueil des jugements de l'Échiquier de Normandie au XIIIe siècle (1207–1270) suivi d'un mémoire sur les anciennes collections de ces jugements*, Paris, Imprimerie impériale, 1864, p. 70.

own will or by royal command[44]. The origin of their disaffection is impossible to determine. Perhaps one should see here an evolution in the manner of court inquiry. To the ancient procedures of duel and oath confirmed by co-jurors there was added in the 12th century the inquest by jury. With the arrival of royal commissaries, and probably under their influence, there seems to have arisen a new mutation giving them an essential role as to the assessment and weighing of witnesses conforming more to the French method[45]. In these circumstances, the only solution was to call upon specialist personnel.

If until the middle of the 13th century, there were only two masters[46], their number was to increase progressively. At the Échiquier of Easter 1252 there were three[47]. An ordinance of Philip the Handsome of 1296 concerning the Parlement, the Échiquier and the Days of Troyes (session days in the city of that name) demonstrated that the greater part of commissaries were the product of the principal assembly[48]. So far as the Norman court was concerned, the King provided by article 3 that there should be two Echiquiers, the first in the week of Michaelmas, the second during Easter week. Article 4 provided that the Parlement should gather at Michaelmas and the day after Easter and that, from there, they would go to the Échiquier or to the Days of Troyes. It is probable that this session served to designate officially those who would go to Normandy and those who would set off towards Champagne. Article 33 added that, in the Norman Echiquier there should be 10 commissaries comprising 4 members of the Chamber and 6 by order of the Council.

Conclusion

In the operation of its component parts, it appeared that the Norman Echiquier had recovered a regular function soon after the conquest of Philip Augustus, albeit after a period of observation. Its accounting and judicial roles carried on and found their place within the judicial pyramid of the kingdom. The disappearance of the sénéschal and of justices representing the absent duke was made up for by the sending of court officers of the King drawn from officers of the Parlement. Furthermore, the King was careful not to increase the accounting

44 BEUGNOT (Cte), *Les* olim *ou registres des arrêts rendus par la cour du roi sous les règnes de Saint Louis, Philippe le Hardi, de Philippe le Bel, de Louis le Hutin, de Philippe le Long,* Paris, Imprimerie royale, 1839–1848, t. II, p. 167.

45 BESNIER (R.), "La dégénérescence des caractères normands des preuves dans la procédure civile du duché après la rédaction du Grand Coutumier", *Revue d'Histoire du Droit*, 1959, p. 48–61.

46 DELISLE (L.), *op. cit.* , p. 4, 6, 9, 12, 16, 19, 20, 29, 30, 34, 38, 40, 59, 67, 70, 73, 76, 79, 81, 84, 90, 91, 92, 93, 96, 98, 99, 103, 104, 105, 107, 108, 111, 115, 117, 118, 121, 122, 124, 125, 131, 132, 134, 135, 137, 139, 140, 142, 143, 144, 145, 158, 159, 162.

47 DELISLE (L.), *op. cit.* , p. 179.

48 PARDESSUS, *Essai historique sur l'organisation judiciaire et administrative de la justice depuis Hugues Capet jusqu'à Louis XII*, Paris, Durant, 1851, p. 161–168.

competence of the institution while, from a judicial point of view, the Echiquier became partially dependant on the Parlement after its foundation. The Echiquier of Normandy, emanation of the ducal court, a feudal court, became logically, in the 13th century, an emanation of the royal court.

Eric Barré
Université de Caen Basse-Normandie

Translated by Gordon Dawes

Sessions of the Norman Exchequer from 1200 to 1299

ABBREVIATIONS: wp: without place, wt: without term, wpot: without place or term.

1200 wt, Caen.
1201 wpot.
1202 wt, Caen.
1203 wt, Caen.
1207 Easter, Falaise.
1207 Michaelmas, Falaise.
1208 Easter, Falaise.
1208 Michaelmas, Falaise.
1209 Easter, Falaise.
1209 Michaelmas, Falaise.
1210 Easter, Falaise.
1210 Michaelmas, Falaise.
1211 Easter, Falaise.
1211 Michaelmas, Falaise.
1212 Easter, Falaise.
1212 Michaelmas, Falaise.
1213 Easter, Falaise.
1213 Michaelmas, Falaise.
1214 Easter, Falaise.
1214 Michaelmas, Falaise.
1215 Easter, Falaise.
1215 Michaelmas, Falaise.
1216 Easter, Falaise.
1216 Michaelmas, Falaise.
1217 Easter, Falaise.
1217 Michaelmas, Falaise.
1218 Easter, Falaise.
1218 Michaelmas, Falaise.
1219 Easter, Falaise.
1219 Michaelmas, Falaise.
1220 Easter, Falaise.
1220 Michaelmas, Falaise.
1221 Easter, Falaise.
1222 Easter, Caen.
1222 Michaelmas, Caen.
1223 Easter, Caen.
1223 Michaelmas, Caen.
1224 Easter, Caen.
1224 Michaelmas, Caen.
1225 Easter, Caen.
1225 Michaelmas, Caen.
1226 Easter, Rouen.
1226 Michaelmas, Michaelmas, Caen.
1227 Easter, Rouen.
1227 Michaelmas, Rouen.
1228 Easter, Rouen.
1228 Michaelmas, Caen.
1228 Michaelmas, Rouen.
1229 Easter, Rouen.
1229 Michaelmas, Rouen.
1230 Easter, Rouen.
1230 Michaelmas, Rouen.
1231 Easter, wp
1231 Michaelmas, Rouen.
1232 Easter, Rouen.
1232 Michaelmas, Rouen.
1233 Easter, Rouen.
1233 Michaelmas, Rouen.
1234 Easter, Rouen.
1234 Michaelmas, Rouen.
1234 Michaelmas, Caen.
1235 Easter, Rouen.
1235 Easter, Caen.
1235 Michaelmas, Rouen.
1235 Michaelmas, Caen.
1236 Easter, Rouen.
1236 Easter, Caen.
1236 Michaelmas, Rouen.
1236 Michaelmas, Caen.
1237 Easter, Rouen.
1237 Easter, Caen.
1237 Michaelmas, Rouen.
1238 Easter, Rouen.
1238 Easter, Caen.
1238 Michaelmas, Rouen.
1238 Michaelmas, Brionne.
1239 Easter, Rouen.
1239 Michaelmas, Rouen.
1239 Michaelmas, Caen.
1240 St Philip and St James, Rouen.
1240 St John of Latran, Caen.

1240 St Denis, Rouen.
1241 Easter, Rouen.
1241 Michaelmas, Caen.
1242 Easter, Rouen.
1242 Michaelmas, Rouen.
1243 Easter, Rouen.
1243 Easter, Caen.
1243 St Denis, Rouen.
1243 St Luke, Caen.
1244 Easter, Rouen.
1244 St Denis, Rouen.
1245 St John of Latran, Rouen.
1245 St Luke, Rouen.
1246 Easter, Rouen.
1246 Easter, Caen.
1246 Michaelmas, Rouen.
1246 Michaelmas, Caen.
1247 Easter, Rouen.
1248 Michaelmas, Rouen.
1251 Easter, Rouen.
1252 Easter, Caen.
1254 Michaelmas, Rouen.
1256 Michaelmas, Caen.
1257 Easter, Caen.
1258 Easter, Caen.
1258 Michaelmas, Caen.
1258 Michaelmas, Rouen.
1259 Easter, Caen.
1259 Michaelmas, Rouen.
1260 Michaelmas, Rouen.
1260 Michaelmas, Caen.
1261 Easter, Rouen.
1261 Easter, Caen.
1261 Michaelmas, Rouen.
1261 Michaelmas, Caen.
1262 Easter, Rouen.
1262 Easter, Caen.
1263 Easter, Rouen.
1263 Easter, Caen.
1264 Easter, Rouen.
1264 wt, Caen.
1264 Michaelmas, Rouen.
1265 Michaelmas, Rouen.
1266 Easter, Rouen.
1267 Easter, Rouen.[49]
1267 Michaelmas, Rouen.
1268 Easter, Rouen.
1268 Michaelmas, Caen.
1268 Michaelmas, Rouen.
1269 Michaelmas, Rouen.
1270 Michaelmas, Rouen.
1276 Easter, Rouen.
1277 Easter, Rouen.
1277 Michaelmas, Rouen.
1278 Michaelmas, Rouen.
1282 Easter, Rouen.
1282 Michaelmas, Rouen.
1283 Easter, Rouen.
1283 Michaelmas, Rouen.
1284 Easter, Rouen.
1284 Michaelmas, Rouen.
1285 Easter, Rouen.
1285 Michaelmas, Rouen.
1286 Easter, Rouen.
1286 Michaelmas, Rouen.
1287 Easter, Rouen.
1288 Easter, Rouen.
1288 Michaelmas, Rouen.
1289 Easter, Rouen.
1289 Michaelmas, Rouen.
1290 Easter, Rouen.
1290 Michaelmas, Rouen.
1291 Easter, Rouen.
1291 Michaelmas, Rouen.
1292 Michaelmas.
1293 Easter.
1293 Michaelmas.
1294 Easter.
1294 Michaelmas, Caen.
1296 Easter, Rouen.
1296 Michaelmas, Rouen.
1299 Michaelmas, Rouen.

[49] Beyond this date it is probable that all the Echiquiers where the location of the session is unknown took place at Rouen.

Le rôle du lignage dans l'union matrimoniale en Normandie

SOPHIE POIREY

Le droit normand s'est appliqué en Normandie, depuis les origines du duché, en 911, lorsque le roi de France concède à Rollon les territoires qu'il occupe autour de Rouen, et jusqu'en 1804, lorsque la promulgation du Code civil impose un droit uniforme sur l'ensemble du territoire français. Mais si 1804 constitue une rupture sur le plan juridique, il n'en va pas de même en 1204. La coutume de Normandie continue, au contraire, de représenter l'identité normande bien après la commise alors que le duché fait désormais partie du domaine de la Couronne de France. Il faut dire que cette coutume est profondément enracinée dans l'histoire des descendants de Rollon. Politiquement, le duc, qui est solidement campé au sommet de la hiérarchie laïque et ecclésiastique, impose à tous sa loi et sa justice[1]. Ce n'est donc pas un hasard si un texte juridique élaboré émerge très tôt, dès le règne de Guillaume le Conquérant au XIe siècle, pour se conforter grâce aux règnes centralisateurs d'Henri Ier et des souverains Plantagenêts au cours du XIIe siècle[2]. La Normandie est aussi la première province à se doter d'un coutumier, en partie écrit dans les dernières années du règne de Richard Coeur de Lion. Le *Très Ancien Coutumier* nous renseigne ainsi sur la pratique juridique normande mais également sur la législation ducale[3]. Quelque cinquante ans plus tard paraît un second coutumier, rédigé d'abord en latin, et intitulé *Summa de legibus normanii in curia laïcali,*[4] rapidement traduit en français sous le titre de *Grand coutumier de Normandie*. Cet ouvrage, très perfectionné, sera le texte de référence des Normands jusqu'à la fin du XVIe siècle, et

[1] Sur le rehaussement de l'autorité publique en Normandie, cf. LEMARIGNIER, J.F., *La France médiévale, institutions et société*, Armand Colin, collection U, 1981, p. 123 et s. Plus récemment, cf. DAVY, G., *Le duc et la loi, héritages, images et expressions du pouvoir normatif dans le duché de Normandie des origines à la mort du Conquérant (fin du IXe siècle-1087)*, Paris, De Boccard, 2004, 669 p.

[2] Sur la cristallisation de la coutume normande, cf., GÉNESTAL, R., "La formation et le développement de la Coutume de Normandie", *Travaux de la semaine de droit normand tenue à Guernesey en 1927*, Caen, 1928, p. 42 et s. ; YVER, J., "Les caractères originaux de la Coutume de Normandie", *Mémoires de l'Académie des Sciences, Arts et Belles-Lettres de Caen*, t. XII, 1952, p. 311.

[3] Sur ce coutumier, cf. la remarquable étude de YVER, J., "Le *Très Ancien Coutumier de Normandie*, miroir de la législation ducale ? Contribution à l'étude de l'ordre public normand à la fin du XIIe siècle", *Tijdschrift voor rechtsgeschiednis*, 29, 1971, p. 333–374.

[4] TARDIF E.J., *Coutumiers de Normandie*, Rouen, 1881–1903, 2 tomes, tome 1 : *Le Trés Ancien Coutumier* (textes latin et français) ; tome 2 : *Summa de legibus Normannie in curia laïcali*.

s'applique encore aujourd'hui dans les îles anglo-normandes, seules survivances du duché normand[5].

La coutume normande est très largement influencée par le droit franc, celui qui régissait déjà la population dominante lorsque s'installent les scandinaves en Normandie. Ce droit d'origine germanique privilégie avant tout le lignage, c'est-à-dire les parents qui descendent d'un ancêtre commun ainsi que ce qui constitue son assise et notamment son patrimoine immobilier, la terre et les maisons. Parmi ces biens, ceux qui sont transmis par les ancêtres, qu'on appelle "propres" ou "héritages", sont considérés comme les plus précieux. Leur détenteur immédiat n'ayant qu'un droit transitoire sur eux, ils doivent impérativement à son décès, retourner à la branche dont ils sont issus[6].

Cette priorité donnée à la famille détermine des règles successorales et matrimoniales qui vont perdurer en Normandie jusqu'à la Révolution. En effet, la rédaction de la coutume, imposée par le roi en 1583, ne modifiera que très légèrement ce *Grand coutumier* révéré des Normands[7].

En matière successorale, la conception lignagère débouche ainsi sur l'exclusion des filles de la succession de leurs parents en présence de frères, ces derniers transmettant seuls le nom. L'origine de cette exclusion est sans doute liée à la loi des francs saliens, la fameuse *lex salica* (loi salique), qui excluait déjà les femmes de la succession à la terre des ancêtres[8]. Il suffit d'un seul fils pour que les filles perdent en Normandie toute vocation successorale et la règle s'applique quel que soit leur rang d'âge dans la fratrie[9]. Comme le résume l'adage normand : "le mâle est censé plus ancien que la femelle". Cette règle vaut aussi quelle que soit la position sociale de la famille puisque, contrairement à d'autres provinces qui ne pratiquent cette exclusion que dans les familles nobles, les roturières sont également concernées en Normandie[10]. Cette conception lignagère a également des répercussions en matière matrimoniale. Le conjoint, qui reste un étranger de

[5] Le texte du *Grand Coutumier* a fait l'objet de deux publications auxquelles on peut se référer facilement, l'une par Charles Bourdot de Richebourg, *Nouveau coutumier général ou corps des coutumes générales et particulières de France et des provinces*, Paris, 1724, 4 vol., pour la Normandie, tome IV, p. 3–56 ; l'autre est due à un jersiais, W.L. De Gruchy, *L'Ancienne Coutume de Normandie*, Jersey, 1881.

[6] Sur le droit familial franc, cf. CHÉNON, E., *Histoire du droit privé et public,* 1926, 2 tomes, tome 1, p. 443–452.

[7] YVER, J., "La rédaction officielle de la Coutume de Normandie. Son esprit", *Annales de Normandie*, XXXVI, 1986, n° 1, p. 6 et s.

[8] CHÉNON, E., *Histoire du droit privé et public, op. cit.*, p. 448 et s.

[9] HOUARD, D., *Dictionnaire analythique, historique, étymologique, critique et interprétatif de la Coutume de Normandie*, Rouen, 1780–1782, 4 tomes, tome II, p. 502 : "De droit commun en cette province, les filles sont exclues du partage des successions de leurs ascendants quant elles ont des frères...".

[10] BATAILLE, R., *Du droit des filles dans la succession de leurs parents en Normandie*, Paris, 1927 ; BESNIER, R., "Les filles dans le droit successoral normand", *Revue historique de droit français et étranger (RHD),* t. X, 1930, p. 488–506 ; LE POITTEVIN, A., "Du droit de la fille ou du mariage avenant dans la coutume de Normandie", *R.H.D.,* 1889, p. 257–294.

sang, ne doit pas pouvoir acquérir des biens patrimoniaux du fait de l'union. Aussi la Normandie restera-t-elle, jusqu'au XIXe siècle, la seule province qui exclut la communauté de biens entre époux, y compris par voie contractuelle[11].

Si cette préférence donnée à la famille se constate aisément à travers certaines institutions spécifiques, comme la réserve héréditaire ou le retrait lignager, on réalise moins à quel point l'influence du lignage et donc de l'intérêt familial est également bien présent en matière matrimoniale. Le mariage en Normandie apparaît en effet moins comme la rencontre de deux volontés individuelles que comme celle de deux lignages. La famille, et notamment celle de la femme, intervient ainsi aux moments clés qui jalonnent l'union matrimoniale : avant le mariage, au moment des fiançailles, mais aussi après le mariage, en cas de séparation ou enfin pendant le veuvage. Il n'est guère durant l'union elle-même qu'il s'efface au profit de mari dont dépend désormais la femme. Mais nous verrons que les époux ne sont toutefois jamais complètement isolés.

L'intervention du lignage avant le mariage : les fiançailles

Les fiançailles permettaient au lignage d'intervenir à deux moments clés: pour le choix de l'époux et pour la fixation de la dot.

Le choix de l'époux

En Normandie, le mariage est considéré comme impératif. Le commentateur Josias Bérault proclame ainsi au XVIIe siècle : "C'est l'intérêt de la République que les filles soient mariées"[12]. Au XVIIIe siècle encore, Pesnelle érige au rang d'obligation naturelle ce devoir paternel vis-à-vis des filles en évoquant : "le devoir de piété" qui les oblige à les marier[13].

L'union matrimoniale normande emprunte les règles du régime franc et est divisée en deux phases : la *desponsatio* et les *nuptiae*. La *desponsatio* correspond aux fiançailles. Il s'agit d'un pacte passé entre le père de la *sponsa* et le futur mari, le *sponsus*. Matérialisé par l'échange de serments, il ne comporte plus, contrairement

[11] ALLINNE, Ch., *De l'ancien régime matrimonial normand et de sa survivance dans la pratique notariale sous le Droit intermédiaire et sous le Code civil,* Paris, 1908, thèse droit ; ASTOUL, Ch., "Observations sur l'évolution du régime matrimonial normand et les doctrines juridiques au XVIe siècle", *Congrés du Millénaire de la Normandie* (911–1911), Rouen, 1911, 2 vol., t. 1, p. 457–461 ; MUSSET, J., *Le régime des biens entre époux en droit normand du XVIe siècle à la Révolution,* PUC, 1997 ; LEMONNIER-LESAGE, V., *Le statut de la femme mariée dans la Normandie coutumière : Droit et pratique dans la généralité de Rouen*, thèse soutenue à Rouen en décembre 2000, à paraître aux Presses Universitaires de Rouen.

[12] BÉRAULT, J., *La Coutume Rédigée du pays et duché de Normandie, anciens ressorts et enclaves d'iceluy avec les commentaires, annotations et arrêts donnés sur l'interprétation d'icelle,* Rouen, 1660, p. 276.

[13] PESNELLE, *Coutume de Normandie expliquée avec les observations de M. Roupnel de Chenilly*, Rouen, 1759, p. 214.

à l'époque franque, l'obligation d'une dotation faite par le futur époux. Si la *desponsatio* était nécessaire, elle n'était évidemment pas suffisante pour former le lien matrimonial. Les *nuptiae*, la célébration chrétienne des noces, était impérative et avait lieu en présence du lignage des deux époux. Comme le précise un canon du *Concile de Rouen* en effet, les noces ne devaient pas être secrètes, mais publiques[14].

Mais le caractère impératif du mariage ne conduisait toutefois pas à valider une union contractée clandestinement, c'est-à-dire sans le consentement parental. Rappelons ici qu'en vertu d'un édit sur les "mariages clandestins" de février 1556, l'âge fixé dans le royaume pour se marier librement était de vingt-cinq ans, pour les filles et de trente ans, pour les garçons[15]. Cette législation ne peut que trouver un écho favorable dans une province où, ainsi que le rappelle Terrien, une décision de 1156 d'Henri II Plantagenêt interdisait déjà aux "enfants de famille" de contracter un mariage sans le consentement de leurs père et mère sous peine de se voir "exclus de leur succession"[16]. On retrouve d'ailleurs cette exigence du consentement paternel, dans les saga scandinaves, où la femme enlevée pour être épousée régulièrement, est néanmoins considérée comme illégitime, comme le sont aussi les enfants nés d'un tel mariage[17].

Terrien cite encore un arrêt de 1539, "donné contre les officiers et autres habitants de Caen" rappelant qu' il est défendu de contracter un mariage avec des mineurs "sans le vouloir et le consentement de leurs pères ou, à défaut, de leurs tuteurs, sous peine de confiscation de corps et de biens". De tels mariages sont en effet selon le célèbre commentateur, "censés et réputés comme rapt commis contre les parents". En effet, ajoute encore le lieutenant-bailli "qu'est ce autre chose sinon ravir et ôter par force une fille d'entre les bras de ses parents que de lui faire promettre mariage sans leur autorité ou consentement ?"[18].

Au XVIIIe siècle, la chambre des vacations du Parlement de Rouen défient ainsi au clergé de célébrer de tels mariages sous peine "d'être punis corporellement comme fauteurs et adhérents de crime de rapt". Et les magistrats d'obliger les prêtres à lire leur arrêt au prône de la messe, puis à l'afficher sur les portes de leur église[19].

De nombreux arrêts condamnaient ainsi les hommes coupables d'avoir séduit des jeunes filles et de les avoir obligées à contracter un mariage clandestin. Mais

[14] Sur cette question, cf. BESNIER, R., *Le mariage en Normandie, des origines au XIIIe siècle*, Caen, 1934, p. 5–14. Sur cette question en général, cf. LEFEVBRE-TEILLARD, A., *Introduction historique au droit des personnes et de la famille*, Paris, PUF, droit fondamental, 1996, p. 122 et s.

[15] Sur cette question, cf. LEFEBVRE-TEILLARD, A., *Introduction historique..., op. cit.*, p. 170. POIREY, S., "Mariages clandestins et rapts de séduction dans la Normandie d'Ancien Régime", *Mémoires des l'Académie des Sciences, Arts et Belles-Lettres de Caen*, à paraître.

[16] TERRIEN, G., *Commentaire du droit civil tant public que privé observé au pays et duché de Normandie*, Rouen, 1654, p. 21.

[17] BESNIER, R., *Le mariage en Normandie, op. cit.*, p. 40.

[18] TERRIEN, p. 484.

[19] BERAULT, p. 190.

on relève toutefois certains arrêts qui jugent des jeunes filles pour ce même crime. Au XVIIe siècle, le Parlement de Normandie condamne ainsi Jeanne Andrieu pour avoir séduit Jacques Drouet et l'avoir épousé "sans le bon gré, vouloir et consentement de ses père et mère...à faire réparation honorable en l'Audience de notredite cour pieds nus et en coiffe ayant la corde au col, tenant une torche ardente en ses mains et étant à genoux demander pardon et merci à Dieu, à Nous et justice, et audit Drouet père et sa femme". La séductrice est également condamnée à être "fustigée nue de verges par trois jour de marché par les carrefours et lieux et bannie à perpétuité du Royaume de France. Et en cas qu'elle y soit trouvée elle sera pendue et étranglée ses biens et héritages confisqués". Quant au fils Drouet, il se voit exclut de la succession de ses parents et condamné à un an de prison pendant lequel trois jours par semaine, il ne lui sera administré que du pain et de l'eau. Enfin, les prêtres ayant célébré ce mariage ne sont pas oubliés. La cour les condamne "pour avoir donné aide et complicité audit mariage clandestin … à faire réparation honorable en ladite audience et étant à genoux tenant chacun une torche ardente demander pardon et merci à nous et à justice ainsi qu'à des peines d'amende … ."[20].

Jusqu'à la Révolution, les tribunaux normands traquent donc systématiquement les mariages clandestins les assimilant toujours à des rapt de séduction[21]. A la question de savoir toutefois si une fille qui mariée avant vingt-cinq ans sans avoir obtenu le consentement de ses parents peut demander son "mariage avenant", Roupnel répond que "si cette fille n'a point flétri l'honneur de la famille par une alliance indigne de son rang, si les parents intéressés n'ont point formé d'opposition, on ne lui refuse point"[22].

Résolument opposé à toute indulgence quant à lui, Houard s'insurge au XVIIIe siècle contre cette jurisprudence. Pour lui, en légitimant de tels mariages, "on dépouille les pères de la plus chère de leurs propriétés et par contrecoup on essaie de plonger l'État dans la plus affreuse anarchie". Et de mettre ensuite en garde les jeunes filles de son siècle qui "éblouies par le faux éclat des maximes des prétendus philosophes de nos jours regardent comme une pusillanimité réprouvée par la nature de consulter leurs parents sur les inclinations qu'elles doivent ou se permettre ou combattre"[23].

20 BERAULT, p. 390. Notons que cette sentence sera Rédigée par le Conseil privé du roi qui, en 1609, commue le bannissement définitif de Jeanne Andrieu en un bannissement limité à 5 ans mais confirme les autres peines.

21 Conformément d'ailleurs à l'esprit de la législation royale qui assimile le défaut de consentement des parents à un rapt passible de la peine de mort. Selon l'article 42 de l'ordonnance de Blois de 1579, tout mariage de mineurs de 25 ans conclu sans le consentement des parents est un rapt "sans espérance de grâce et de pardon", sur cette question, cf. LEFEBVRE-TEILLARD, A., *Introduction historique,...*, *op. cit.*, p. 170 et s.

22 PESNELLE, p. 231.

23 HOUARD, art. *Des filles*, tome 2, p. 501.

Mais si au delà de la majorité requise, les enfants peuvent valablement contracter un mariage sans le consentement de leurs parents, ces derniers disposent toutefois de la faculté d'exhéréder leur enfant s'étant marié sans avoir requis le consentement des ses parents par les fameuses "sommations respectueuses"[24]. Le Parlement de Rouen a ainsi pu juger en 1736 qu'un fils veuf et âgé de 63 ans était obligé de requérir le consentement de son père pour contracter un second mariage[25].

De même, une jeune fille mariée sans avoir obtenu le consentement de son père ne pourra après la mort de ce dernier demander une dot à ses frères. Selon un arrêt de 1636 "la rébellion et le mépris de la fille ne lui devait point être avantageux, que si même quand elle s'était tenue dans un état de respect et d'obéissance, elle ne pouvait rien demander après avoir été mariée par son père ; il était bien plus juste et plus conforme à l'honnêteté publique de lui dénier toute action, lorsqu'elle s'était mariée sans son agrément"[26].

Un mariage étant avant tout la rencontre des intérêts de deux clans, la coutume de Normandie n'imposait qu'une obligation aux parents pour le choix de l'époux. Ce dernier devait être semblable "tant pour le bien que pour la naissance", afin d'éviter une mésalliance qui rejaillissait sur le lignage entier. On note toutefois ici une évolution. Au XVIIe siècle en effet, Basnage considérait qu'une fille noble se mésallie en épousant un roturier tandis qu'un siècle plus tard, Flaust estimera que si la fille a été mariée à un homme plus riche qu'elle n'aurait pu l'espérer en épousant un noble, la fortune de son époux doit être prise en considération[27]. Le matérialisme commence bien à prévaloir sur l'honneur familial..

Signalons enfin que la même exigence de consentement familial intervenait encore dans cette union particulière qu'est l'union à Dieu. L'entrée en religion devait en effet être impérativement validée par le lignage. Houard cite ici Saint Thomas, pour qui "lorsque les secours d'une fille sont absolument nécessaires à la famille, elle ne doit pas être admise en religion", ou encore Saint Paul, selon qui "si quelqu'un n'a point soin des siens et particulièrement de ceux de sa maison, il a renoncé à la foi et est pire qu'un infidèle". Loin de toute considération religieuse, notre commentateur normand estime plus cyniquement qu'un tel choix est parfois plus souvent imputable à "une répugnance pour les embarras domestiques" qu'à une réelle vocation[28].

[24] Note Roupnel de Chenilly, dans PESNELLE, p. 215–216. FLAUST, *Commentaire de la Coutume de Normandie,* Rouen, 1781, 2 vol., vol 1, p. 209. LE ROYER DE LA TOURNERIE, E., *Nouveau commentaire portatif de la coutume de Normandie,* Rouen, 1771, 2 tomes, tome 1, p. 287 : Les sommations respectueuses se font par un notaire "accompagné de témoins décents eu égard à la qualité des parties. Il faut trois présentations du projet de contrat de mariage.

[25] LE ROYER DE LA TOURNERIE, tome 1, p. 287

[26] BASNAGE, tome. 1, p. 399.

[27] FLAUST, vol. 1, p. 229.

[28] HOUARD, art. *filles*, p. 501.

On le voit, le lignage était ainsi très présent tout au long des fiançailles. En matière matrimoniale, ce lignage, c'était normalement les parents, mais lorsque le père était décédé, la fille était alors mariée par sa mère et un tuteur. Si ceux-ci toutefois ne s'accordaient pas sur le choix du fiancé, la coutume recommandait de se tourner ensuite vers les plus proches parents des lignages paternel et maternel. Selon Basnage en effet, " le mariage de la fille ne dépend pas seulement de la volonté de la mère ou du tuteur, on fait une assemblée de six parents paternels et six parents maternels et le mariage s'achève ou se rompt selon le plus grand nombre de voix"[29]. Autre système, si leurs tuteurs étaient négligents, les jeunes filles pouvaient se plaindre devant les tribunaux pour obtenir d'être mariées "par l'avis et délibération des autres parents et amis"[30]. Lorsque les deux parents étaient morts, c'étaient le frère aîné qui se chargeait normalement de ses soeurs. Mais s'il était encore mineur, la coutume, considérant que le mariage de la fille ne devait être différé, elle "sera mariée par le conseil des tuteurs et des plus prochains parents et amis"[31]. Et lorsque le frère, majeur cette fois, refusait de marier sa soeur alors qu'un parti convenable se présentait, "la justice" nous dit Roupnel "peut abréger le délai de la loi et autoriser un établissement au gré des parents"[32].

La seconde possibilité offerte au lignage pour intervenir avant le mariage est la question de la fixation de la dot.

La fixation de la dot

S'il leur est interdit de mésallier leurs filles, les parents normands n'étaient toutefois pas tenus juridiquement de les doter. Ils pouvaient en effet parfaitement ne pas vouloir diminuer le patrimoine destiné à leurs fils, ce qui restait pleinement dans l'esprit de la protection du lignage. L'adage dit "un mari et rien de plus" ce à quoi la Coutume rédigée ajoutera"et si rien ne lui fut promis lors de son mariage rien n'aura"[33]. Pour Basnage, "notre Coutume a remis à la prudence et à l'affection du père de donner ce qui lui plaira et s'il a estimé à propos de ne rien donner, la Loi impose silence à la fille" [34].

Les commentateurs normands justifient ainsi la sécheresse de leur coutume par la présomption qu'elle pose de la générosité paternelle. Ainsi Godefroy observe-t-il que "notre coutume a considéré qu'il n'y a point d'affection qui surpasse la paternelle"[35].

[29] BASNAGE, H., *Oeuvres contenant ses commentaires sur la coutume de Normandie et son traité des hypothèques*, 3e édition, 2 tomes, 1709, tome 1, p. 437.

[30] *Coutume Rédigée,* art. 267.

[31] *Coutume rédigée*, art. 266.

[32] PESNELLE, p. 231.

[33] *Coutume Rédigée,* art. 250.

[34] BASNAGE, p. 396.

[35] BERAULT, J., GODEFROY, avec la paraphrase de M. d'Aviron, *Commentaires sur la Coutume de Normandie*, Rouen, 1776, t. 1, p. 582.

Mieux, la coutume se méfiait tellement de cette affection présumée des pères pour leurs filles qu'elle fixait un maximum à leur dot, qui ne devait pas dépasser, pour l'ensemble des soeurs, le tiers du patrimoine évalué au moment de la liquidation de la succession paternelle. En cas de dépassement de ce tiers, les fils disposaient d'une action judiciaire en réduction de dot, ouverte dans l'année suivant le décès paternel [36].

Contrairement à leurs pères, les frères qui mariaient leurs soeurs étaient eux juridiquement tenus de les doter, leur degré d'affection envers leurs soeurs étant jugé inférieur. Longtemps laissé à la discrétion des frères, ce "mariage avenant" sera, dans le courant du XVe siècle sous l'impulsion de la jurisprudence, confié à une sorte de conseil de famille composé entre autres, des grands parents dont les juristes normands présument qu'ils ressentent pour leurs petites filles, une réelle affection[37].

La *Coutume Rédigée* entérinera la pratique en précisant que : "Mariage avenant doit être estimé par les parents eu égard aux biens et charges des successions des père et mère"[38]. Flaust, dans son explication de la coutume, s'interroge longuement sur cet article, qu'il juge "fort sage" puisqu' il permet d'éviter des frais aux frères et soeurs car les parents rendent "gratuitement cet office à leurs proches". Et de citer un arrêt du Parlement de Rouen de 1667, qui cassa une sentence de Bailli précisant que l'arbitrage d'un mariage avenant serait rendu par des experts[39].

La coutume ne précisant toutefois pas le nombre et la qualité des parents chargés de l'arbitrage, Godefroy considère qu'il faut "les six prochains paternels et six prochains maternels". Flaust estime pour sa part, que c'est aux frères et soeurs de les choisir librement. L'idéal est d'avoir au moins un parent de chaque coté, paternel et maternel, et un supplémentaire, pour arbitrer. En cas de désaccord à ce sujet entre frères et soeurs, c'est le juge qui nommera d'office "deux, trois ou quatre" parents[40].

Dans ces différents cas de figure, on le voit, le lignage intervient directement pour protéger les filles et ce, non seulement contre un tuteur négligent mais aussi contre d'autres membres de leur famille dont les intérêts matériels divergent des leurs. Une autre protection était liée à la dot elle-même.

Qu'ils soient constitués par leurs parents ou leurs frères, les apports de la jeune fille était en principe mentionnés dans le contrat de mariage. La coutume de Normandie permettait de rédiger de tels contrats de mariage sous seing

[36] *Coutume Rédigée,* art. 254: "Si père et mère ont donné à leurs filles, soit en faveur de mariage ou autrement, héritages excédant le tiers de leur bien, les enfants mâles les peuvent révoquer dans l'an et jour du décès de leursdits père et mère ... ".

[37] MUSSET, J., *op. cit.*, p. 49.

[38] art. 262.

[39] FLAUST, vol. 1, p. 241

[40] FLAUST, vol. 1, p. 241 et 242.

privé[41]. Dans ce cas, il fallait toutefois que le contrat soit passé devant les parents des futurs conjoints ou signé par eux[42]. La dot pouvant être constituée d'immeubles familiaux notamment, l'intervention du lignage était jugée impérative. L'autorité du lignage permettait ainsi de suppléer celle des notaires et de faire encore l'économie d'un acte officiel.

A coté des apports classiques, immeubles ou meubles, la dot pouvait également être constituée par ce que les coutumes du Nord appellent la "gouvernance". Le ménage était alors hébergé et nourri par les parents de l'un des époux. Cet hébergement familial des jeunes mariés se rencontre dès le XVe siècle jusqu'à la fin de l'Ancien régime, et ce, dans tous les milieux sociaux. Lorsque l'hébergement avait lieu dans la famille de la mariée, il constituait un apport qui permettait à la famille de ne pas se départir de biens immobiliers ou de numéraire. Dans ce cas, le rôle du lignage se poursuivait même pendant le mariage, puisque le chef de la maisonnée restait le père de l'époux chez qui le ménage s'est installé[43].

Hormis le choix de la gouvernance, le rôle de la famille s'amenuisait durant l'union, allant presque jusqu'à disparaître. Mais le lignage resurgissait dès lors que le lien matrimonial se distendait et à plus forte raison se rompait.

L'intervention du lignage après le mariage

Avant cette rupture définitive que constitue la mort de l'un des époux, un autre événement pouvait se produire dans la vie d'un couple : la séparation.

La séparation : intervention des deux lignages

Il existait en Normandie comme dans les autres provinces deux types de séparation : la séparation de corps et la séparation d'habitation, qui pouvaient d'ailleurs être prononcées ensemble. Sacrement divin, le mariage, relevait des tribunaux

[41] Houard rappelle que les contrats de mariage "sont contrats susceptibles de toute sorte de conventions" et que l'article 1 de l'Ordonnance de 1731 qui porte que "tous actes portant donations entre-vifs seront passés devant notaires, à peine de nullité" exclut de cette formalité les contrats de mariage en ligne directe (HOUARD, article "*donation*", tome 1, p. 564 et s.). A l'article "*contrat*", il ajoute encore que "par l'usage particulier de cette Province ... les contrats de mariage sous seing sont autorisés mais s'il est de la sagesse des Magistrats de maintenir ce privilège il est de leur devoir d'écarter soigneusement les abus qu'on en peut faire", (HOUARD, tome 1, p. 361). cf. également ROUTIER, Ch., *Principes généraux du droit civil et coutumier de la province de Normandie,* Rouen, 1763, p. 346 : "Les contrats de mariage sont susceptibles de toutes sortes de clauses, conventions et conditions, qui ne sont point contraires au droit public et aux bonnes moeurs".

[42] cf. HOUARD, article "*contrat*", tome 1, p. 361 : "un contrat de mariage sous seing est valable en Normandie, si sa date est assurée par la présence des parents".

[43] LEMONNIER-LESAGE, V., *op. cit.*, p. 118.

ecclésiastiques seuls compétents pour prononcer éventuellement sa nullité en cas d'empêchements dirimants strictement énoncés par le droit canonique. Dans certains cas extrêmes cependant, l'Église admettait la séparation de corps ou, au moins, la séparation d'habitation, jugée moins grave car maintenant l'obligation d'accomplir le devoir conjugal, contrairement à la séparation de corps[44]. Cette dernière provoquait donc la méfiance des commentateurs normands, en raison de son caractère jugé dangereux d'un point de vue religieux, social et familial. Pour Roupnel, la séparation de corps est d'autant plus dangereuse qu'elle lève l'étendard de la discorde et flatte le désir d'indépendance"[45]. En dépit toutefois de cette hostilité, la Normandie semble être la seule province à admettre, à coté de la séparation pour faute, admise plus ou moins restrictivement par les autres provinces, une séparation de corps par transaction.

Cette possibilité constituait une véritable exception dans la France d'Ancien Régime, les autres provinces prohibant les séparations consensuelles[46]. Mais, pour Houard, qui commente la coutume normande au XVIIIe siècle, "il n'existe dans le droit public et coutumier du royaume aucune maxime qui s'oppose à ce que le mari et la femme transigent entre eux"[47]. Les commentateurs normands fixent toutefois une condition, et de taille, à cette transaction "à l'amiable" : l'obtention par les époux du "consentement respectif" de leurs parents. Cette opinion est partagée par Flaust qui considère ainsi que les articles de la Coutume qui privent la femme de son douaire lorsqu'elle a abandonné son mari ne s'appliquent pas dans le cas de la séparation de corps et d'habitation par jugement ainsi que lorsque "la séparation de corps et d'habitation s'est faite volontairement par une transaction..."[48].

Selon Houard, en effet, "il est plus décent et plus religieux que dans l'intérieur de la famille les époux cherchent des juges". Pour le juriste, les familles sont les meilleurs juges car elles ont à la fois conscience des intérêts et des besoins des époux et la peur du scandale les incite à pousser davantage ces derniers sur les chemins de la réconciliation que sur ceux de la rupture. Et Houard de constater que "Le respect qu'ils se doivent l'un à l'autre, leur tendresse pour leurs enfants, l'esprit de vérité et de justice, tout concourt à rendre l'accommodement qu'ils font, par le conseil et de l'aveu de leurs parents, irrétractable"[49].

[44] Sur cette question, cf. LEFEBVRE-TEILLARD, A., *Introduction historique..., op. cit.*, p. 142 et s.

[45] PESNELLE, p. 361.

[46] Sur ce sujet, cf. LEBEL-CLIQUETEUX, A., *Le consentement des époux à la séparation, l'officialité de Cambrai à la croisée des influences (XVIe-XVIIIe siécle)*, Thèse, Lille, 2003, p. 309 et s. Pour Madame Lebel-Cliqueteux, le mécanisme décrit par Houard est assez proche de celui qui sera instauré par les révolutionnaires à travers l'instauration des tribunaux de famille. Le système normand serait ainsi très précurseur.

[47] HOUARD, art. *femmes*, tome 2, p. 276.

[48] FLAUST, tome 1, p. 586.

[49] HOUARD, art. *femmes*, tome 2, p. 276 et 277. Il faut toutefois noter que tous les commentateurs normands ne sont pas d'accord sur cette possibilité de séparation consensuelle offerte aux époux. Ainsi,

Ces pactes de séparation étaient ainsi parfaitement conformes à l'esprit du droit normand car ils constituaient finalement moins de simples transactions entre les époux que de véritables actes de famille, dotés d'un quitus familial qui suppléait celui du juge[50]. De plus, ils présentent l'avantage pour Houard de faciliter la réconciliation entre les époux puisqu'il suffit pour mettre fin à cette séparation de simples actes témoignant de la volonté de conciliation des époux. Ainsi, "si la femme est reçue chez son époux, s'ils se donnent des marques publiques et non équivoques de réconciliation ; par exemple si la femme devient enceinte ... les sentences ou transactions sont considérées comme non avenues"[51].

Quelque soit le mode de séparation choisi, contractuel, judiciaire ou amiable, la femme se retrouvait donc dans la situation d'une veuve et pouvait dès lors, sans l'avis et le consentement de son mari gérer ses biens. L'article 127 du Réglement de 1666, dit "articles placités" introduira néanmoins une exception de taille à ce principe. La liberté de gestion de la femme séparée ne concerne que ses biens meubles ainsi que les immeubles qu'elle a acquis après la séparation. Pour les immeubles qu'elle détenait avant cette séparation, propres comme acquêts, ainsi que les immeubles qu'elle reçoit ensuite par succession, elle doit obtenir "permission de justice et avis des parents" pour pouvoir les vendre ou les hypothéquer[52].

Le lignage demeure ici très présent pour protéger une femme dont la protection n'est plus assurée.

Le veuvage : intervention du lignage du mari

Contrairement au droit franc qui plaçait la veuve sous la tutelle d'un parent, la veuve normande, même mineure, c'est-à-dire âgée de moins de vingt ans au décès de son mari, ne retombait pas en tutelle mais dans cette hypothèse, elle avait toutefois besoin du consentement de son lignage pour se remarier et pour disposer de ses immeubles[53]. Au XVIIe siècle, le Parlement de Normandie déclara ainsi la nullité des promesses de mariage d'une fille, mariée à quatorze ans et devenue veuve à dix-huit, en lui interdisant de contracter un mariage sans avoir obtenu préalablement le consentement de sa mère et de ses parents[54]. La

Routier considère-t-il que "le mariage étant contracté par un acte public, il ne peut souffrir d'atteinte que par un acte public : en sorte que si les personnes se séparent volontairement sans enquête ni procédure judiciaire et sans autorité de justice leur séparation est nulle et ne peut produire aucun effet", ROUTIER, *op. cit.*, p. 176.

[50] LEBEL-CLIQUETEUX, A., *op. cit.*, p. 308 et s.

[51] HOUARD, art. *femmes*, tome 2, p. 277.

[52] ROUTIER, p. 177 et 178. HOUARD, art. *femme*, tome II, p. 271.

[53] *Coutume Rédigée*, art. 232 : "Femme mariée ne retombe en garde, encore que son mari meure avant qu'elle ait atteint l'âge de vingt ans, parce toutefois qu'elle ne peut contracter de son immeuble sans décret de justice, et consentement de ses parents".

[54] BASNAGE, tome 1, p. 314.

minorité de la veuve est ainsi censée troubler son discernement en dépit de sa première expérience matrimoniale.

Le lignage intervenait également pour protéger le patrimoine du défunt. Lorsqu'elle survit à son mari, la femme touche en Normandie un douaire, c'est à dire un usufruit sur les biens propres de son mari prédécédé. Or, si le douaire n'est pas une spécificité normande, il était l'objet dans cette province d'une faveur particulière car il contrebalançait l'interdiction de communauté de biens entre époux. Aussi, la coutume, les commentateurs et les tribunaux veillaient-ils à ce que les femmes en bénéficient de la manière la plus large qui soit[55].

Le douaire s'étendait normalement aux biens dont le mari avait hérité par succession directe de ses ascendants que ceux-ci aient d'ailleurs approuvé ou non le mariage. Mais la veuve avait tout intérêt de se prévaloir du consentement des ascendants de son mari pour deux raisons au moins.

Un consentement paternel permettait tout d'abord l'extension de l'assiette du douaire dont pourra bénéficier la veuve. Il pouvait en effet porter, à la fois sur les propres biens de l'époux prédécédé, mais aussi sur les biens du père de ce dernier lorsque celui-ci survit à son fils. Il s'agit du fameux douaire dit *ex assenssu patris*, c'est-à-dire par le "consentement du père"[56]. Cet élargissement de l'assiette du douaire permettait de compenser le préjudice que subirait une veuve privée d'un usufruit sur des biens dont son mari aurait hérité, si son père était naturellement mort avant lui . Or, ce douaire était particulièrement intéressant. En effet, alors qu'à l'époque du *Grand Coutumier*, l'usufruit de la veuve ne pouvait porter que sur les biens dont les ascendants étaient possesseurs au jour du mariage, la coutume de 1583 l'avait étendu aux biens possédés par les ascendants au jour du décès du mari. Pour prétendre à ce douaire, il fallait toutefois que le père du marié ait consenti au mariage[57]. Ainsi Terrien rappelle-t-il que si le père ou l'aïeul ne s'accordèrent pas au mariage, s'ils le blâmèrent : elle n'emportera après la mort de son mari point de douaire hors celui dont il était saisi quand il l'épousa"[58].

L'autre avantage découlant de ce consentement familial est que les biens possédés par les ascendants au jour du mariage étaient dès lors tellement engagés au douaire que les parents du mari ne pouvaient plus les aliéner et diminuer d'autant le douaire potentiel de leur bru[59]. De la même manière, la renonciation du mari au bénéfice de la succession de ses ascendants n'avait aucune conséquence sur le droit qu'avait la femme de prendre son douaire sur ces même successions[60].

[55] Cf. sur cette question, MUSSET, J., *Le régime des biens entre époux...*, *op. cit.*, p. 159 et s.

[56] *Coutume Rédigée*, art. 369 : "Si le père ou ayeul du mari ont consenti le mariage, ou s'ils y ont été présents, la femme aura son douaire sur leur succession, combien qu'elle échée depuis le décès de son mari...".

[57] PESNELLE, p. 335 : "...l'article 369 est introductif d'un droit nouveau ; en tant qu'il attribue à la femme douaire sur la succession des ascendants, en l'état qu'elle le trouve lors du décès du mari...".

[58] TERRIEN, p. 238.

[59] En vertu d'un arrêt du Parlement de Normandie rapporté par PESNELLE, p. 273.

[60] PESNELLE, p. 273.

Il s'agit là d'avantages très précieux pour la femme qui découlent donc directement de l'agrément du lignage au mariage. Le fait d'avoir été acceptée en tant que bru donnait dès lors à la veuve certains droits sur le patrimoine du lignage de son mari prédécédé.

Les conséquences du consentement donné par le lignage au mariage étaient telles qu'on se doute qu'il faisait l'objet de nombreuses contestations judiciaires par les héritiers du mari, dont les intérêts étaient bien évidemment opposés à ceux de la veuve. Il fallait donc que ces dernières puissent en apporter la preuve au juge, ce qui était relativement facile. Pour Pesnelle, en vertu d'un arrêt du Parlement de Rouen datant de 1639, le consentement du lignage pouvait se déduire de la seule présence du père ou de l'aïeul du mari le jour du mariage, présence attestée par le certificat du curé ayant célébré le mariage[61].

Une étrangère au lignage ne devait donc pas pouvoir bénéficier des biens d'une famille qui ne l'avait pas agréée. Il est d'ailleurs révélateur, qu'en Normandie, ce soit à la veuve de demander aux héritiers la délivrance de son douaire alors que partout ailleurs cette délivrance se faisait automatiquement[62]. Le fait, pour le lignage, de délivrer matériellement ce douaire, montre bien que, dans la tradition germanique, c'est lui qui en reste propriétaire.

On retrouve encore ce trait dans la surveillance qu'exerçait le lignage sur le comportement de la veuve. Celle-ci devait en effet entretenir son douaire comme le ferait un bon père de famille. En cas de mauvaise gestion, les héritiers du mari étaient fondés à obtenir du juge la restitution des biens, en échange toutefois d'une rente versée à la veuve[63]. Mais le lignage était également garant de la moralité de la veuve, et il pouvait demander au juge de sanctionner une conduite immorale lorsque, "ses dérèglements la déshonorent et que ce déshonneur rejaillit sur la famille de son premier mari"[64]. Un déshonneur consistait notamment à mettre un enfant au monde dont le défunt ne pouvait manifestement pas être le père. Un arrêt du Parlement de Rouen de 1656 priva ainsi une femme de son douaire pour avoir accouché, dix mois après le décès de son mari, des suites d'une maladie invalidante de trois mois[65].

Notons toutefois, car c'est une spécificité normande, que la femme qui se remariait conservait le bénéfice du douaire issu de son premier mariage. La

61 PESNELLE, p. 333.

62 *Coutume Rédigée,* art. 368 : "Douaire n'est dû sinon du jour qu'il est demandé, s'il n'est autrement convenu par le traité de mariage".

63 *Coutume Rédigée,* art. 375 : "Les douairières doivent tenir en état les maisons et les héritages comme elles leur ont été baillées, sans compter les bois autres que ceux qui sont en coupes ordinaires, si ce n'est pour réparer les maisons et manoirs, appelé le propriétaire et par ordonnance de justice". Sur cette question, cf. MUSSET, J., *Le régime des biens entre époux..., op. cit.,* p. 172.

64 HOUARD, art. *Douaire*, tome 1, p. 682.

65 Sur cette question, cf. MUSSET, J., "Sanction du comportement fautif de la douairière en droit normand ; évolution doctrinale et jurisprudentielle en la matière au cours du XVIIe siècle", *Mélanges Pierre Bouet, Cahier des Annales de Normandie,* n° 32, 2002, p. 182–189, p. 188.

doctrine normande ne considère en effet pas le remariage comme une trahison envers le premier mari même si certains commentateurs n'hésitent pas à le qualifier toutefois "d'honnête adultère". Pour Houard, "s'y soustraire serait le mieux mais les lois humaines ne punissent point les imperfections"[66].

En matière matrimoniale, le lignage joue donc un double rôle. Dans la mesure où les biens doivent rester dans la famille, le mariage représente un risque car l'époux, cet étranger du sang, est une menace. La famille intervient alors pour protéger ce patrimoine qui lui revient, en donnant son consentement à l'union, ou en surveillant étroitement la conduite de la veuve.

Mais à coté de ce rôle, qui représente finalement une défiance vis-à-vis du conjoint, le lignage joue également un rôle protecteur. L'institution de l'arbitrage familial en période de crise, en cas de négligence des frères ou des tuteurs ou de crise du couple en est une parfait illustration.

De nos jours, où les liens familiaux se relâchent, où la famille recomposée à les faveurs des médias et des sociologues, où les cellules psychologiques remplacent les parents en cas de crise, on peut se demander si l'on a finalement beaucoup progressé par rapport à la coutume normande.

Sophie Poirey
Faculté de droit
Université de Caen Basse-Normandie

[66] HOUARD, art. *Douaire*, tome 1, p. 682.

The Role of Lineage in Matrimonial Union in Normandy

SOPHIE POIREY

Norman law applied in Normandy from the time of the origins of the duchy in 911, when the king of France conceded to Rollon the lands which he occupied surrounding Rouen, until 1804, when the promulgation of the Code civil imposed a uniform law on the entirety of French territory. But if 1804 constituted a juridical severance, it was not the same in 1204. On the contrary, Norman custom continued to represent Norman identity well after the *commise* (ie John's loss of continental Normandy to Philippe Auguste) notwithstanding the fact that the duchy was from now on a part of the domain of the Crown of France. That custom was deeply rooted in the history of the descendants of Rollon. Politically, the duke, who was firmly ensconced at the summit of the lay and ecclesiastical hierarchy, imposed upon all his law and his justice[1]. It was not by chance that an elaborate juridical text should begin to emerge early on from the time of William the Conqueror in the 11th century, encouraged by the centralising reigns of Henry I and the Plantagenet sovereigns of the 12th century[2]. Normandy was the first province to equip itself with a *coutumier* (ie (unofficial) collation of customary law), in part written during the last years of the reign of Richard the Lionheart. This *Très Ancien Coutumier* informs us not only about Norman juridical practice but also ducal legislation[3]. Some fifty years later there appeared another *coutumier*, written first in Latin, entitled *Summa de legibus normanii in curia laïcali,*[4] then swiftly translated into French under the title *Grand coutumier de Normandie*. This work, technically very much refined, would become the Normans' chief

[1] On the enhancement of public authority in Normandy, cf. LEMARIGNIER, J.F, *La France médiévale, institutions et société*, Armand Colin, collection U, 1981, p. 123 et seq. More recently, cf. DAVY, G., *Le duc et la loi, héritages, images et expressions du pouvoir normatif dans le duché de Normandie des origines à la mort du Conquérant (fin du IXe siècle-1087),* Paris, De Boccard, 2004, 669 p.

[2] On the crystallisation of the Norman Coutume, cf., GÉNESTAL, R., "La formation et le développement de la Coutume de Normandie", *Travaux de la semaine de droit normand tenue à Guernesey en 1927,* Caen, 1928, p. 42 et seq; YVER J, "Les caractères originaux de la Coutume de Normandie", *Mémoires de l'Académie des Sciences, Arts et Belles-Lettres de Caen,* t. XII, 1952, p. 311.

[3] On this coutumier, see the remarkable study of YVER J, "Le *Très Ancien Coutumier de Normandie*, miroir de la législation ducale? Contribution à l'étude de l'ordre public normand à la fin du XIIe siècle", *Tijdschrift voor rechtsgeschiednis,* 29, 1971, p. 333–374.

[4] TARDIF E.J, *Coutumiers de Normandie*, Rouen, 1881–1903, 2 tomes, tome 1 : *Le Trés Ancien Coutumier* (textes Latin et français) ; tome 2 : *Summa de legibus Normannie in curia laïcali.*

work of reference until the end of the 16th century, and still applies today in the Channel Islands, the only surviving remnants of the Norman duchy[5].

Norman custom was very largely influenced by Frankish law, ie the law which already ruled the majority of the population when the Scandinavian peoples arrived in Normandy. This law, of Germanic origin, favoured lineage before everything else, that is to say those relatives descending from a common ancestor, together with its "seat" of immovable property, namely land and houses. Amongst this patrimony, real property transmitted by ancestors, known either as "*propres*" or "*héritages*", was considered to be the most precious. The current possessor was perceived as having only a transitory right over such property which was required, imperatively, to return upon death to the family branch from which it issued[6].

The priority accorded to the family determined the successoral and matrimonial rules which endured in Normandy until the Revolution. The official redaction of the coutume, imposed by the King in 1583, only modified very slightly the *Grand coutumier* so revered by the Normans[7].

This conception of lineage resulted in the exclusion of females from the succession of their parents in the presence of brothers, the latter alone being able to transmit the familial name. The origin of this exclusion was, without doubt, related to the law of the Salic Franks, the famous *lex salica* (Salic law), which excluded women from the succession of ancestral lands[8]. In Normandy, it was sufficient for there to be a single son for the daughters to lose all successoral entitlement. The rule applied whatever the daughters' rank in terms of age amongst the siblings[9]. It was a Norman adage that "... older than female, male is deemed to be". The rule applied whatever the social position of the family, since, contrary to other provinces which only practised this exclusion in noble families, commoners were equally included[10]. This conception of lineage also had repercussions in

[5] The text of the *Grand Coutumier* has been the subject of two publications which can be referred to easily, one by Charles Bourdot de Richebourg, *Nouveau coutumier général ou corps des coutumes générales et particulières de France et des provinces*, Paris, 1724, 4 vol, for Normandy, tome IV, p. 3–56; the other is due to a Jerseyman, W.L. De Gruchy, *L'Ancienne Coutume de Normandie*, Jersey, 1881.

[6] On Frankish family law, cf. CHÉNON, E., *Histoire du droit privé et public,* 1926, 2 tomes, tome 1, p. 443–452.

[7] YVER, J, "La rédaction officielle de la Coutume de Normandie. Son esprit", *Annales de Normandie*, XXXVI, 1986, n° 1, p. 6 et seq.

[8] CHÉNON, E., *Histoire du droit privé et public, op. cit.*, p. 448 et seq.

[9] HOUARD, D., *Dictionnaire analythique, historique, étymologique, critique et interprétatif de la Coutume de Normandie*, Rouen, 1780–1782, 4 tomes, tome II, p. 502: "De droit commun en cette province, les filles sont exclues du partage des successions de leurs ascendants quant elles ont des frères ...".

[10] BATAILLE, R., *Du droit des filles dans la succession de leurs parents en Normandie*, Paris, 1927; BESNIER, R, "Les filles dans le droit successoral normand", *Revue historique de droit français et étranger (RHD),* t. X, 1930, p. 488–506; LE POITTEVIN, A, "Du droit de la fille ou du mariage avenant dans la coutume de Normandie", *R.H.D,* 1889, p. 257–294.

matrimonial matters. The spouse, who remained a "blood stranger", could not acquire patrimonial assets by the fact of the union. Normandy remained, until the 19th century, the only province which excluded community of property between spouses, even by way of contract[11].

If this preference given to the family was easily identifiable across certain specific institutions, such as the hereditary reserve (ie the non-disposable part of an estate) or the *retrait lignager* (the ability of a relative to step into the shoes of a third party purchaser of realty), it is less easy to identify at what point the influence of lineage, and therefore familial interest, was present in matrimonial matters. Marriage in Normandy could appear not so much as the meeting of two individuals as two family lines. The family, and notably that of the woman, intervened at those key points punctuating matrimonial union, both before the marriage, at the moment of engagement, and after marriage, in the case of separation, and ultimately during widowhood. Scarcely during the union itself did lineage step aside to the profit of a husband upon whom a wife from now on depended. But even then, as we will shall see, spouses were never completely isolated.

Intervention of lineage before marriage: the engagement

Engagement permitted lineage to intervene at two key moments; first in the choice of spouse and second for the determination of the "*dot*" (ie the "dowry" given by a father to a daughter, not to be confused with the *douaire* or "dower", ie the lifetime right of a Norman widow over a proportion of the husband's estate; it is very important to keep the distinction between dowry and dower in mind).

The choice of spouse

In Normandy marriage was deemed to be a social imperative. The commentator Josias Bérault proclaimed in the 17th century that: "It is in the interests of the republic that daughters marry"[12]. Again in the 18th century, Pesnelle elevated the duty of daughters to marry to the status of a natural obligation by appealing to their "duty of piety" which obliged them to marry[13].

[11] ALLINNE, Ch, *De l'ancien régime matrimonial normand et de sa survivance dans la pratique notariale sous le Droit intermédiaire et sous le Code civil,* Paris, 1908, thèse droit; ASTOUL, Ch, "Observations sur l'évolution du régime matrimonial normand et les doctrines juridiques au XVIe siècle", *Congrés du Millénaire de la Normandie* (911–1911), Rouen, 1911, 2 vol., t. 1, p. 457–461; MUSSET, J, *Le régime des biens entre époux en droit normand du XVIe siècle à la Révolution,* PUC, 1997; LEMONNIER-LESAGE, V, *Le statut de la femme mariée dans la Normandie coutumièr: Droit et pratique dans la généralité de Rouen,* thesis submitted to Rouen in December 2000, due to be published by the Rouen University Press.

[12] BÉRAULT, J, *La Coutume Rédigée du pays et duché de Normandie, anciens ressorts et enclaves d'iceluy avec les commentaires, annotations et arrêts donnés sur l'interprétation d'icelle,* Rouen, 1660, p. 276.

[13] PESNELLE, *Coutume de Normandie expliquée avec les observations de M. Roupnel de Chenilly,* Rouen, 1759, p. 214.

Norman matrimonial union borrowed rules from the Franks and was divided into two phases, the *desponsatio* and the *nuptiae*. The *desponsatio* corresponded with the engagement. It was an agreement made between the father of the *sponsa* (ie bride) and the future husband, the *sponsus*. Manifesting itself by the exchange of oaths, it comprised only, by contrast to the Frankish era, the obligation of the provision of an endowment (*dotation*) by the future husband. If the *desponsatio* was necessary, it was evidently not sufficient in order to form the matrimonial bond. The *nuptiae*, the Christian celebration of marriage, was imperative and took place in the presence of the lineage of the two spouses. As a canon of the *Concile de Rouen* provides, marriages were not to be secret, but public[14].

The imperative character of marriage did not however validate a union contracted secretly, that is to say, without parental consent. We may note here that by virtue of an edict on "clandestine marriages" of February 1556, the age fixed in the kingdom for the right to marry freely was 25 years of age for daughters and 30 for sons[15]. This legislation could only find a favourable reception in a province where, as Terrien recalls, a decision of Henry II Plantagenet of 1156 already forbade "children of the family" to contract a marriage without the consent of their mother and father under penalty of being "excluded from their succession"[16]. One finds the requirement for parental consent elsewhere, notably in Scandinavian sagas, where the elopement of a woman in order to be married was considered illegitimate, as were the children born of such a marriage[17].

Terrien again cites a judgment of 1539, "given against the officers and other inhabitants of Caen" recalling that it was forbidden to contract a marriage with minors "without the desire and consent of their parents or, in default, of their guardians, on penalty of confiscation of body and property". The celebrated commentator said about such marriages that they were "… deemed and reputed to be an abduction as against the parents". The Lieutenant Bailiff added, "what is it, to make her promise marriage without their authority or consent, if not to ravish and remove by force a daughter from the arms of her parents?" [18]. In the 18th century, the Vacation Chamber of the Parlement of Rouen forbade the clergy to celebrate such marriages under pain "… of being punished corporally

[14] On this question, see BESNIER, R, *Le mariage en Normandie, des origines au XIIIe siècle*, Caen, 1934, p. 5–14. On this issue generally see LEFEVBRE-TEILLARD, A., *Introduction historique au droit des personnes et de la famille*, Paris, PUF, droit fondamental, 1996, p. 122 et seq.

[15] On this issue see LEFEBVRE-TEILLARD, A, *Introduction historique…, op. cit.*, p. 170. POIREY, S., "Mariages clandestins et rapts de séduction dans la Normandie d'Ancien Régime", *Mémoires des l'Académie des Sciences, Arts et Belles-Lettres de Caen*, to be published.

[16] TERRIEN, G., *Commentaire du droit civil tant public que privé observé au pays et duché de Normandie*, Rouen, 1654, p. 21.

[17] BESNIER, R., *Le mariage en Normandie, op. cit.*, p. 40.

[18] TERRIEN, p. 484.

as troublemakers and abetters of the crime of abduction", obliging priests to read the judgment during the sermon and then to attach it to the doors of the church[19].

Accordingly, numerous judgments condemned men culpable of having seduced young daughters and for having obliged them to contract a clandestine marriage. Equally, one comes across certain judgments which judge young women for the same crime. In the 17th century, the Parlement of Normandy, condemned one Jeanne Andrieu for having seduced Jacques Drouet and having married him "without the agreement, desire or consent of his father and mother ... to make reparation in audience before our said Court with bare feet, wearing a headdress with a cord around her neck, holding a burning torch in her hands, upon her knees asking for pardon and mercy from God, ourselves, justice, and the said Drouet's father and his wife". The seductress was condemned to be "whipped naked with sticks upon three market days by the crossroads and public squares and banished in perpetuity from the Kingdom of France. And if she was found (within the kingdom) she would be hanged and strangled and her inherited land confiscated". As for the son Drouet, he was excluded from the succession of his parents and condemned to a year in prison, during which time for three days a week he would only be given bread and water. Finally, the priests who celebrated the marriage were not forgotten. The Court condemned them "... for having given assistance and for being complicit in the said clandestine marriage ... to make honourable reparation at the said audience, being on their knees holding a burning torch asking pardon and mercy from us and from justice together with financial penalties ..."[20].

Until the Revolution, Norman tribunals systematically tracked down clandestine marriages, equating them always with abduction by seduction[21]. To the question of whether a daughter who married before the age of 25 without having obtained the consent of her parents could ask for her "*mariage avenant*" (ie a dowry provided by the parents), Roupnel replied that "... if the daughter has not blackened the honour of the family by an alliance unworthy of her rank, and if the parents concerned have not formed any opposition, one cannot refuse her"[22].

Himself resolutely opposed to all indulgence, Hoüard in the 18th century

[19] BERAULT, p. 190.

[20] BERAULT, p. 390. Note that this sentence was re-considered by the King's Privy Council which, in 1609, commuted the permanent banishment of Jeanne Andrieu to banishment for 5 years, but confirmed the other penalties.

[21] Conforming, as elsewhere, to the spirit of Royal legislation which equated the lack of consent of the parents with an abduction punishable by death. According to article 42 of the Ordinance of Blois of 1579, every marriage of minors of (less than) 25 years of age concluded without the consent of parents was an abduction "sans espérance de grâce et de pardon" ("without hope of grace or pardon"), on this issue see LEFEBVRE-TEILLARD, A., *Introduction historique,...*, *op. cit.*, p. 170 et seq.

[22] PESNELLE, p. 231.

rebelled against this jurisprudence. For him, by legitimising such marriages "one robbed fathers of the dearest of their assets and at the same time attempted to plunge the State into the most foul anarchy". He followed this up by putting on guard the young women of his century who, "... dazzled by the false light of today's bogus philosophers' maxims, considered it timidity reproved by nature to consult their parents on those inclinations which either they should permit themselves or else combat"[23].

If they were beyond the required age of majority, children could validly contract a marriage without the consent of their parents, although the latter had the power to disinherit their child for marrying without seeking parental consent by the famous "summons of respect"[24]. The Parlement of Rouen was therefore able to hold in 1736 that a widower son aged 63 was obliged to seek the consent of his father in order to contract a second marriage[25]. Likewise, a young girl, married without having obtained the consent of her father could not, after the death of the latter, demand a dowry (*dot*) from her brothers. According to a judgment of 1636 "... the rebellion and disrespect of the daughter must absolutely not profit her when, even if she had maintained herself in a respectful and obedient state, she could not demand anything after having been married by her father. It is much fairer and conformable with public probity to deny her any right of action when she married without his agreement"[26].

Marriage was, before everything, a meeting of the interests of two clans. Norman custom imposed an obligation on the parents only as regards the choice of a spouse, who had to be of the same quality "as much in property as by birth", in order to avoid a misalliance which would rebound on the entire lineage. It is possible to detect however, an evolution of the law in this context. In the 17th century, Basnage considered that a female noble misallied herself (ie married beneath herself) by marrying a commoner, whereas only a century later, Flaust considered that if the girl had married a richer man who she could not have hoped to marry if he had been a noble, the fortune of her husband had to be taken into consideration[27]. Materialism had truly begun to prevail over family honour.

Finally, the same requirement of family consent intervened again in that very special form of marriage, namely marriage to God. Entering holy orders had, imperatively, to be validated by the lineage. Hoüard cites here Saint Thomas

[23] HOUARD, art. *Des filles*, tome 2, p. 501.

[24] See the note of Roupnel de Chenilly, in PESNELLE, p. 215–216. FLAUST, *Commentaire de la Coutume de Normandie*, Rouen, 1781, 2 vol., vol 1, p. 209. LE ROYER DE LA TOURNERIE, E., *Nouveau commentaire portatif de la coutume de Normandie*, Rouen, 1771, 2 tomes, tome 1, p. 287: The "summonses of respect" were made by a notary "... accompanied by respectable witnesses according to the quality of the parties". Three declarations of the intended contract of marriage were required.

[25] LE ROYER DE LA TOURNERIE, tome 1, p. 287

[26] BASNAGE, tome. 1, p. 399.

[27] FLAUST, vol. 1, p. 229.

(Aquinas), for whom "when the assistance of a daughter is absolutely necessary to the family, she must not be admitted to holy orders", or again Saint Paul, according to whom "... if a person does not care for his own, and particularly those in his home, he has renounced faith, which is worse than being an infidel". Far from any religious consideration, Hoüard considered, rather more cynically, that the choice to enter holy orders was more often attributable to a "... repugnance for domestic difficulties" rather than a real vocation[28].

We can see therefore that lineage was very much present throughout the process of betrothal. In matrimonial matters "lineage" usually comprised the parents, but when the father was dead, the daughter was married by her mother and a tutor (guardian). If these two did not agree upon the choice of fiancée, custom recommended referring the issue to the closest relatives of the paternal and maternal lines. According to Basnage ".. the marriage of a daughter did not depend solely on the will of the mother or of a tutor, one would gather an assembly of six paternal relatives and six maternal relatives and the marriage would be concluded or rejected according to the greatest number of voices"[29]. Another method, if their tutors were negligent, was for young women to complain to the courts in order to obtain their marriages "by the advice and deliberation of other relatives and friends"[30]. When both parents were dead, it was the eldest brother who was usually given responsibility for his sisters. But if he was a minor, customary law, considering that the marriage of the daughter ought not to be delayed, provided that she "... should be married by a council of tutors and her closest relatives and friends"[31]. When the brother, an elder brother, refused to marry off his sister even when a suitable party had presented himself, "justice", Roupnel tells us, "could abridge the laws' delay and authorise a union according to the will of the relatives"[32].

The second opportunity for lineage to intervene before marriage was as regards the question of the determination of the amount of the *dot*.

Determination of the dot

If Norman parents were forbidden to misally their daughters, then they were not required, at least as a matter of law, to bestow a dowry upon them. They might truly wish not to diminish the patrimony destined for their sons, a sentiment which remained fully within the spirit of lineal protection. The adage in this

[28] HOUARD, art. *filles*, p. 501.

[29] BASNAGE, H., *Oeuvres contenant ses commentaires sur la coutume de Normandie et son traité des hypothèques*, 3e édition, 2 tomes, 1709, tome 1, p. 437.

[30] *Coutume Rédigée,* art. 267.

[31] *Coutume rédigée*, art. 266.

[32] PESNELLE, p. 231.

context was: "a husband and nothing more", to which the *Coutume rédigée* of 1583 added "... and if nothing was promised to her at the time of her marriage, then nothing shall she have"[33]. For Basnage, "... our Custom defers to the prudence and affection of a father to give what it pleases him; and if he considers it appropriate to give nothing, the Law imposes silence on the daughter"[34]. Norman commentators justified the dryness of their custom by appealing to its pre-supposition of paternal generosity. For example, Godefroy observed that "... our custom considered that there was no affection which exceeded the paternal"[35].

Even better, custom so mistrusted this assumed affection of fathers for their daughters that it fixed a maximum for their *dot*, which could not exceed, for all of the sisters collectively, one third of the patrimony valued at the moment of the drawing up of the accounts of the paternal succession. In the event that this third was exceeded, the sons could avail themselves of a judicial action to reduce the dowry within the year following the father's death[36].

By contrast with their fathers, brothers who married off their sisters were required by law to endow them; their degree of affection towards their sisters being judged inferior. For a long time the amount was left to the discrction of the brothers. However, during the course of the 15th century, this "*mariage avenant*" was, under the impulsion of case-law, entrusted to a form of family council comprising, amongst others, grandparents, whom the Norman jurists again presumed felt a real affection for their granddaughters.[37].

The *Coutume rédigée* confirmed the practice whilst requiring that "... *mariage avenant* must be calculated by the relatives with regard to the property and burdens of the succession of the mother and father"[38]. Flaust, in his exposition of the Coutume, pondered this article at length, judging it "very wise", since it avoided the incurring of expense by brothers and sisters, since relatives rendered "... this office gratuitously to their close relatives". One can cite also a judgment of the Parlement of Rouen of 1667, which allowed an appeal against a judgment of a Bailiff that arbitration of a *mariage avenant* should be carried out by experts.[39].

Custom did not, however, stipulate the number or quality of relations charged with this arbitration. Godefroy considered that it was necessary to have "... the six closest paternal and the six closest maternal". Flaust considered that, for his

33 *Coutume Rédigée*, art. 250.

34 BASNAGE, p. 396.

35 BERAULT, J., GODEFROY, with the exposition of M. d'Aviron, *Commentaires sur la Coutume de Normandie*, Rouen, 1776, t. 1, p. 582.

36 *Coutume Rédigée*, art. 254: "If the father and mother have given to their daughters, whether in order to marry or otherwise, inherited property exceeding 1/3 of their property, the male children could, within a year and a day of the death of their father and mother revoke (the gift) ...".

37 MUSSET, J., *op. cit.*, p. 49.

38 art. 262.

39 FLAUST, vol. 1, p. 241

part, it was for the brothers and sisters to choose them freely. The ideal was to have at least one relative from each side, paternal and maternal, and a supplemental relative, in order to arbitrate. In case of disagreement between brothers and sisters, it was the Judge who would name to the office "two, three or four" relatives[40].

In these different illustrative cases, lineage intervened directly in order to protect the daughters, not only against a negligent guardian but also against other members of their family whose interests might diverge from their own. Another form of protection was related to the *dot* itself. Whether constituted by their parents or their brothers, the property brought by the young girl was in principle referred to in the marriage contract. Norman custom permitted such contracts to be written and signed privately[41]. However, in this case it was necessary for the contract to be signed in front of the parents of the future spouses or signed by them[42]. Since the *dot* could be constituted by familial realty, the intervention of lineage was judged to be imperative. The authority of lineage took the place of notaries and spared the cost of an official act.

Besides the typical realty or personalty, the *dot* could equally be constituted by what the coutumes of the North called "*gouvernance*". The household would, from that time on, be sheltered and fed by the relatives of one of the spouses. This familial lodging of young married people was encountered from the 15th century until the end of the *Ancien regime* and at all social levels. When the lodging took place in the family of the married woman, it constituted an asset which allowed the family not to give up any realty or cash. In this case, the role of lineage was maintained even during the marriage, since the head of the household remained the father of the spouse in whose house the household was installed[43].

Save for the option of governance, the role of the family diminished during the union almost to the point of disappearance. However, lineage returned with vigour as soon as the matrimonial bond was stretched, and even more so when it was broken.

[40] FLAUST, vol. 1, p. 241 et 242.

[41] Hoüard notes that marriage contracts were "... contracts susceptible to every kind of agreement" and that article 1 of the Ordinance of 1731 which provided that "all acts effecting inter vivos gifts shall be executed before a notary on pain of nullity" excluded from this formality marriage contracts in direct line (HOUARD, see his article entitled "*donation*", tome 1, p. 564 et seq.). In the article "*contrat*", he again adds that "... by the particular usage of this province ... marriage contracts signed privately are authorised but the Magistrates wisely maintain that it is their duty assiduously to set aside those abuses which can arise", (HOUARD, tome 1, p. 361); see equally ROUTIER, Ch, *Principes généraux du droit civil et coutumier de la province de Normandie,* Rouen, 1763, p. 346: "Contracts of marriage are susceptible to all manner of clauses, agreements and conditions, which are not contrary to public order or good morals".

[42] See HOUARD, "*contrat*", tome 1, p. 361: "... a contract executed privately is valid in Normandy, if its date is assured by the presence of parents".

[43] LEMONNIER-LESAGE, V, *op. cit*, p. 118.

The intervention of lineage after marriage

Before the definitive severance of spouses marked by the death of one of them, another event might arise during a couple's lifetime, namely separation.

Separation: intervention of two lineages

There existed in Normandy, as in other provinces, two types of separation; *séparation de corps* (corporal or bodily separation) and *séparation d'habitation* (separation of residence), which could, in addition, be pronounced together. Being a divine sacrament, marriage was ultimately a matter within the exclusive competence of the ecclesiastical courts to pronounce its nullity in the case of nullifying impediments, as strictly defined by canonical law. In certain extreme cases however, the Church allowed corporal separation or at least separation of residence – deemed less serious because the obligation to fulfil conjugal duty was maintained, as opposed to corporal separation[44]. It followed that corporal separation provoked the distrust of Norman commentators, because of its dangerous character from a religious, social and familial point of view. For Roupnel, corporal separation was a great deal more dangerous because it "... hoisted the flag of discord and flaunted a desire for independence"[45]. Despite this hostility, Normandy seems to have been the only province to permit, alongside separation for fault (which was allowed to a greater or lesser extent by other provinces) corporal separation *by agreement*.

This possibility represented a true exception to the French norm of the Ancien régime, other provinces prohibiting consensual separation[46]. But, for Hoüard, commenting on Norman custom in the 18th century, there was "... no maxim in either the public or customary law of the kingdom which is opposed to what a husband and wife may agree between them"[47]. Norman commentators set, however, an important pre-condition to such "amicable" agreements, viz the obtaining by spouses of the respective consents of their parents. This opinion was shared by Flaust who considered that the articles of the Coutume which deprived a wife of her dower when she had abandoned her husband did not apply in the case of corporal and residential separation by court judgment, likewise

44 On this question see LEFEBVRE-TEILLARD, A, *Introduction historique ..., op. cit.*, p. 142 et seq.

45 PESNELLE, p. 361.

46 On this subject see LEBEL-CLIQUETEUX, A, *Le consentement des époux à la séparation, l'officialité de Cambrai à la croisée des influences (XVIe-XVIIIe siécle)*, Thesis, Lille, 2003, p. 309 et seq. For Ms Lebel-Cliqueteux, the mechanism described by Hoüard is very close to that introduced subsequently by the revolutionaries across the family tribunals. The Norman system very much anticipated such developments.

47 HOUARD, art. "*femmes*", tome 2, p. 276.

when "... corporal and residential separation was accomplished voluntarily by agreement ..."[48].

According to Hoüard, it was "... more decent and more religious that spouses seek judges from within their families". For the jurist, relatives were the better judges because they were at once conscious of the interests and needs of the spouses and the fear of scandal, encouraging them to push the unhappy couple along the path of reconciliation as opposed to permanent separation. For Hoüard, "... The respect that they owe, one to the other, their tenderness for their children, the spirit and truth of justice, all correspond to render the accommodation they reach, via the counsel and acknowledgment of their kindred, conclusive"[49].

These separation agreements were therefore in perfect conformity with the spirit of Norman law since they amounted not so much to simple agreements between spouses, as true familial acts, endowed with a familial quittance replacing that of a judge[50]. In addition, such agreements presented for Hoüard the advantage of facilitating reconciliation between spouses, since it was sufficient to bring such separations to an end by simple acts evidencing the desire of the spouses to reconcile. Thus, if the wife "... was received at the house of her husband, if they manifest unequivocal public indications of reconciliation between the spouses, for example, if the wife becomes pregnant ... the transaction or agreement will be considered void *ab initio*"[51].

Whatever the mode of separation chosen, whether contractual, judicial or simply amiable, the wife would find herself in the position of a widow and could, from that time on, and without the advice or consent of her husband, manage her own property. Article 127 of the Regulations of 1666, known as the "*articles placités*" nevertheless introduced an important exception to this principle. The freedom of management of the separated wife concerned only her movable property and the immovable property which she had acquired *after* the separation. For immovables which she owned before the separation, both *propres* and *acquêts*, as well as the immovables that she had received subsequently by succession, she had to obtain "... judicial permission and the opinion of her parents" in order to be able to sell or hypothecate them[52].

Lineage remained ever present in order to protect a wife, whose protection was no longer assured.

48 FLAUST, tome 1, p. 586.

49 HOUARD, art. "*femmes*", tome 2, p. 276 et 277. It should be noted however that not all the Norman commentators agree on the availability to spouses of consensual separation. Thus, Routier considered that "... marriage, being contracted by a public act, may only be affected by a public act, with the consequence that if people separate voluntarily, without enquiry or judicial process and without judicial authority, their separation is a nullity and produces no (legal) effect", ROUTIER, *op. cit.*, p. 176.

50 LEBEL-CLIQUETEUX, A, *op. cit*, p. 308 et seq.

51 HOUARD, "*femmes*", tome 2, p. 277.

52 ROUTIER, p. 177 et 178. HOUARD, "*femmes*", tome II, p. 271.

Widowhood: the intervention of the husband's lineage

Contrary to Frankish law, which placed the widow under the tutelage of a relative, the Norman widow, even a minor, ie aged less than 20 on the death of her husband, did not regress to guardianship. She did, however, require the consent of her lineage in order to re-marry and to dispose of her immovables[53]. Accordingly, the 17th century Norman Parlement declared null the marriage promises of a daughter, married at 14 years old and widowed at 18, forbidding her to contract a marriage without first having obtained the consent of her mother and relatives[54]. The minority of the widow was deemed to impinge upon her judgement, notwithstanding her previous matrimonial experience.

Equally, lineage intervened in order to protect the patrimony of the deceased. When the Norman wife survived her husband, she became entitled to her dower, that is to say, a usufruct over the *propres* of her pre-deceased husband. Even if the dower was not a specifically Norman construct, it was in that province the object of particular emphasis given that it counter-balanced the prohibition of community of property between spouses. Custom, commentators and tribunals were vigilant to ensure that wives benefited to the greatest possible extent[55].

The dower normally extended to the property which the husband had inherited by direct succession from his ascendants, whether they had approved of the marriage or not. However, the widow had every interest in securing the consent of her husband's ascendants for at least two reasons. Firstly, a father's consent extended the scope of the dower from which the widow could benefit. It could attach to both the *propres* of the pre-deceased spouse and the property of the father when he survived the son. This was the famous dower known as *ex assenssu patris*, that is to say, "by the father's consent"[56]. This enlargement of the scope of the dower compensated the prejudice which a widow would suffer if deprived of a usufruct over the property which her husband would have inherited, if his father had, in the normal way, pre-deceased him.

This dower was particularly interesting. At the time of the *Grand Coutumier* the usufruct of the widow could attach only to the property which the ascendants were in possession of on the day of the marriage. The coutume of 1583 extended it to property possessed by the ascendants on the day of the husband's death.

53 *Coutume Rédigée*, art. 232: "A married woman does not return to guardianship, even when her husband dies before she has reached the age of 20, however, she cannot dispose of her immovable property without judicial decree and the agreement of her parents".

54 BASNAGE, tome 1, p. 314.

55 See on this question, MUSSET, J, *Le régime des biens entre époux ..., op. cit*, p. 159 et seq.

56 *Coutume Rédigée*, art. 369: "If the father or grandfather of the husband has consented to the marriage, or if they were present, the wife will have her dower over their succession, however much she has "fished" since the death of her husband ...".

However, in order to claim this dower it was necessary that the husband's father had consented to the marriage[57]. Thus Terrien notes that "... if the father or grandfather did not agree to the marriage or if they disapproved of it, she will take no dower after the death of her husband beyond the property of which he was seized at the time that he married her"[58].

The other advantage deriving from familial consent was that the property possessed by the ascendants on the day of marriage was, from that point on, fully engaged by the dower to the extent that the parents of the husband could no longer alienate or diminish that property beyond the prospective dower of their daughter-in-law[59]. In the same way, the renunciation of the husband of the succession of his ascendants had no consequence for the wife's right to take her dower over that same succession[60].

Very valuable advantages therefore derived for the wife from the agreement of the familial line to the marriage. The fact of having been accepted as daughter-in-law gave the widow from that time on certain rights over the patrimony of the lineage of her pre-deceased husband.

The consequences of lineal consent to a marriage were such that it is easy to imagine it becoming the subject of numerous judicial challenges brought by the husband's heirs, whose interests were self-evidently opposed to those of the widow. It was important therefore that she should be able to produce evidence of that consent, which in fact was relatively easy. For Pesnelle, by virtue of a judgment of the Parlement of Rouen dating from 1639, lineal consent could be deduced from the simple presence of the husband's father or grandfather on the wedding day, a presence attested to by the certificate of the priest celebrating the marriage[61].

In summary, a stranger to the family line was not to be allowed to benefit from the property of a family which had not agreed to her. It is also revealing that in Normandy it was for the widow to demand delivery up of her dower from the heirs, whereas everywhere else delivery was given automatically[62]. The fact of the familial line having to deliver up the dower illustrates well that, following the German tradition, lineage remained the owner.

A similarly noteworthy trait is to be found in the surveillance exercised by lineage over the behaviour of the widow. This latter had to maintain her dower in

[57] PESNELLE, p. 335: "... article 369 introduces a new right to the extent that it attributes to the wife a dower over the estate of the ascendants in the state that she finds it at the time of the death of her husband ...".

[58] TERRIEN, p. 238.

[59] By reason of a judgment of the Parlement of Normandy reported by PESNELLE, p. 273.

[60] PESNELLE, p. 273.

[61] PESNELLE, p. 333.

[62] *Coutume Rédigée*, art. 368: "Dower is due only on the day that it is demanded, unless otherwise agreed in the marriage contract".

the same fashion as a *bon père de famille* (ie as a prudent man of business). In case of negligent mismanagement, the heirs of the husband were permitted to seek restitution of the property from the judge, in exchange for an allowance (rent) paid to the widow[63]. The lineage was equally the guardian of the widow's morals; it could again request the judge to punish immoral conduct when "… her misbehaviour dishonoured her and rebounded on the family of her first husband"[64]. A dishonour consisted notably in giving birth to a child of which the deceased could manifestly not be the father. A judgment of the Parlement of Rouen of 1656 deprived a woman of her dower for giving birth ten months after the death of her husband, that death following an incapacitating illness lasting three months[65].

It was, however, a distinctively Norman feature that a woman who remarried kept the benefit of the dower resulting from her first marriage. Norman doctrine did not consider remarriage to be a betrayal of the first husband, even if certain commentators did not hesitate to qualify it as "honest adultery". For Hoüard, "… to restrain oneself from (remarriage) would be better, but human laws do not punish want of perfection"[66].

In matrimonial matters, lineage therefore played a double role. To the extent that property had to remain within the family, marriage represented a risk for the husband – this blood stranger was a threat. The family intervened in order to protect the patrimony which would return to it by giving (or withholding) its consent to the union, or else by watching closely the conduct of the widow. But besides this role, which ultimately represented a mistrust of the spouse, lineage also played a protecting role. For example, the process of familial arbitration during a period of crisis, whether to overcome the neglect of brothers or guardians or else a couple's own difficulties, was a perfect illustration.

In our times, where familial bonds have slackened, where step-families are lauded by the media and sociologists alike, and where psychologists replace parents in times of trouble, one can ask whether, in truth, we have progressed very far relative to Norman custom.

Sophie Poirey
Faculty of Law
University of Caen, Lower Normandy

Translated by Gordon Dawes

[63] *Coutume Rédigée,* art. 375: "Dowagers must maintain houses and lands in the condition in which they found them, using only that wood which is ordinarily cut, unless for the repair of houses and manors, notifying the owner and by ordinance of justice". On this question see MUSSET, J, *Le régime des biens entre époux …, op. cit.,* p. 172.

[64] HOUARD, "*Douaire*", tome 1, p. 682.

[65] On this issue see MUSSET, J, "Sanction du comportement fautif de la douairière en droit normand; évolution doctrinale et jurisprudentielle en la matière au cours du XVIIe siècle", *Mélanges Pierre Bouet, Cahier des Annales de Normandie,* n° 32, 2002, p. 182–189, p. 188.

[66] HOUARD, "*Douaire*", tome 1, p. 682.

Perceptions of Duke and Duchy

ST JOHN ROBILLIARD

Introduction

The historic events around 1204 are being considered in depth at the moment[1]. The Islands remained in the hands of the English monarch through actual possession. By the Treaty of Lambeth (1217) both the English and the French were to go back to the pre 1202 position whilst the 1259 Treaty of Paris saw the English Henry III definitively renounce his title to mainland Normandy[2] i.e. Duke which he had used before but not after yet with the Islands not being mentioned. Edward I also renounced the title in 1279 (Treaty of Amiens) however, and notwithstanding, English ambitions to restore their position in mainland Normandy did not go away for centuries. Thus by a secret treaty in 1359, renounced the year following (Treaty of Brétigny 1360), the Kings of England and France agreed that England was to be restored in Normandy, an ambition finally won in the Treaty of Troyes (1420) only to be later lost in battle.

Norman links following 1204

Following 1204 the position of "the Duke", or the successor to the Duke, took on great significance in the relationship between the Islanders and the English Crown. In a publication that commemorated the nine hundredth anniversary of the Norman Conquest of England in 1066[3] Professor John Le Patourel wrote that prior to 1204 the Islands had been part of Normandy "where a sophisticated judicial and financial administration for the duchy had been constructed largely, in the second half of the twelfth century"[4].

With the break the English King would wish to continue rule in the Islands as being akin to rule of a part of Normandy as much as possible. "Much later it was argued that so long as the King of England held the Channel Islands and

[1] For a brief history by way of background see *The Minquiers and Ecrehos case Pleadings* [1953] etc. Section B Vol 1 pp 27–31 and Everard and Holt *Jersey* 1204 (2004) ISBN 0500 511632

[2] Everard and Holt p.185

[3] "Guernsey and the Norman Conquests: 1066–1966" in Guernsey 1066–1966 Summer Special Number of The Guernsey Society Quarterly Review p.31

[4] See also J.H. Le Patourel *The Medieval Administration of the Channel Islands 1199–1399* (1937), reprinted by the Guernsey Bar 2004 ("Le Patourel") pp26–8

governed them according to Norman Law and custom he preserved his claim to the rest of Normandy. It is not impossible that some such notion was in the minds of the English Kings of the latter Middle Ages"[5].

Thus concluding the same passage Le Patourel wrote "… [from 1204] leaving the Island under the rule of the King of England who long cherished the hope of recovering his Norman inheritance and so continued to govern Guernsey as though he were duke of Normandy, that lies at the foundation of what is Guernsey today".

Writing in the first half of the twentieth century Robert Besnier, of Caen University, put the position that the Islands had their own interest in keeping alive the idea that they remained a piece of Normandy[6]:

> "Detachées de la Normandie en fait en 1204, en droit par le traité de 1217, les îles anglo-normandes de Jersey et Guernesey restent rattachées au roi d'Angleterre par l'alléance féodale. Elles luttent pour faire réconnaitre leurs privilèges traditionnels. Elles obtiennent d'abord d'être considérees comme des épaves du duché disparu, liées au roi d'Angleterre en tant que duc de Normandie et non que Souverain anglais."

In the early years after 1204 it is not hard to see why this was so[7] the Islanders spoke the Norman language, applied many of the Norman customs, mainly applied traditional Normandy taxes[8] and followed feudalism, but did not have serfdom, again like Normandy[9]. Further, they remained at least a theoretical part of the Norman church through the continuing link with the Diocese of Coutances[10] until the final break following the Reformation with the Act of Uniformity 1559 being enforced in the 1560's and the transfer to the Diocese of

[5] The view was put forward by the leading English jurist Coke in the seventeenth century, *Institutes* Cap. LXX p.286 (1644): "Both these Isles did of ancient time belong to the Duchy of Normandy: but when H.I. had overthrown his older brother Robert to become the Duke of Normandy, he did unite to the Kingdome of England perpetually the Duchy of Normandy together with these Isles … the possession of these Islands being parcel of the Duchy of Normandy, are a good return for the King of England of the whole Duchy."

[6] R. Besnier: "Le Statut Juridique des iles anglo-normandes du XIIIe au XVIIIe siècle"; Revue Historique de Droit Francais et Etranger Vol 13, 1934

[7] Le Patourel at p.32 states: "In spite of political difficulties, however a close connection between the Islands and Normandy persisted throughout the Middle Ages"

[8] Le Patourel p.81

[9] Le Patourel p.88

[10] See A G Eagleston *The Channel Islands under Tudor Government 1485–1642* ("Eagleston") pp 49–54 on the period 1496–1569. On why the position lasted so long, he stated that (p.53) "The explanation undoubtedly is that there was a feeling abroad that a form of separation of the islands from the diocese of Coutances might impair the title of the Crown to the duchy of Normandy. It is extraordinary that any value should still have been attached to the maintenance of a legal claim to Normandy, but it certainly was … It was universally admitted that the islands being part of Normandy must be governed by Norman law and custom, and this was held to apply to ecclesiastical as well as temporal matters."

Winchester in 1569[11]. All of these seem at least in part a retention of the Duchy in the Islands.

As well as these matters of culture there had been a determined invocation of the position of "the Duke" on numerous occasions. In the second part of the thirteenth century[12] and the first part of the fourteenth century the Islands were visited by English Justices acting under Commission to inquire into the ownership of landholdings, the King's rights and to hear cases. This was greatly resented[13] and led in 1333 to this protest[14]:

> "To our Lord the King and to his Council show his liege people the community of the islands of Guernsey and Jersey, that whereas the Islands are, from of old, a parcel of the duchy of Normandy, and in such manner hold of our Lord the King as duke, and in the said islands they hold and use and have always used the custom of Normandy which is called the Summa of Mankael together with certain other customs used in the islands time out of mind. ..."

Later references to the title of "Duke"

The idea of a "residual duchy" was seen in Elizabethan times as seen from a translation of part of the important Charter of Elizabeth I (1560):

> " ... our island of Guernsey, and other sojourners in, and inhabitants of the said island, and our islands of Aureneye, alias Alderney and Sark, within our duchy of Normandy and their predecessors have from time beyond what the memory of man can reach by virtue of several charters, grants, confirmations and most ample writs of our illustrious progenitors and ancestors both kings of England and dukes of Normandy."[15]

Tim Thornton has made the point[16] that at this time England had a special interest in making common cause with the protestants situated in Normandy and therefore the Queen wished to emphasise her links with Normandy. Whilst the reference to "Duke of Normandy" was not made in Royal Charters prior to

[11] fn (1) pp 37–8

[12] Le Patourel pp.41–3

[13] There was growing resentment from 1309: Le Patourel pp.54–5

[14] Quoted in F de L Bois *A Constitutional History of Jersey* (1972) p.18. See Le Patourel p.29. At p.35 Le Patourel states: "The importance of this close connection between the Channel Islands and Normandy throughout the Middle Ages cannot be over emphasised. The Islands were of the same racial blend as the Normans of the Cotentin, they spoke the same dialect, with their own local variations, traded with the same money and lived under the same customary law."

[15] Tim Thornton, *The Charters of Guernsey* (2004) ("Thornton") p.89

[16] Thornton pp.75–6

1560 it was repeated in that of James I in 1605[17], Charles I in 1627[18] and finally Charles II in 1688[19].

References to "the Duke" in the 18th and 19th Centuries

There are two incidents, one from the eighteenth century concerning smuggling from the Islands and the other from the nineteenth century concerning the right of the English Crown to legislate for the Islands where the constitutional position of "the Duke", was to be significant in major constitutional matters.

Smuggling

The eighteenth century activities of the Guernsey smugglers are well known[20]. In the 1680s English Customs Officers were appointed to Jersey and Guernsey principally to ensure that what purported to be local produce for export to England was, in fact, so. Their authority was based on prerogative Orders in Council[21]. In 1689 William II suspended the Islands' neutrality that had originally been granted by Papal Bull in 1481 and repeated in subsequent Royal Charters. In order that the Islanders, who had enjoyed considerable commercial advantages as a result of the Bull, were not disquieted, the presence of the Customs Officers was much reduced in 1708. Smuggling in the form of legal sales in the Islands of commodities subject to British duty in Britain were made to British residents; the argument being that sales in the Islands were legal and it was of no concern to the Islands if the products were later illegally imported into England.

In 1767 there was a new Order in Council giving British customs officers some direct authority in the Island, but again it was not enforced greatly in practice.

Returning to the Duke, his role was greatly utilised by the Islanders at this time. This is shown by the anonymous pamphlet "Rights and Immunities of Guernsey" first published in 1771[22] and believed to have been written by William Le Marchant, later Bailiff. Written in English, this is the most worked example of the argument based on the continuing role of the duchy.

[17] Thornton p.102

[18] Thornton p.131

[19] Thornton p.158

[20] See A. G. Jamieson, *The Channel Islands and Smuggling 1680–1850* ("Jamieson") pp 195–219 in ed A. G. Jamieson: *A People of the Sea. The Maritime History of the Channel Islands* (1986).

[21] Jamieson p.198

[22] Republished with an Appendix in 1801

"Guernsey is a parcel of the Duchy of Normandy, and consequently a remain of the ancient patrimonial inheritance of our most gracious Sovereign from his royal progenitor William the Conqueror. Thence the inhabitants of that and the adjacent Islands have not only to boast that they are the most ancient of his Majesty's subjects, but are on the side of the conquerors and not of the conquered"[23]

and he went on:

"We made a distinct and separate state from England, although under the same sovereign; and consequently we had laws, liberties and privileges particular to ourselves as Norman subjects."[24]

The writer stated that the Duke had a limited prerogative in matters of peace and war and religion. He also advanced the idea that as Normans the Islanders had inherited rights independent of those granted by the Charters: "We were Norman subjects, and as such we enjoyed, previous to such Charters, the rights and liberties of Norman subjects" the point being, that the rights of the Islanders were not simply based on the Charters, but also on a form of Norman constitutional law and concluded[25]:

"We are part of the ancient Duchy of Normandy; and Sir Edward Coke affirms, that possession of these Islands is a good seisin to England for the whole of the duchy. We then represent the whole dukedom ... yet they, our loyal and brave ancestors, sacrificed every worldly consideration, and exposed themselves to a thousand perils and losses, rather than yield to a foreign dominion, or subject to any other than their legitimate and normal sovereigns, though Kings of England, yet Dukes of Normandy."

Similar sentiments are to be found in the introduction to Laurent Carey[26] who was writing around the same time a general monograph on Guernsey law. His argument[27] was that while the King is Duke in the Island it has not led to the Island becoming a "dependance" of the Kingdom of England and had neither formally nor tacitly been incorporated into it. He advanced what could be called the "Hanover argument" (the King of England was also sovereign of Hanover from 1714 until 1837; in 1815 the Elector of Hanover became King) – ie the fact that the same person held two Crowns did not mean there was a union between

[23] Ibid p.i.

[24] Ibid p.3

[25] Ibid p.30

[26] *Essai sur les Institutions, Lois et Coutumes de L'Ile de Guernesey* although published in 1889, the writer was a Jurat of the Royal Court of Guernsey 1765–69 and left a manuscript which was copied and circulated until it was published.

[27] Fn (26) pp 1–5

the two countries. He recognised[28] that Islanders were often regarded as part of the Kingdom of England as they were frequently in the English armed services, flew the English flag and were part of the Diocese of Winchester. However,[29]:

> "A l'égard du pouvoir Souverain en cette isle, il doit s'excercer suivant les lois de Normandie, dans les mêmes bornes et avec la même étendue que les anciens Ducs de cette Province pouvoient l'exercer légitimement sur leurs sujets".

Whilst he did not set out the precise limits of the King:

> "...mais il ne peut pas changer notre constitution, abroger notre coûtume, ni nous donner d'autres lois, sans le consentement voluntaire du peuple: ..."[30]

The answer to the debate came via the British Parliament. An attempt to enforce the 1767 Order in Council lead Guernsey to say it would be ruined and the trade would shift to Roscoff[31]. The final response of the British Government was to legislate expressly by producing an "Act for the better prevention of smuggling" which would apply to the Channel Islands.

The States of Guernsey petitioned the House of Lords for it not to be extended to the Island[32]. The Government view prevailed by 13 votes. The first Act was passed in 1805 with a second supplementary Act in 1807. The practical effect of the Acts:

> " ... marked the end of open smuggling trade in the Channel Islands. Those merchants who would not give up their old ways went to continental ports, namely Roscoff, and continued to supply British smugglers from there. In Guernsey the merchants who had given up the smuggling trade formed the Guernsey Chamber of Commerce in 1808 to preserve the Island's position as a free port and exploit legitimate trading activities."[33]

What of the position of the Duke in all of this? The Smuggling Acts underline what remains the formal position, put for example in late Victorian times thus[34]:

[28] Fn (26) pp 8–9
[29] Fn (26) p.10
[30] Fn (26) p.14
[31] Letter of the Royal Court of Guernsey 27th September 1800 quoted in Jonathan Duncan *The History of Guernsey* (1841) ("Duncan"). It was signed by William le Marchant who was then the Bailiff of Guernsey. See also the Guernsey and Jersey Magazine Vol IV (1837 pp 268–279) (States of Guernsey petition and address to the House of Lords) Vol V (1838 pp 49–52) (Evidence to the House of Lords) pp 101–110 (The Islands' case put by Mr Adams) pp 161–168 (The Debate)
[32] Duncan p.250
[33] Jamieson pp 209–210
[34] William W Marshall: *The Constitutional Position of the Channel Islands in the British Empire* (1890) pp 16–17.

> "If I am told that we are subject to the Duchess of Normandy? And I answer by right only of the Act of Settlement of this British Parliament which some assert has no power in these Islands ..."

thus setting out the position that as the British Parliament ("The Queen in Parliament") is superior to the Crown and legislates for the succession to the Crown, it has a predominant position in any British territory (although this could be modified by express law or constitutional convention).

19th Century legislation

A final example where the position of the Duke came under consideration was the question of whether the Crown alone could legislate for the Islands in the nineteenth century. Thus we see the reverse of the earlier debates where, in the smuggling controversy, the Islands had argued that the role of the Duke was limited.

The Crown's case was put in 1847. In line with a general sense of enquiry and reform in early Victorian times, Commissioners were appointed to inquire into the Channel Islands' Criminal Law[35] with the first report dealing with Jersey. It noted[36] that the Channel Islands had formed part of the Duchy of Normandy, and following about 1205 retained by the Sovereign of England. The controversial statement contained in it was[37] "By the Norman Law, the Duke has supreme legislative power."

The Jersey constitutional historian, Charles Le Quesne[38] strongly disagreed:[39]

> "If by this is meant that the Dukes of Normandy could, by their own will and power, enact laws, the opinion could not be supported either by reference to history or to the old law of Normandy; for it is expressly stated in the old Coutume de Normandie, that the laws and ordinances of that country were established by the princes of Normandie "par grande pouveance, et par le conseil des prelats, et des barons et des autres saiges hommes;" which clearly does away with the notion of an absolute legislative power possessed by the Dukes."

35 *First Report of the Commissioners into Criminal Law* (1847) ("Jersey Report"), *Second Report of the Commissioners into Criminal Law* (1848) ("Guernsey Report")

36 Jersey Report p.vii

37 Jersey Report p.ix

38 Charles Le Quesne *Constitutional History of Jersey* (1856) ("Le Quesne")

39 Le Quesne p.455. He earlier wrote: "We therefore perceive that the concurrence of the people, through their representatives the saiges hommes, was necessary, as well as that of the prelates and nobles ... There was the appearance of absolute power in the body of sovereignty; but the reality he did not possess"; Le Quesne p.79

Then came pressure from a reform party in Jersey for changes to the Courts[40] and an Order in Council was passed under the prerogative power without the consent of the States of Jersey in 1853. The Crown maintained its view that it could legislate in such a way whilst the States of Jersey claimed that the legislation was an attempt to raise tax without representation. A Special Committee of the Privy Council set up to consider this found:[41]

> "... yet, as serious doubts exist whether the establishment of such provision by your Majesty's prerogative without the assent of the States of Jersey is consistent with the constitutional rights of the Island their lordships have agreed ... that it would be expedient for your Majesty to revoke the said Orders."

Local legislation was introduced in the usual way that lead to some but not all of the reforms. Further attempts were made to legislate by Parliament in the 1860s but these all failed to proceed[42].

Although this incident was based on Jersey rather than Guernsey, Guernsey too advanced similar arguments a few years later in a case questioning whether the Crown could effectively legislate by abolishing an office (the Comptrollership – Guernsey's Solicitor-General) without the consent of the States of Guernsey[43]

.

Conclusion

The theme of this paper has not been to deal with the theoretical legal issues relating to the survival of the title of "Duke of Normandy" from 1204 nor who may in theory be entitled to call himself that[44]. 1204 marked the end of the Islands falling under the direct rule of the Dukes of Normandy. Despite this detachment, the title was used by the Islanders to support their rights against usurpation by the English state or powerful factions within it. The English Crown also saw benefits in its retention both in the maintenance of its territorial claim to mainland Normandy at times and also to bolster ideas of rule and sover-

[40] See Godfrey Le Quesne: *Jersey and Whitehall in the Mid-Nineteenth Century*. Third Joan Stevens Memorial Lecture (1992).

[41] *Re The States of Jersey* (1853) 9 Moo Pcc 185

[42] Fn (40) p.26

[43] *Re Petition of the States of Guernsey* (1861) 14 Moo PCC 468.

[44] A matter discussed by Paul Matthews in *Lé Rouai, Nouat, Duc* 3 Jersey Law Review (1999) pp.177–203. At p.188 he makes the point that the titles of English kings and queens since 1802 has made no reference to the "Duke" and that letters patent to the Islands are always issued in the name of the Queen and not the "Duke". As far as French law is concerned the title of "Duke" was assimilated to the French Crown (p.193). He concludes (pp.202–3) that there is no ground for saying that in law the title subsists in England or the Channel Islands.

eignty whose strict application could overlook the Islanders' wishes. The attachment was not simply to a title, but to a concept, that of the Duchy inspired Channel Islands law,[45] culture and attitude for many centuries. It is impossible to study the Islands' constitutional development and relationships without recognising this.

St John A Robilliard
Advocate of the Royal Court of Guernsey

45 Robert Besnier: *La Coutume de Normandie* (1935); Jean Yver, *Les Caractères originaux de la Coutume Normande dans les Isles de la Manche*. Travaux de la Semaine d'Histoire du Droit Normand tenue á Guernsey du 8 au 13 juin 1938.

Lésion Ultradimidiaire: a modern analysis of an old remedy

MARTIN COLLINS QC

Introduction

From 1984 until 2000 I had the privilege of being a member of the Court of Appeal for the Bailiwick of Guernsey at the same time being a member of the Court of Appeal for the Bailiwick of Jersey, until 1999, whereafter I was a Commissioner of the Royal Court in that island.

Until very recently it could be said that Members of the Courts of Appeal for the two Bailiwicks comprised in each island the Bailiffs and senior Queen's Counsel, or their equivalent in Scotland and Northern Ireland, appointed in the case of Queen's Counsel by the Queen on advice from the Home Secretary/Lord Chancellor. Up to the time of their appointment, the Queen's Counsel will have had little or no contact with the laws of the Islands, and, with the exception of the Scottish member or of a member who had studied or practised in South Africa, no contact with Roman law except for the possibility of study as part of the degree courses at their universities. To those Queen's Counsel there have very recently been added two retired Judges from England, a retired Lord Justice of Appeal and a retired Judge of the High Court. Happily the Court is able to rely on the Advocates in the Island appearing before them to draw their attention to any relevant authorities and laws, customary or otherwise, pertaining to the Bailiwick. The professional requirements to this effect are mirrored on the mainland. It would be impossible for the work to be taken to completion with speed and efficiency if this were not the case. The parties are required to submit their arguments in writing in advance of the hearing before the Court and such submissions will have attached to them (inter alia) photostats of any relevant texts.

It is by no means in every case that issues are thrown up which call for consideration or application of the common or customary law of either of the Islands; in practice common or customary law in Guernsey has particular reference to immovables, transmission on death, insolvency and limitation (prescription). This paper is intended, after some introductory paragraphs, to illustrate the workings of the system in a case with which I was concerned as the president of the Jersey Court of Appeal in connection with a customary remedy, namely *déception d'outre moitié*, or, as it is known in Guernsey, *lésion ultradimidiaire*. The suitability of this topic for study arises from the fact that the case, *Snell v Beadle* [2001] 2 AC 304, having started in the Royal Court, proceeded to the Court of Appeal and was then the subject of a very full majority judgment in the Judicial Committee of the Privy Council.

It was only in the term of office of Sir Charles Frossard that procedural rules were put in writing in the Royal Court and until very recently there was no textbook of Guernsey Law. Since my retirement the Island has had the advantage of a textbook entitled *Laws of Guernsey* by Mr Dawes, a barrister of the Middle Temple and an Advocate of the Royal Court of the Island of Guernsey, published in 2003. This had been preceded by a paper entitled "*The Guernsey Law of Contract – an explanation*", by Mr St John Robilliard, also a Guernsey Advocate, published in the Jersey Law Review of February 1998.

The purpose of this paper is to seek to set the case of *Snell v Beadle* in its context, and then to seek to summarise its effect, together with raising some questions as to that effect. In this respect I shall refer below, under the heading "Sources of Law", to two Privy Council cases on appeal from Jersey which have been treated as expressing the basis and method of ascertainment of the customary law in the Islands. I suggest that there are now three such milestone decisions, the third of which is *Snell v Beadle*. I then pass to two first instance cases, one in Guernsey, which I suggest contains a summing up in classic form which may be over-simplified since *Snell v Beadle* and one in Jersey, which since *Snell v Beadle* should, I suggest, be disregarded as of no weight. In the same paragraph I refer to the freedom of the Courts to permit developments in the customary law to be made in certain circumstances.

Lord Hope in giving the majority judgment in *Snell v Beadle*, explained the effect of later legislation upon customary law. Such legislation leaves the Court with the power and responsibility of interpretation; in its absence the Courts have power to develop the law (and I would add) in such *elégant* fashion as was achieved in *Morton v Paint* (1996) 21 Guernsey Law Journal, p.61). I have referred also to the *Approbation des Lois, Coutumes et Usages de l'Isle de Guernesey* as a legislative act on the part of the Privy Council as being potentially relevant in this respect. The Privy Council in 1583 confirmed certain of the statements of the law contained in Terrien's commentaries of 1574, or passages from them, and in Guernsey there may be circumstances in which a legislative freeze took place as to matters specifically legislated for by the Approbation.

This then leads me to *Snell v Beadle* itself. It is a complex and scholarly judgment and is largely the product of the hearing before the Privy Council and of factors introduced at that stage and not the subject of argument before the Court of Appeal. It contains a clear statement of the effect of subsequent legislation which should occasion no surprise. The novel feature, as it occurs to me, was the introduction of good faith as an element even in *dol réel* in the following passage from the judgment:

> "The essence of the matter is good faith of which any element of *dol* is the antithesis. So the basis for the application of the principle is that something has occurred which is different from that which would have occurred if the parties had been transacting with each other in good faith".

The antithesis of good faith would seem to me to be "bad faith" and I question whether mutual ignorance can fairly be described as contained within the latter.

Sources of Law

There can be expected to be a parity of understanding and interpretation between the Islands so far as the old textbooks and writings are concerned, that is to say the Norman customary law writings. In the case of each island the interpretation of the same writings by the Courts of each Island should if possible be consistent. This should not, I suggest, be the same so far as post-Napoleonic textbooks are concerned, for example Le Gros *Droit Coutumier* published in 1943 and Matthews and Nicolle, *Jersey Law of Property*. These can no doubt be referred to and adopted as argument in Guernsey but are not authorities in that Bailiwick.

Subject to the above in the case of the Bailiwick of Guernsey, reference should be made to Mr Richard Southwell QC's paper published in the Jersey Law Review 1997, volume 1, p. 221, entitled "Sources of Jersey Law". In connection with this present Rencontre du Droit Normand I quote the following:

> "The continental part of the Duchy of Normandy was conquered by the King of France in 1204. Though it returned to the control of the King of England for relatively short periods after that, the divergence in legal systems between the continental part of the Duchy and the Channel Islands can effectively be dated from 1204. The ancient Norman law remained the common law of Jersey and a separate body of law from that of England and Wales … ."

This passage can be adopted in relation to the Bailiwick of Guernsey, and treats of the date which brings us together in this Rencontre.

Two Nineteenth Century Decisions

Two relevant cases came before the Judicial Committee in the second half of the nineteenth century, on appeal from the Royal Court of Jersey. Each identifies and evaluates the importance of the writers whose works are authorities as to the nature and extent of the subject matter of the customary or common law, and in the case of the first express reference is made to "*lésion ou deception d'outre moitié*". The first of these cases is the decision of the Privy Council, the judgment being given by Turner LJ, in *Godfray v Godfray* (1865) PC Cases 316 & 3 Moore NS 316. This concerned the validity and effect of a deed of sale. Among many issues were whether the deed of sale was valid, and if open to challenge, whether it was void or voidable, the effect if any of the oath taken when the deed was passed and whether it could be impugned under the principle of *lésion* or *deception d'outre moitié*.

The judgment lays stress on the works of Le Geyt as a source of Jersey customary law; he is described by Mr Southwell QC in his paper (above) as having written in about 1700 although not published until later, and I infer that his writings would need to be treated with caution in the case of proceedings in Guernsey. More relevant was the reference in the judgment to "... the eminent writers to whom reference is made – Rouillé, Terrien, Godefroy, Bérault, Basnage and others, who are most frequently quoted in the courts of the Island (p.339)".

At p.343 Turner LJ dealt with a claim under *lésion* as follows:

> "By the local customary law, parties wronged by unconscionable bargains are allowed a period of thirty years, reckoning from the date of the sale, to set them aside. But the ratio of inadequacy of consideration is strictly defined. ... cases of property of uncertain value do not fall within the rules. ... According to the Coutumier in order to justify the interference of the Court to set aside a sale, proof must be given by the Plaintiff that less than half the value has been given for the property purchased ... . The Commentators who are of authority upon the subject lay it down that the process for rescinding a bargain for inadequacy of consideration cannot be applied to things of doubtful value. Thus Bérault ... Pothier is of this opinion ... . The local law of Jersey thus providing for the case it is of course out of the question to apply the principles of English law, if indeed, it could in any case be done."

The second case was *La Cloche & Gaudin v La Cloche* (1870) Privy Council Cases p.125 & 6 Moore N.S.383, also a Jersey case, the judgment being given by Lord Westbury, to which I refer as indicative of the use of the old writers as establishing the customary law of Normandy and hence the basic law of Guernsey, particular weight being attached to the commentary of Terrien. I suggest that this judgment is to be taken as the prime authority as to the use and identity of the old writers as sources of the customary law of the Islands. It was not a case of *lésion* but is a useful collection of the works of the old writers and of the coutumes as sources of Jersey law, and I suggest that they are equally to be taken as sources of Guernsey law, unless there is some specific law deriving from another source.

A Guernsey Case at First Instance

On 10 February 1987 Sir Charles Frossard, the then Bailiff, sat with Jurats to try an action, *Watson and Watson v Trouteaud*, in which the Plaintiffs as purchasers claimed damages from the Defendant for failure to complete the sale of a dwelling house. The Defendant raised a number of defences including the following:

> "That by the law and custom of the Island of Guernsey, the Plaintiffs have no right of action against the Defendant in that:
>
> 1 The contract which the Plaintiffs allege to have existed between them and the Defendant would have constituted *lésion ultradimidiaire* ..."

In his summing up to the Jurats the Bailiff stated as follows:

> "Now turning to the defences in law, the first is an exception, *lésion ultradimidiaire*. This defence is well known to Guernsey Law, the doctrine having been approved by La Cour des Jugements et Records, as the Court of Appeal was then known, in the case of *Priaulx v Le Ray* decided in 1930 and was summarised by Mr Tostevin who appears for the Defendant, in the following manner:
>
> > "If I agree to sell real property to someone else at a price of x pounds, and the fair price is double or more than double then ... I can seek to rescind that agreement or contract and have it set aside...""

He then quotes the following from *Pothier*:

> "The *lésion*, the harm, which one of the parties suffers even when the other party has had no recourse to any subterfuge to deceive him, that harm is sufficient to render the contract voidable ..."
>
> "The setting aside of such a contract can be stopped by the purchaser who can make good what is lacking from the *juste prix* ..."

Before concluding:

> "So for that defence to succeed there must be shown what a fair or just price was, i.e. the price at which a thing of a similar nature as in this case the property is accustomed to be sold in Guernsey and that the vendor suffered

> substantial harm in that the price of sale was less than one half of a just price".

A Jersey Case at First Instance

In *Ferbrache v Bisson* (1981) JJ 103 the Heritage Division of the Royal Court of Jersey considered an application to set aside a contract which had passed before the Royal Court, the contract having been obtained by duress, as the Court found, and the value of the family home having been such as to result in the purchase price representing less than one-half of the market value of the property. In the course of his judgment the Deputy Bailiff (then Mr Peter Crill) stated as follows:

> "I now turn to the question of law. For an action of this nature to succeed it is not just sufficient to show that the price of the contract was less than half of the value of the property. ...Therefore we are satisfied certainly as to the first head of this requirement. However the second head requires us to be satisfied that there are other circumstances, as Mr Le Gros says:
>
> > "Ce n'est pas à dire que le préjudice qu'éprouve le vendeur par suite de l'insuffisance du prix suffit pour rescinder le contrat. D'autres circonstances doivent concourir à l'annulation du contrat, tel que le dol"."

The final phrase with its reference to *dol* was the subject of both the judgment of the Court of Appeal and then of the advice of the Privy Council in *Snell v Beadle* in 1999, to which this paper is in particular directed. In the Privy Council Judgment, as appears below, Lord Hope drew attention to the fact that this was an aspect of the judgment which derived from the concession of the advocates and was not authoritative.

Developments in Other Jurisdictions

In his article in the Jersey Law Journal (above) Mr Southwell referred to the inevitability that English doctrines have played a large part in the more recent development of Jersey law during the last fifty years and specifically refers to the development of the law of negligence and in that context to the Guernsey case of *Morton v Paint* (above).

Put broadly, the Court of Appeal in the judgments of Blom-Cooper and Southwell JJA refused to cling to obsolete English common law cases in connection with the liability of an occupier, and explained the means by which the Guernsey Courts could and should apply the *Donoghue v Stevenson* principles without regard to such distinctions as those between trespassers, invitees and licensees such as had been recognised as unsatisfactory for many years in various common law jurisdictions.

In my experience English law (and indeed save as is provided for in the Royal Court Rules, English Court practice with references to the Annual (now Supreme) Court Practice, its successor) was frequently introduced by analogy, and it was my practice when sitting at first instance in Jersey to apply English law by analogy where there was no customary law and where there was nothing in the position of the Islands which would make such an analogy inappropriate. Mr Southwell in his article on the Sources of Jersey Law speculated as to the possible history in Jersey of the application of French mercantile law, and called for more research in that direction.

Approbation des Lois, Coutumes et Usages de L'Isle de Guernesey

Mr St John A Robilliard in his paper referred to above stated as follows:

> "In the early 1580s a commission was created to examine the state of Guernsey law. The commentary of Terrien on Norman law had of course been published in 1574 and that work was taken as the definitive version of the law at that time. The commission therefore went through Terrien and prepared a statement known as Approbation des Lois which proclaims which chapters of Terrien they regarded as representing Guernsey law and which chapters did not. This formally became law by virtue of an Order in Council of 27 October 1583. The work was done in haste and contained a number of imperfections."

There is a commentary published in 1826 by Thomas Le Marchant couched in critical terms.

To such an extent that the law as to *lésion* can be said to have been codified by the Privy Council on 27 October 1583 it would appear from the judgment of Lord Hope (below) that the ability to develop the remedy (except perhaps as to procedure) would be stultified. Thus for example, it would not be capable of being limited by reference to the nature of the remedy in question. The statement of the custom by Terrien quoted by Lord Hope reads as follows:

> "La clameur revocatoire ou de deception est en usage, et se donne quand aucun a vendu son heritage, et il dit et veut soustenir qu'en faisant la vendue, l'heritage vendu valoit plus que le prix porquoy il le vendit, de moitié plus qu'il n'en receut, et outre. Et par se dit et soustient avoir esté en ce deceu d'outre moitié de juste prix."

This was contained in Livre VIII at Chapter XXVIII of Terrien and was followed by a note in French and then by an "additio" in Latin, which refers to the Emperors Diocletian and Maximian; Maximian was a co-ruler with Diocletian between AD 286 and 305 appointed by Diocletian who reigned from AD 284 to 306 when he retired to Split and died in 316.

There is a helpful quotation from Pothier in Dawes on Guernsey Law (above) p.665. "In order that there may be ground for this rescission it is necessary first that the thing sold should be an estate or an immovable right, the sale of movables not being subject to rescission ... it is necessary secondly that by the contract there should be a lesion in the price of more than one half of the just price. For example if the just price of an estate is 20,000 livres it is necessary that it should be sold for a price less than 10,000 livres in order to give rise to a rescission".

The Approbation is in different terms, and appears to have been dealing with a different situation[1] (with a possible connection with *La Cloche v La Cloche)*:

> "Quant au vingt-huitième chapitre, par notre usage, il n'est permis ni licite à aucun de révoquer lui-même les marchés qu'il auroit faits; mais s'il a baillé pour échange ou pour rente son héritage au tiers moins qu'il ne vaut, le prochain lignager le pourra avoir par retraite ... de marché deboursé."

I suspect that this is dealing with a different situation, and this is followed in Le Marchant at his Remarques 1 ss.2, p.387:

> "... ou au subject du contract comme si un homme donnait plus du tiers de son héritage, ou ce en quoy il n'auroit aucune propriété ou dont du moins il ne pourroit disposer;"

the *moitié* aspect being separately referred to by him at p.388:

> "... ou du moins suppléement si il est vendeur, ou restitiution si il est acheteur, de l'autre moitié du juste prix, et ce dans le terme de dix ans prochains venant après le passement du contract ... ."

I suspect that the position is sufficiently confused and so doubtful as to its effect as to have been left aside in previous writings or reports. The Approbation itself does not appear to refer to the *lésion*.

Privy Council Committee in 1946

Again this is referred to by Mr Robilliard in his paper. This was a committee set up to consider the law and custom of Guernsey. The evidence of the Bailiff referred specifically to the "old authorities" and considered that Pothier was "... very very informative on many aspects of life ... For instance some few years ago

[1] Or more likely expressing itself incorrectly. Ed.

a case arose in Jersey at the same time in which the principle of *lésion ultradimidiaire* came in, an ancient principle. As far as I know it had not been heard in this Court before and the rules were contained in Terrien; and in Jersey and Guernsey the cases proceeded independently, in fact we did not know they were proceeding in Jersey for some time but eventually the decisions given by these Courts were identical".

Snell v Beadle

This was a decision of the Judicial Committee of the Privy Council on an appeal from the Jersey Court of Appeal. It is not strictly authoritative in the Bailiwick of Guernsey, but it is likely to be of such persuasive effect that it would be held in practice as binding in the latter jurisdiction, unless there is some special feature in Guernsey which differentiates it.

The judgment of the majority of the Board was given by Lord Hope of Craighead, who, together with Lord Millett and Sir Ivor Richardson, formed the majority. A minority judgment was delivered by Lord Cooke of Thorndon and Lord Hutton.

The action was one to enforce a written agreement between a Mr Snell, the owner of two properties which he was anxious to sell to a developer in order to relieve his dire financial position, and a Mrs Beadle who owned a strip of land between those properties. There was no vehicular right of way over this strip and without such a right one of Mr Snell's properties would have no vehicular right of egress to the outside world. To put it shortly, the strip of land could be described as a "ransom strip" or as having "marriage value".

The written agreement was entered into after a meeting attended by the parties and by a representative of Mr Snell, and in the presence of the same parties. The pleaded case alleged what can broadly be described as oppressive conduct on the part of the representative and Mr Snell, but the evidence given by Mrs Beadle went no way towards substantiating this. Indeed the final paragraph of the judgment stated that the Deputy Bailiff and the Jurats left the Court "... with Mrs Beadle's words ringing in our ears where she said that she was happy with the signed agreement ... until her Advocate told her not to proceed ... It (the contract) was an easily ascertainable contract entered into without any inducement by two mature and intelligent adults. We remain unconvinced that there was "*deception d'outre moitié*" and we find for the Plaintiff". The challenge to an agreed price of £100 therefore failed.

The plea of *deception d'outre moitié* (the Jersey equivalent to *lésion*) raised by amendment read as follows:

"That further or in the alternative the said price of One Hundred Pounds upon which the said contract is based is a "*vile prix*" and the transaction is accordingly unenforceable as a "*dol réel*" arising from a "*déception d'outre moitié du juste prix*".

The effect of the judgment at first instance was that the defence failed on the ground that the cause of action relied on required something more than a finding that the price was less than half of the *juste prix* and was not available in the absence of *dol* by which was meant *dol personnel*.

Lord Hope correctly recorded that in the Court of Appeal the argument for Mrs Beadle was concentrated on two main issues of law. The first related to the requirement of *dol* as a component of the principle of *déception d'outre moitié*. The second related to the ascertainment of the *juste prix*. Lord Hope summarised the effect of the judgment of the Court of Appeal as to the first issue as follows:

> "After a careful examination of the relevant sources the Court held that where in the case of *héritage* a vendor receives less than half of the *juste prix* he may within thirty years rescind the contract, that such a shortfall in the price amounts to a *dol réel* which makes it unnecessary to establish a *dol personnel* – that is to say some trick or fraud or other conduct of that nature – and that, while there arc certain circumstances attending the sale of *héritage* which may put the transaction into a class in which the value is too uncertain for the principle to operate, the fact that there may be two or more opinions as to the correct valuation did not make the *juste prix* uncertain for these purposes."

As to the second, the Court of Appeal held that there was no reason why what was described as "the sale of a right of way" should be added to those classes such as a right of succession which have been regarded by some commentators as unsuitable by reason of uncertainty, but that the principle had no application to a gift or to a sale at a deliberately bargain price as in such cases there could not be a "*perte*" or a *contrat vicieux*. The Court had held that there was sufficient evidence on the testimony of either expert valuer to show that there was a sale at far under half of the market price which would be in the thousands of pounds on the evidence of the expert called on behalf of Mr Beadle unless a measured value basis was adopted. In effect both experts were agreed as to the effect in thousands if the "ransom" value were to be taken into account.

Among the ancient authorities referred to in the judgment of the Court of Appeal were Le Rouillé's *Grand Coutumier du Pays et Duché de Normandie*, 2nd ed. of 1593, Terrien *Commentaires du droict civil tant public que privé, observé au pays et Duché de Normandie* 1574, Hoüard's *Dictionnaire de droit Normand*, Rouen 1780 , Basnage's *Oeuvres … Contenant ses Commentaires sur la Coutume de Normandie* of 1778. Likewise, Bérault, *Coustume Reformé du Pays et Duché de*

Normandie, Le Geyt, *Les manuscrits ... sur la constitution, les lois, et les usages de cette Isle* and Pesnelle's *Coutume de Normandie* 1771.

The more recent work Le Gros, *Droit Coutumier*, was the subject of submissions on behalf of Mr Snell to the effect that it was contended that *dol* had to be a *dol personnel* as distinct from a *dol réel* in order for the remedy to be available, there having been (it was contended) a change of practice, not otherwise evidenced, between the late 18th century and 1943. This had been accepted by the advocates in the Royal Court in Jersey in *Ferbrache v Bisson* but was rejected by the Court of Appeal and then by the Privy Council who took a wholly different interpretation of Le Gros in the instant case.

Lord Hope, having set out the history and the nature of the issues as summarised above, approached their resolution by making observations as to customary law in general and its place in Jersey Law in particular. He described custom broadly speaking as the product of generally accepted usage and practice, with no formal sanction of authority behind it other than the general consensus of opinion within the community and quoted Le Rouillé, *Droit Civile et Coutumier de Normandie* as follows:

> "La coutume n'est autre chose qu'un droit non écrit, qui s'est introduit par un tacite consentement du Souverain et du Peuple, pour avoir été observé pendent un tems considérable."

However, he continued, as soon as custom is changed into formal or positive law it ceases to be a custom. It ceases to evolve or develop by usage and practice, and it acquires the status of a written law. Having traced the origins of French customary law, influenced as it was by Roman law, Lord Hope continued by drawing attention to the fact that once French customary laws were codified by royal authority they acquired the status of coutumes and could not then be abrogated except by statute.

> "In some instances" he continued "when the customary law came to be codified the *ius commune*[2] was transformed as it stood into a coutume. In other respects, after codification, the *ius commune* was resorted to when a coutume was silent on the point at issue. The present action relates to property rights under the law of Jersey, where the customary law has not been codified or enshrined in a coutume."

So far as I am aware Guernsey is not different from Jersey in this respect, subject to the possible effect of the Approbation.

[2] Ie Roman law, the "common" (taken very literally in the sense of being "common to") law of Europe, or at least continental Europe. See section 13 of Stéphanie Nicolle's very helpful work, *The Origin and Development of Jersey Law, an Outline Guide*, 2003 Edtn. Available for just £10 from the States of Jersey bookshop. Ed.

There is an important difference between a codified coutume and a *ius commune* which has not been so codified in that the latter can be changed and developed by judicial decision as well as by statute. Thus in the case of Jersey it can be said, as Lord Hope's judgment continues:

> "For these reasons their Lordships consider that, as the customary law of Jersey has not been enshrined in a Coutume, the proper approach is to regard it as being still in a state of development. It is capable of being refined or clarified by judicial decision, as the customary law is applied to a new set of facts."

I have already referred to the doubtful Guernsey situation above. Lord Hope continues by requiring first a study of the writers on the customary laws of Normandy, and, then he said, it would be helpful to examine Roman law, as the origins of the customary law lie in French law. He discourages reliance on French law as it exists in its codified form or generally or on codified solutions in other civil law jurisdictions. Lord Hope then continued by referring to the Roman law rule attributed to Diocletian.

> "The so-called *laesio enormis* where the sale of the land was at less than half its value was a sufficient ground without more to entitle the disadvantaged party to dissolve the bargain unless the purchaser made up the price to full value".

He referred to *Godfray v Godfray* (above) in concluding that English law was of no assistance:

> "... it has been held that it is not legitimate to import the principles of English law into Jersey law relating to property rights".

Again, I would expect the same to be said of Guernsey. Lord Hope then traced the distinction between *dol réel* and *dol personnel* from *Le Rouillé* through Terrien, and then to Hoüard's *Dictionnaire* with a quotation which includes the following:

> "Ainsi dans tous les contrats ou il y a déception d'outre moitié du just prix, il y a un dol suffisant pour anéantir l'effet; ce dol s'appelle réel parce qu'il peut ne pas procéder de la volonté de celui auquel on l'oppose et qu'il est toujours certain qu'il a son principe dans la valeur de la chose vendue. Dans les contrats il peut y avoir un dol d'un autre genre, c'est celui auquel on donne la dénomination de personnel; il a lieu indépendamment de la valeur du fonds aliéné, quand l'alienation n'en a été faite que par la contrainte, sans liberté ou au mepris des loix."

Lord Hope then traces this description of the remedy back into Roman Law *(C.4.44.2.8)* such as to give rise to a distinction between the two types of *dol*, the *dol réel* not requiring any need to establish some kind of fraud, deceit or trick and the *dol personnel* . He quoted the passage from Terrien above and *La Cloche* (above) and the important passage from Hoüard's *Dictionnaire* quoted above. He also found that the phrase *lésion ultradimidiaire* had been derived from the phrase *ultra dimidium justi pretii* commonly used by those familiar with the *ius commune* to describe the *laesio enormis* opening the door to the Roman Law remedy.

Lord Hope then proceeded to resolve the issue which had been raised between the parties as to the effect of the late authority as to Jersey law, Le Gros; which, it will be remembered, had been resolved in favour of a finding that Le Gros (above) was in error in suggesting that *dol* was a requisite ingredient of the remedy, in the sense of *dol personnel.* That had been the conclusion of the Court of Appeal after a comparison of his text with the old sources. However, Lord Hope as appears above, concluded that Le Gros was not in error, in that on a true construction of his chapter entitled *De la Clameur Révocatoire ou Deception d'Outre Moitié du Juste Prix* the difference between the two types of dol was that in the case of one (the *dol Réel*) the remedy was to have the shortfall of the price made good, while in the case of the other (*dol personnel*) the remedy would be in rescission.

Lord Hope then turned to the application of the remedy to the transaction under review. Fundamental to the treatment of this subject matter, he said, was the conclusion that where there has been no formalisation of the *ius commune* by codification or other legislative act, as was the case in Jersey, it was legitimate for their Lordships Board to explain and elucidate such a rule of customary law in Jersey (see above).

The first step was to acknowledge the exception expressed in the Court of Appeal, namely the sale at a bargain or specially reduced price. Support for this exception was, said Lord Hope, to be "... good faith, of which any element of dol is the antithesis" so that "the basis for the application of the principle is that something has occurred which is different from that which would have occurred if the parties had been transacting with each other in good faith". In this respect he relied on Le Gros' observation that "la bon foi est une condition essential et sine qua non de la convention", from which it followed that the essence of the matter was "good faith". Lord Hope continued,

> ".. the *dol réel* owes its existence not to a desire on the part of the purchaser to outwit or harm the vendor but from a lack of knowledge on the part of the contracting parties of the value of the property."

He also quoted from *Hoüard.* Indeed, Lord Hope went so far as to say that:

> "There is no basis for saying that the fact that the price which they have agreed is less than the *juste prix* gives rise to a presumption that the transaction was subject to a *dol réel* in regard to the price".

I am somewhat surprised at this assertion, having regard to the differentiation between the two types of *dol* and to the nature of the remedy as stated by the writers. I am also surprised that the ignorance of the parties can be said to be a departure from good faith.

Applying these principles to the facts before the Board, Lord Hope held that there were important characteristics of which both parties were unaware which made the application of the remedy inappropriate. Thus the right (ie the property concerned) was not one which could be offered in the open market, the sale was not of the land but of the grant of a right of servitude; had the sale been of the fonds the position might have been different; as it was there was no market value looked at objectively, the only parties between whom the transaction could be entered into being the proprietors of the dominant and servient tenements. Reference to Roman law supported this, in that it founded a remedy by way of an exception to the general principle in the law of sale that it was sufficient if the price was *certum*. Further on the evidence there was no such thing as a *juste prix* in such circumstances. Lord Hope at paragraph 49 looked to Roman law and drew a distinction between the sale of a servitude right and a contract for the sale of land.

The minority judgment reached a contrary conclusion. They agreed that the Court of Appeal was right to differ from the Royal Court in holding that the remedy was available where the vendor receives less than one half of the *juste prix* without the need to prove *dol personnel*. Further in reliance on *Vyricherla Narayana Gajapatiraju v Revenue Divisional Officer* [1939] AC 102 and *Jacobson Holdings Ltd v Drexel* [1986] 1 NZR 324 and *Cleveland v Roberts* [1993] 2 NZR 17 they stated that difficulty in precision did not prevent valuation of a right of access. On the facts they said:

> "We consider that it is clear that when Mrs Beadle asked Mr Cole (Mr Snell's representative) what he considered to be a proper consideration he suggested £50 to £100 and she said that a better figure would be £100 and added "let's be realistic" she had no idea that the value of the right which she was selling was thousands of pounds. Mrs Beadle wished to help Mr Snell but we cannot accept that if she had known that the right of way was worth thousands of pounds she would have granted the right of way for only £100. In these circumstances we are of the opinion that it is entirely just that the remedy of *deception d'outre moitié* should be available to her".

As to the decision of the majority that the contract was for the granting of a servitude and not of the strip itself, a point not taken in the Court of Appeal, the minority prayed in aid a passage from a judgment of Hoffman JA (now Lord Hoffman) in *In re Barker* [1985–86] JLR 186, 195, to the effect that "... the pride of the legal profession in Jersey in its unique legal system can only be justified if the legal institutions are sufficiently adaptable to do justice according to the notions of our own time". Further the minority were of the view that the Court of Appeal were "entitled to conclude that the £100 which Mrs Beadle agreed to accept was very much less than half of any figure which might be assessed as the *juste prix*. "The fact is that this was a grant of a perpetual right of way over land at a gross undervalue".

It would not be seemly for me to undertake any adverse exercise in connection with the judgment of the majority in so far as the matters which had been argued before the Court of Appeal. There were however matters which arose afresh in the Privy Council, upon which I feel free to make a short comment. First, there is a heavy reliance on Roman law (e.g. para.49). This, in my experience is unusual in Channel Island cases, and is likely, if followed in other cases, to add to the complexity and expense of litigation. It was a path which does not appear to have been accepted in the case of *Vaudin v Hamon* [1974] AC 569, a complex case to do with ownership by succession and prescription, where the Judicial Committee expressed itself in the following terms delivered by Lord Wilberforce:

> "While it may be true, in a very general sense, that there is some basic similarity between Roman Law, at various periods, and the various customary laws applicable in different parts of France, the Civil Napoleonic Code, the law applicable in Jersey and that which governs in Guernsey, this similarity is of a too general sense and approximate character to be of much assistance in a particular case … ."

It does not appear that this authority was cited before the Privy Council.

Nearly two thousand years have elapsed since the reign of the Emperors in whose reign the remedy was founded, and it seems unlikely that there was no social change in the transition from one age and one jurisdiction to another. Valuation must have been difficult, the reign of Diocletian being a period of high inflation! See The Oxford History of the Classical World (1986) p.809/10.

Secondly, as stated above, I feel that it is surprising that a mutual lack of knowledge or understanding as to the value of the property is to amount to an equivalent to bad faith; indeed it is difficult to know what room there is for a *dol réel* if ignorance or mistake were to be excluded from the remedy, and there is nothing in the old writers to suggest that this be the case; mutual agreement as to a bargain price and the like produce a situation where there is to be no remedy of this kind; fraud and unconscionable conduct produce a *dol réel*; I would have thought there is no bad faith in a mutual mistake. However this may be, there may be other grounds (e.g. uncertainty and lack of a market in circumstances of the valuation of a ransom strip) which are not subject to any similar comment.

Thirdly, it was not argued in the Court of Appeal that the remedy was not available in any event in the case of a right of way. This is very much a matter of judicial development, as appears from the different views in the Privy Council, the majority of whom do not seem to have favoured what they may have considered a somewhat arbitrary remedy. I refer below to a passage from Lord Hope's judgment, after referring to a quotation from Hoffman JA's judgment in *In re Barker* [1985–6] JLR.186 at 195 to the effect that the Courts should endeavour to do justice "according to the notions of our own time".

As to this Lord Hope added: "But the fact is that Mrs Beadle is seeking to invoke an ancient doctrine which few legal systems of our time have accepted. It runs counter to the general principle that where parties of full age and capacity contract with each other freely and without any element of *dol personnel* they should be held to their contract. It is not generally recognised to be just, according to the notions of our time, that such a contract should be at risk of being reopened for thirty years simply because it occurred later to one of the parties that he or she would have been able, by asking for more, to obtain more than twice the price that was agreed to".

All in all, I do not consider that there is much life left in *lésion* except where there is a strong case on facts sufficient to establish a *dol personnel,* with all the merits on the Plaintiff's side, and it will be the duty of the Courts in Jersey to apply the *Snell* decision in their jurisdiction, save in so far as it can be distinguished on the facts, and while not strictly binding in Guernsey, the principles in *Snell* would be expected to be followed in that Island[3].

Martin Collins QC
Les Grandes Masses,
50580 Denneville,
France.

[3] But by no means necessarily. Ed.

An account of the growth and development of the English Court of Exchequer

MASTER ROBERT TURNER,
THE QUEEN'S REMEMBRANCER

Two defeats and their consequences

In the space of a hundred years, England suffered two defeats, which had dramatic consequences for our national administration – and their effect is still with us today.

On 18 October 1066 AD at Senlac Field, otherwise known as the Battle of Hastings, the Saxon Kingdom fell to the Normans who imposed on the English a well developed administration which in some respects continues until today.

Earlier on 11 August 991 AD, a local levy under Ealdorman Byrhtnoth was defeated by a much larger Danish raiding party at the Battle of Maldon. The Danes demanded to be paid ransom monies, which the weak King Aethelred II – known as the Unready – conceded. The sum was fixed at 10,000 pounds of silver. This sum had to be raised by a national levy of 24 silver pennies from every hide of land (a hide was the amount of land needed to support a family for a year). The Danes continued to demand the ransom and it became known as the Danegeld and was collected on a regular basis until 1050 AD by the King's local agents, the county sheriffs.

Saxon Tax collection

The Saxon kings depended on their local agents to collect the "rents" in kind or in money from their manors and properties throughout the Kingdom. Thus, wheat, flesh meat, horses' forage would be delivered to the King's Court on due or given dates from individual manors by the sheriff.

The Court was based at Winchester and officials received from the sheriffs these supplies and valued each in monetary terms. For example a measure of wheat sufficient to make bread for 100 men would be valued at 12 pence.

Thus these same sheriffs as the King's agents would collect from the other landowners and from the citizens of the major towns or boroughs the Danegeld levy and account for this money to the "Treasury" at the King's Court.

The Tally Stick

Few except the clerics could be expected to read or write and hence a form of receipt was developed by the staff of the Treasury which consisted of a hazel tally stick. The hazel rod was about 8 inches (10 cms) long and the amount of money to be receipted was recorded by notches cut into the top and bottom of the roughly fashioned stick.

The rod was then split partly down the middle, the two unequal halves known as the foil and counterfoil, which could be matched together if the receipt was challenged to ensure that the notches tallied.

The tally stick remained in use as the official receipt for all payments to the Treasury until 1828. A huge collection of the counterfoils remained in the cellars below the Courts at Westminster Hall and on the instructions of the King's Remembrancer they were fed to the heating boilers of the House of Lords on 16 October 1834 with disastrous results – the Houses of Parliament caught fire and were burnt to the ground. The resulting fire was dramatically depicted by J.M.W. Turner.

The Saxon Treasury

Although attempts have been made to suggest a more sophisticated form of accountancy for the monies and supplies in kind in the Saxon Court, it is likely that there was simply an inner room or chamber where money was stored under the custody of the officials who went by titles of "chamberlain" or "treasurer". The development of the office of Treasurer came with the re-organisation of the court's administration by the early Norman Kings, William (1066–1089), Henry I (1100–1135) and Henry II (1154–1189).

The Winds of Fate

The defeat of King Harold II at Hastings was one of the saddest twists of fate. Had the wind blown from the south during the summer of 1066, Hardrasda and Tostig, Harold's brother could not have sailed from Denmark and landed in the North of England. William, Duke of Normandy would have been forced to sail for Southern England where Harold had a well trained 'Army' consisting of his house *thegns* and a local levy drawn from the local counties. William would have had the greatest difficulty in establishing a strong foothold and might well have been defeated, allowing King Harold to march north to defeat at his leisure his brother Tostig.

But fate determined otherwise and both at the Battle of Maldon in 991 and that at Senlac (Hastings), it was the wounding and subsequent deaths of the English leaders, which led to the defection of the local levies and a stand to the death of the local house carls.

William I and the Division of England

William may have been a cruel ruler but he determined English land tenure for a thousand years by awarding/rewarding his followers with manors spread throughout the country – though never too large in any one county to permit one of his feudal lords to gain an ascendancy. This left the "Saxon" sheriffs in the counties as the King's agents and they in turn accounted to the King's court twice a year for the "rents" due both from the King's manors and from all those who held their lands from the King.

The Norman Court Officials

Unlike the Saxon rulers, the Norman Kings needed to spend much of their time and energies in Normandy. This left the government of England in the hands of a small number of officials headed by the justiciar (regent), the Chancellor (the head of the clerical staff) and the Treasurer.

The Great Survey of England

William's other great achievement was the great survey – ordered at Christmas 1085 at Gloucester and completed in the remarkable space of 18 months. The returns from each county were written out in a remarkably fair hand in the two volumes of the Doomsday Book, which can be studied at the Public Record Office to this day. The ink is almost fresh and script has seldom been bettered.

A contemporary writer on the Anglo Saxon Chronical wrote:

> "He had it investigated so very narrowly that there was not a single hide, not one yard of land, not even (it is shameful to tell – but it seemed no shame to him to do it) one ox, not one cow, not one pig was left out, that was not set down in his record".

A "modern" fiscal department

Thus by the 12th century, England possessed (i) a well-defined group of court officials, (ii) an established local administration and (iii) an accounting record for the whole kingdom. All that remained was to bring these three components together under one roof and for the Court of Exchequer to be born.

The Court of the Masters

The origin of the Exchequer is in doubt. At some stage after Duke Rollo's acquisition of Normandy, he is believed to have established at Rouen, a court consisting of his seneschal (steward) and four lawyers, who, having studied at the major law schools of Northern Europe, were entitled to the prefix "magistrae" or "master". It was a court that reviewed the decisions of local courts and dealt with fiscal matters. Whether it adopted the accounting procedures associated with the Exchequer is not known.

I feel proud that my own title of "Master" can be traced back to the 10th Century – the oldest judicial title apart from that of Remembrancer in the English legal establishment – now that the title of Lord Chancellor is to be abolished.

The Norman Heritage

Thus it is not possible to prove on the available evidence whether the Court now known as the Exchequer originated from Normandy. What we do know is that the Norman language came to be adopted for much of our legal language.

Eschequier	Exchequer
Justiciarii	justiciar or the King's regent
Barones	Baron or judge of the Exchequer
Vicecomites	the Norman term for Sheriff
Serjeanteria	Serjeants at law, the Advocates before the court
Summonitio	Summons
Warrantum	Warrant

The absence of "0"

What must also be remembered is that both the Normans and the English were struggling with the impossible task of computing using Roman numerals, which did not recognise the concept of nought (0). The use of Arabic numerals was spreading very slowly northwards through Europe from the Mediterranean. The first record of Arabic numerals being used in England was found recently in the matching of joints of the rafters of Salisbury Cathedral built in 1226 and which were fitted by craftsmen imported from France.

The Abacus

Thus the abacus was the only means for making calculations. Various books record the means for using an abacus including works by Pope Sylvester II in 970, the Abbot of Fleury and the Abbot of Lobbes – three men who were

This illustration of the Court of the Exchequer was recorded in the records of the Court in about 1450 AD. It shows the attendance of the Sheriff (1) with his two attendants (2) standing at the bar of the Court before the Barons (Judges) (3) of the Court which would have included the King's Remembrancer (4).

Along the top of the table are the clerks writing down the records of the transactions. One of the clerks (5) having just recut his quill pen is checking his efforts.

On the chequered table cloth can be seen, from the top, the white leather purse holding the Great Seal of the Exchequer. The copy of the Doomsday Book in which were recorded in 1087 the "Taxes" due from each of the landowners throughout England and, at the bottom, the counters used in the accounting process on the chequered cloth.

At the top right-had corner (6) is the Court Tipstaff with his staff of office.

Masters of the law schools at Rheims, Fleury and Liege and who died in 1003, 1004 and 1007 respectively.

The most famous Englishman of the late 11th Century who studied the art of numerical calculation was Adelard who studied at Tours and taught at Laon, which he left in 1109 in order to travel south to study the advanced developments in this field which had been made by Arab scholars.

We also know that Roger, Bishop of Salisbury, the great justiciar of the early

12th Century sent his sons to Laon and that the younger son became treasurer at the Exchequer in due course.

The establishment of the Exchequer

The Exchequer was a system of accounting based on the abacus. In 1130 Adelard was excused having to pay a fine for murder (not that he murdered anyone but communities as a whole were fined when the culprit could not be found). As such an exemption would only be granted to an official of the Court of Exchequer it would suggest that the Exchequer was in existence as early as 1130 and may have been as early as 1118 in England.

But we know of Norman officials such as John Bishop of Lisieux and Robert de Haia, giving judgment in the Norman version of the Exchequer in about 1130. John had been archdeacon of Sées and due to a dispute in Normandy, fled to England in 1103. He was a Chaplain in Henry I's court and was associated with Roger, Bishop of Salisbury in the reorganisation of the English administration under Henry I.

The Exchequer was also known by its Latin title of Scaccarium. It was a department of the Royal administration and as such a part of the King's Court. The mechanism of account was "*a tabula ad quam assidebant*" or a partly coloured or chequered cloth covering a table. But in fact the Exchequer was in two parts – the Receipt and the Account.

A Book of Instruction

But we would know little of its working were it not for one of the most remarkable books of its time, the "*Dialogus de Scaccario*" which was written in 1177 with the evocative opening words of its author, Richard, Bishop of London who had spent his life working his way up the ranks of the clerks of the Exchequer:

> "In the twenty-third year of the reign of King Henry II while I sat at the window of the tower which is by the river Thames on the east side of Westminster Hall … ."[1]

The Hall still exists there today and has been the centre of our legal scene for a thousand years – though Bishop Richard's view of the Thames would today be obscured by Pugin's Houses of Parliament.

The staff of the Exchequer and the work of the Court was described with

[1] The *Dialogus de Scaccario* The Course of the Exchequer and Constitutio Domus Regis (The Establishment of the Royal Household) (Second Edition) is available in the Oxford Medieval Texts series published by OUP; edited and translated with a facing-page translation by Charles Johnson. ISBN 0–19–822268–8. Ed.

incredible detail in the Dialogue, which takes the form of a question and answer conversation between a Master and his student, hence the title 'dialogue'.

The Receipt of Money

The first step in the task of the twice annual account was the receipt from the county sheriffs at Easter and Michaelmas of the monies collected from their bailiwicks – known collectively as the "sheriff's farm".

On receipt an initial check was made of the number of coins – invariably the English silver penny – for which the sheriff received a "memoranda" tally stick. Thereafter the coin had to be tested, as much of the coinage might either be worn or cut and thus short by weight to the standard of 240 silver pennies to the pound. The usual shortfall which had to be made up by the Sheriff was 6 pence in the pound. Later these coins came to be tested by assay by fire and the true value of the coins was determined. This value was recorded on a full-length tally and the memoranda tally destroyed whilst a small tally of combustion recorded the loss resulting from the assay.

This was the Lower Exchequer Chamber, staffed by relatively junior officials who took in the coins, bagged and sealed them and provided the tallies – the Office of Tally Cutter was one of those acquired by the King's Remembrancer when that of the Lord Treasurer's Remembrancer was abolished in the 1830's.

I still technically hold this Office.

The Account

It was in the Upper Chamber of Exchequer or the Exchequer of Account that the serious business took place.

The scene consisted of the table covered by the chequer cloth – about 5ft by 10ft. At the head of the table originally sat four of the great officers of state, the justiciar as regent or vice regent, the Chancellor as head of the writing office, the Marshall who supplied the tallies and the Treasurer.

The edge of table had a ledge about 3 inches (8 cms) high to stop the counters falling off. The cloth had to be provided anew each Easter by the Sheriffs of the City of London. The divisions were about 12 inches (30 cms) square.

The top and bottom of the table were provided with long benches for the great officers and the two personal nominees of the King (the Remembrancers) and they were distinguished as "maiores" or barons. Their task apart from presiding over the proceedings was to decide difficult questions of law and fact – they were the precursors of the "Barons of Exchequer", the judges of the later Court.

To their right were the clerks of calculator who placed the counters on the cloth to represent the sums owed by the Sheriff and the amounts paid over. The counters on the right of the table representing what was owed would be matched by counters on the left side to represent what the Sheriff had paid in to the Exchequer of Receipt earlier.

Around the table a myriad of clerks sat compiling their own version of the events on separate rolls and the personal clerks of the Remembrancers checking what had been recorded – eventually all of these clerks would assist in compiling the definitive "Great Roll".

The King is suspicious

No one seemed to trust one another and not least the King himself who decided after about 30 or 50 years that he needed to have his own representatives present.

In about 1165, two men arrived to take their place. They were there by special order (*ex novella constitutione*). They sat diagonally opposite each other at the head and foot of the table to ensure that they missed nothing.

At the head of the table, presiding when the other great officers were absent as became the rule rather than the exception, sat Richard of Ilchester, formerly Archdeacon of Poitiers and to be Bishop of Winchester.

He had been a writer of the Court (*Scriptor curiae*) between 1156–1162. By 1165 he sat with the Barons (*assidentibus justiciis Regis*). He became the Bishop of Winchester in 1173 and justiciar of Normandy in 1176. He died shortly before his master the King in 1188 and is buried at Winchester.

The reason for his presence alongside the Treasurer was to oversee the work and comply with the terms of the King's warrant:-

> "... to put the King in remembrance of all things owing to the King".

This requirement was delightfully recorded by Richard, Bishop of London in the Dialogue as:-

> "... the treasurer was distracted with so many and great cares and anxieties that it was excusable for him sometimes to fall asleep over his work".

Bishop Richard of Winchester thus became the first of the officers of the Court to be known as "The King's Remembrancer". I have no idea which number I am as we do not have a complete list of Remembrancers but it is a privilege to hold an Office which has been in existence for 840 years.

He was accompanied by an equally distinguished royal servant, Master Thomas Brown who with his clerk copied the entries on the Roll, which were of especial interest to the King and described as:-

> "Regni iura regisque secreta."

or

"The rights of the Kingdom and the secrets of the king".

Master Brown belonged to that group of medieval international civil servants who served different Lords and Kings. Master Brown had been the Treasurer in the Divan of Count Roger of Sicily.

The oldest judicial office

The Office of King's (Queen's) Remembrancer has survived to this day and amongst his other duties is to hold a Court once a year where the chequered cloth is laid out and "services" are rendered to the Queen in precisely the same manner as in the 12th Century. The sitting of the Court is known as "The annual rendering of the Quit Rents".

These could take many varied forms including the giving of a rose, a falcon, holding the King's head whilst crossing the channel (Le March) and in the case of the Quit Rent Ceremony, rendering knives and horse shoes.

Two knives – blunt & sharp

The oldest of these two services is that originally performed by Nicholas de Mora of giving two knives, one sharp and one blunt, to the Court of Exchequer in 1211. This was for a piece of Moorland in Shropshire south of Bridgnorth.

Each year the qualities of the knives are tested over a hazel rod, a cubit (19 inches, 48 cm) in length and of one year's growth. The blunt knife merely bends the rod, the sharp knife must cut through the rod. The Queen's Remembrancer as the successor to the Cursitor Baron of the Court of Exchequer (the judge appointed in medieval times to oversee the revenue collection duties of the Court), then pronounces:-

"Good service".

What Nicholas did to be so rewarded is not known but legend has it that King John, hunting boar, lost his own knife and was at risk of being killed by the animal. Nicholas gave the King his own knife with which the King killed the boar. The knives were well suited for making the tallies and must have been prized by the clerks.

Shoes for a six-footed horse?

The second petite sergeantry concerns an entry in the Great Roll of 19 Henry 3

"Waltorus Le Brun, Morescallus de Strauda reddit de VI ferris equorum pro habenda quadam placea in parochial S Clementis ad fabricam ibedem locandum sicut continetus in Originali".

The grant was to Walter Brown, an itinerant farrier to have the right to build a forge upon rendering each year six horseshoes [and 61 nails] to the Exchequer. The forge is said to have been in the parish of St Clements Danes on the strand of the river and the most likely site was Tweezers Alley where an ancient blacksmiths existed until 1930.

The event-giving rise to the grant of land may have been a tournament given in 1235 by Henry III to celebrate his engagement to Eleanor of Provence. The Knights Templar of the neighbouring Temple no doubt took part.

It is subsequently recorded that in 1361 the successor entitled to the forge was a young woman called Emma of Tewkesbury who persuaded the Court of Exchequer to compound the service for 18 pence per annum but only on condition that she provided 6 horseshoes and 61 nails for annual use. These horseshoes – of considerable size – still exist today and the City Comptroller is required to produce and count them to the Queen's Remembrancer and only on him being satisfied that there are six shoes and 61 nails, does the Remembrancer pronounce

"Good number".

No one has ever discovered why the King should have wanted 6 horseshoes.

The Great Seal

The Exchequer still has its own Chancellor (Mr Gordon Brown) and the Great Seal of Exchequer was presented to him by the Queen on his appointment. He has to surrender it to the Queen's Remembrancer who acts as custodian, uses it to affix the three-inch green wax impressions to certain Warrants and Letters Patent and always has it present in court when sitting as the Court of Exchequer.

The modern Sheriffs

The Roll of Nomination of the new high sheriffs is still prepared annually by the Queen's Remembrancer for the Queen to select the in-coming sheriff by pricking his/her name with a silver bodkin as the Roll – all 7 metres long – is unwound before her.

The modern day Tally Stick

The memory of the tally sticks lives on in the (Ex) cheque (r) book of the modern bank with its foil and counterfoil.

The Queen's Remembrancer and the City

The Lord Mayor of London appears each November to take his Declaration of Office before the Queen's Remembrancer and judges of the Court.

The Sheriffs of the City though elected by the Liverymen and women of the 103 City Livery Companies, still travel by barge up river from the Tower to the Temple and appear in the Royal Courts of Justice to receive from the Queen's Remembrancer, their warrants of approbation from the Queen – to which are sewn in the Great Wax Seals of the Court of Exchequer.

The Trial of the Pyx

The tradition of assaying the coin of the Realm is maintained when the 88,000 samples of the output of the Royal Mint in Llantresant in S Wales are brought to the Goldsmiths Hall in London where a jury of twenty two goldsmiths under the presiding judge – the Queen's Remembrancer – at the Trial of the Pyx, assays the coin to determine the justness of the coinage of the Kingdom. The Trial starts in February each year and the Verdict is delivered in April.

A Court for All Seasons

It is remarkable that a defeat on a marshy field in Essex could have led to our modern taxation system. Or that an arrow in the eye of King Harold could have set the scene for an accounting system which still pervades our modern revenue department.

The common strands stem from hazel tally sticks which find echoes in our modern chequebooks and in the Stock Exchange (a market where the wooden "stocks" as valuable securities) were marketed.

The chequered cloth was a focal point around which the various officials who managed the monies of an emerging modern Kingdom could develop a fiscal system that has stood the test of time. And for the past eight hundred and forty years a single judicial person has stayed in charge – the Queen's Remembrancer.

Robert Turner
Senior Master,
Queen's Bench Division of the
High Court of England & Wales and
The Queen's Remembrancer

British/English attitudes to the Norman law of the Channel Islands in the early modern period

DR TIMOTHY THORNTON

Perhaps the most powerful interpretation of attitudes to law in small communities is that advanced by a school of "British" historians of whom one of the most prominent is Professor R R Davies of the University of Oxford. He argues, fundamentally, that law was one of the defining characteristics of a people in the early Middle Ages, especially where the mixing of peoples meant that territorial definitions were particularly inappropriate.[1] To lose one's law, or even to have it diluted, was a cause of degeneracy – the loss of identity and coherence as a people. This might be starkly stated, especially through the extraordinary documents of Welsh and Scottish resistance to the English. The Scots, according to Walter of Guisborough, "preferred to die than to be judged by English laws", and in 1320 reminded the English of "our laws and customs which we shall maintain to the death". The people of Snowden proclaimed that "even if their prince should give seisin of them to the King, they themselves would refuse to do homage to any foreigner, of whose language, customs and laws they were thoroughly ignorant".

Whatever this earlier medieval belief in, and to a certain extent tolerance of, diversity of laws, according to Davies, as we move into the thirteenth century, or even before, we see this belief and tolerance dissolving. The first reason for this was the relationship of the prince to the law. Especially when a prince had been victorious in battle he might be *solutus legibus*[2] – and this was obviously increasingly cited as the case in 1066 in England. Secondly, it was insisted that laws should be reasonable and should not derogate from the rights of the Crown. Davies notes the laws of the Irish as being particularly open to challenge here: their laws were in 1277 described as "detestable to God and so contrary to all law that they ought not to be deemed laws". Davies sums up his argument: "It was inevitable that sooner or later the question would be raised whether political control and domination should not be accompanied by legal uniformity."[3]

[1] R R Davies, "The peoples of Britain and Ireland, 1100–1400. 3. Laws and customs", *Transactions of the Royal Historical Society*, 6th ser., 6 (1996), 1–23.

[2] Ie above, absolved or released from laws. Ed.

[3] Davies, "The peoples of Britain and Ireland, 1100–1400. 3. Laws and customs", p. 22.

The most dramatic endorsement of his views, for Davies, comes in Wales and Ireland. The culmination of the process he identified came in the sixteenth century. The so-called Act of Union of 1536 is specifically titled an "… Act for laws and justice to be ministered in Wales in like fourme as it is in this realm". Only English laws were to be used there. "So was formally and statutorily buried the concept, which Llewellyn ap Gruffudd's spokesman had so eloquently articulated in 1279, of a dominion or empire of composite peoples, each with its own laws and customs duly recognised and respected. In its stead was ensconced a view of a uniform corpus of laws and customs throughout the King's dominions. It was as it were the legal and social equivalent of the doctrine *cuius regio, eius religio*[4]. Law had become the property of a unitary state and crown; to that extent it was less the law of people, much less so the several laws of several peoples."[5]

This fits into a bigger picture which "British" historians like Davies have often been painting for us.[6] It is the age-old story of English imperialism and the struggle of other nations against it – although of course the story is told in a far more nuanced way than in its earlier forms, allowing for greater tolerance by the English, especially before the fourteenth century, for more complexity, for longer survivals, for more equivocal relationships. It gives those nations far more of a role in English history than has been traditionally ascribed, most famously through the prominence of the "three kingdoms" school of seventeenth-century historiography, explaining the civil wars – although this role is still overwhelmingly part of a pattern of intervention, accommodation, resistance and centralisation.[7]

Yet I have real problems with this as an all embracing rule. I have argued that England itself remained internally far more characterised by jurisdictional distinctiveness, by customary contrasts, than those Whig and Marxist historians, believers in "precocious centralisation" as a characteristic of English development.[8] And so I come to the Channel Islands intrigued to find what I will argue here is an important example of the survival of contrasting laws and their relationships to community identity.

As a context, it should perhaps be noted that at precisely the same time as Davies and his fellows detect the erosion of legal complexity, or at least tolerance of legal complexity, the English King was ruler of extensive lands outside the British Isles which exhibited at least as much legal complexity as those within them. We might instance this with the dealings of English kings, even including

[4] Ie the state's religion was that of its King/leader, literally "he who rules determines the religion of the ruled". Ed.

[5] Davies, "The peoples of Britain and Ireland, 1100–1400. 3. Laws and customs", p. 23.

[6] An excellent example for a slightly later period is provided by the work of Robin Frame, e.g. *The Political Development of the British Isles, 1100–1400* (2nd edition, Oxford: Clarendon Press, 1995).

[7] E.g. Conrad Russell, *The Causes of the English Civil War: the Ford Lectures Delivered in the University of Oxford 1987–1988* (Oxford: Clarendon, 1990).

[8] Tim Thornton, *Cheshire and the Tudor State, 1480–1560* (Woodbridge: Boydell, 2000), esp. ch. 1.

Edward I, in Gascony, or later monarchs in the French lands conquered in the fourteenth and fifteenth centuries.[9]

So I need to establish for the Channel Island context a few continuities denied by others for Wales and Ireland. First, the role of law as fundamental to the identity of the people and community of each of the islands. This is relatively easy: they lack a specific prince, having real difficulties, even to this day, with the idea of the King of England as Duke of Normandy still in any meaningful sense. One has only to look at the assizes of the late thirteenth and early fourteenth centuries to see distinctly the passionate commitment to law as an element of identity – and that this was challenged.[10] But we must also recognise that it was resisted successfully, for in 1341 Edward III granted a charter which confirmed to the communities of both bailiwicks their laws and customs. Partly this was due to circumstance, in 1341 running in the islanders' favour as Edward struggled to keep his aspirations in the French war alive[11] – and the circumstances in Wales and Scotland ran counter. But it should be noted that this is about *circumstance*. And partly this was due to the relative superiority, by which I mean perceived superiority, of Norman law, in the "pecking order" or "league table" of laws and customs. This is, in fact, acknowledged in Davies' argument, but he manages to acknowledge it in such a way as to lose the point by the time of his conclusion.

It was, however, also down to a fundamental continuing respect for other legal systems. Even in Wales, although Welsh law, particularly over inheritance, was swept away in the sixteenth century, Wales's distinctiveness in terms of legal and judicial structures was not eradicated. The marcher lords retained their courts, if with vastly reduced powers, for example.[12] The possible scenarios being discussed in government circles in the aftermath of the "Act of Union" of 1536 ranged very widely: there was a proposal that a Welsh Court of Chancery should replace the Council in the Marches, and that a new, enlarged, principality might be created for Edward.[13] Although the plan for a new principality was not carried through, the "Act of Union" of 1543 placed the Council in the Marches on a statutory basis as a delegate, in a vague sense, of the Privy Council.[14]

[9] M G A Vale, *English Gascony, 1399–1453: a Study of War, Government and Politics during the Later Stages of the Hundred Years' War* (London: Oxford University Press, 1970); C. T. Allmand, *Lancastrian Normandy, 1415–1450: the History of a Medieval Occupation* (Oxford: Clarendon, 1983).

[10] J. H. Le Patourel, *The Medieval Administration of the Channel Islands, 1199–1399* (London: Oxford University Press, 1937 – republished by the Guernsey Bar in 2004), pp. 45–61.

[11] Tim Thornton, *The Charters of Guernsey* (Bognor Regis: Woodfield for the Royal Court and States of Guernsey, 2004), pp. 1–4.

[12] In 1543 Marcher lords retained jurisdiction only over pleas worth less that 40 *s.*, and no new lordships were to be created: 34 & 35 Henry VIII, c. 26 (*The Statutes of the Realm* (11 vols., London: s. n., 1810–28), iii. 929 (#17)); but cf. 1 & 2 Philip and Mary, c. 15 (*Statutes of the Realm*, iv. 262).

[13] "A breviat of the effectes devised for Wales", *c.* 1540–41, ed. P. R. Roberts, in *Camden Miscellany XXVI* (Camden 4th ser. xiv, 1975), pp. 31–47.

[14] 34 & 35 Henry VIII, c.26: *SR* iii. 926–37.

This failure to pursue a policy of rigorous unification is particularly true of the Channel Islands. When Elizabeth's council intervened in local disputes, it often produced specific injunctions to the Royal Court to continue to administer justice according to the "auncyente laws and customes".[15] There were enquiries into the islands' laws. There was the effort to codify represented by the *approbation des lois* in 1582.[16] But there is no sign of a meaningful attempt to challenge the role of Anglo-Norman law: just an attempt to codify, which was effectively ignored, and so *de facto* a continuation of a tolerance of a very particular version of Norman custom.

Accounts of the island and its laws reflected this position. In the sixteenth century, Holinshed's chronicle still described the islands' government and society in terms which highlight their French identity.[17] In the early seventeenth century Michael Drayton gave the Channel Islands prominence in his picture of the early modern territories of the English crown, but in doing so he celebrated their distinct culture as "French Ilands".[18] In Coke's *Institutes*, Jersey and Guernsey's courts and their independence from England are celebrated.[19] Even Peter Heylyn, visiting Guernsey in the company of Lord Danby in 1628–9, and deeply opposed to the remaining supporters of Presbyterianism in the islands, nonetheless "… met with much which did exceedingly affect me" in their laws. The islanders, he reported, "call themselves by the name of English-Normans".[20]

Perhaps that is not surprising even in 1628–9 – but such sentiment would surely be worthy of note once we come to the middle of the seventeenth century. There is increasing agreement amongst historians that the seventeenth century saw an important step in the development of imagined communities in the nations of these islands. The need to organise for war is seen as catalysing these

[15] *Acts of the Privy Council of England*, n.s., ed. John Roche Dasent and others (London: HMSO, 1890), VII, 1558–1572, pp. 221, 223–4 (1565; cf. 11 March 1569).

[16] *Calendar of State Papers, Domestic Series, of the Reigns of Elizabeth and James I Preserved in Her Majesty's Public Record Office: Addenda, 1580–1625*, ed. Mary Anne Everett Green (London: HMSO, 1872), pp. 98–9.

[17] Raphael Holinshed, *Chronicles of England, Scotland and Ireland* (3 vols., London: [s. n.], 1807–8), I, 56–8: the use of the French language, and long hair and clothing in the 'Irish guise' until the time of Henry VIII (p. 58); but the islands are located as 'parcell of Hamshire and iurisdiction of Winchester' (p. 56).

[18] *The Works of Michael Drayton*, ed. J. William Hebel, K. Tillotson and B. H. Newdigate (5 vols., Oxford: Basil Blackwell for the Shakespeare Head Press; 1931–41), V, *Poly-olbion*, pp. 1–3.

[19] Edward Coke, *The Fourth Part of the Institutes of the Laws of England: Concerning the Jurisdiction of Courts* (London: printed by M. Flesher for W. Lee and D. Pakeman, 1648), pp. 286–7 ("… for the most part they proceed according to the Customes of Normandy", and if a commission under the great seal ran, any commissioners were to act according to those customs). For Coke, the islands represented "a good seisin for the King of England of the whole Duchy".

[20] *A Full Relation of Two Journeys: The One into the Main-land of France. The Other into Some Adjacent Islands* (London: printed by E. Cotes for Henry Seile, 1656), pp. 280, 294.

imagined communities, both positively in mobilisation for action and negatively in the impact of "alterity"[21], the dramatising of difference from others, both magnified in their effects by the massive uncontrolled expansion of the print media. This emphasis on developing imagined communities in the seventeenth century, and especially on alterity, tends to go hand in hand with an argument about English imperialism: the imagined community of England was the dominant one, and others tended to be imagined for the purposes of defeating or controlling them. Hence Mark Stoyle has recently argued that the wars saw the expression of ethnic and national tension – with nationalism becoming a significant political factor. Ethnicism, in the sense of a reactive defence of local culture, became evident. According to Stoyle, however, the nationalism which was displayed outside England was a product of English imperialism, or of the unscrupulous actions of unrepresentative royalists. Writing of Cornish particularism, he describes it as largely the product of the "scoundrel" Grenville, desperately and ineffectively looking for ways to galvanise support for the King, and of the prejudice and hatred of English commentators.[22] Similarly, Stoyle has described English portrayals of the Welsh accentuating the characteristics of the Welsh nation, even to the point of defining a political agenda of separatism and independence – in order to condemn it.[23] This of course has strong similarities with the internal colonialism thesis of Michael Hechter, where difference is cultivated to permit subjection and exploitation.[24]

The extreme example of genocide in Ireland in the mid-seventeenth century, supported by conceptions of the Irish as sub-human, is often held to lie somewhere on a fundamental continuum of attitudes of this type. We might recall the powerful argument of John Gillingham about the origins of English imperialism lying in such attitudes to and treatment of the Irish in the twelfth century.[25]

Ultimately these views accord with the overall tendency to doubt the existence of meaningful nations in Ireland, Wales and Cornwall, in the sense of self-identifying coherent communities of relative ethnic and cultural unity. This has

[21] Ie "otherness". Ed.

[22] Benedict R. O'G. Anderson, *Imagined Communities: Reflections on the Origin and Spread of Nationalism*, rev. and extended edition (London: Verso, 1991); Mark J. Stoyle, "The last refuge of a scoundrel: Sir Richard Grenville and Cornish particularism, 1644–6", *Historical Research*, 71 (1998), 31–51; idem, "The dissidence of despair: rebellion and identity in early modern Cornwall", *Journal of British Studies*, 38 (1999), 423–44 ; idem, "'The Gear rout': the Cornish rising of 1648 and the second Civil War", *Albion*, 32 (2000), 37–58; idem, "'Pagans or paragons?': images of the Cornish during the English Civil War", *English Historical Review*, 111 (1996), 299–323.

[23] Mark J. Stoyle, "Caricaturing Cymru: images of the Welsh in the London press", in Diana Dunn (ed.), *War and Society in Medieval and Early Modern Britain* (Liverpool University Press, 2000), pp. 162–79.

[24] Michael Hechter, *Internal Colonialism: the Celtic Fringe in British National Development; with a New Introduction and a New Appendix* (New Brunswick, N.J.; London: Transaction Publishers, 1999).

[25] John Gillingham, "The beginnings of English imperialism", *Journal of Historical Sociology*, 5 (1992), 392–409.

been seen, for example, in the historiography of Wales, in a tendency to question the coherence of Welsh society, to emphasise the divide between the North and South, and to focus on the degree to which English towns, Chester, Shrewsbury and Ludlow, were the "capitals" of Wales.[26]

Yet I have argued elsewhere that the unifying dynamic described by these historians was less powerful than they make it seem.[27] Partly this was due to the existence of terms to which appeal could be made which were not exclusively Anglo-centric: "Britain", of course, "parliament", "commonwealth", and even, most vaguely, "country".[28] Partly, we should recognise that ethnic stereotyping is far more complex than Stoyle suggests: as soon as significant pro-parliamentarian groupings appeared in Wales, for example, the satirised traits became associated with "well-affected" elements, and they could become almost terms of endearment, if patronising ones – and they certainly lost the harsh edge of fundamental ethnic and political opposition and hatred. Further we should recognise that contempt is not the universal theme for publications regarding the Welsh; nor did Wales suffer, once under parliamentarian control, any significant dismantling of the structures of judicial administration that made it legally distinctive.[29]

At this point it is useful to turn to the experience of Jersey and Guernsey.

In some sense we might expect here an even more ferocious outburst of ethnic hatred, creating imagined communities on the pages of English pamphlets and letters, and setting the scene for a more thorough-going eradication of local difference, including legal difference. This is because, if not in the case of Guernsey outside Castle Cornet, in Jersey resistance to the forces of parliament was relatively undiluted and remarkably sustained. There were no real pockets of local parliamentary support there as there were in Wales, and the islands remained a thorn in the side of parliamentarian operations for nearly a decade.

The role of the Channel Islands as political prisons in the period immediately before the wars, for example, might also be expected to have led to particularly forceful denunciation and intervention when exiles in turn became the victors. Yet we can see an example of how this did not in fact occur in practice, in Henry Burton's reaction to his "Banishment, and close Imprisonment" in Guernsey: he considered the imminence of doomsday and only in passing referred to the

[26] E.g. Glanmor Williams, *Recovery, Reorientation and Reformation: Wales, c. 1415–1642* (Oxford: Clarendon Press, 1987); Philip Jenkins, "Seventeenth-century Wales: definition and identity", in Brendan Bradshaw and Peter Roberts (ed.), *British Consciousness and Identity: the Making of Britain, 1533–1707* (Cambridge University Press, 1998), pp. 213–35.

[27] Tim Thornton, "Nationhood at the margin: identity, regionality and the English crown in the seventeenth century", in Len Scales and Oliver Zimmer (eds), *Power and the Nation in European History* (Cambridge University Press, 2005).

[28] On Commonwealth, see Sean Kelsey, *Inventing a Republic: the Political Culture of the English Commonwealth* (Manchester University Press, 1997) (although here as an *anglicist* device, with a strong emphasis on language, e.g. in law, coinage etc.).

[29] Thornton, "Nationhood at the margin".

"naturall taedium of so horrid a solitarinesse", which had inspired his thoughts.[30] William Prynne, a prisoner in Mont Orgueil Castle in Jersey, went even further: he restricted his comments to the castle, and unleashed a commentary on biblical quotations. He made no unflattering remarks, and his praises for his former hosts, Sir Philip Carteret, his wife Lady Anne, and their daughters, were fulsome.[31]

One reason for the lack of English condemnation of Jersey and its people as a whole was the activity of Jersey exiles, especially the parliamentarian Bailiff-in-exile, Michael Lempriere. For example, an ordinance was issued voiding Sir George Carteret's actions against them. This ordinance, dated 16 September 1645 and printed the following month, emphasises the loyalty of well-affected persons in the island who had "... notwithstanding the defection of that Island continued firme and stedfast in their Loyalty and Obedience to the King and Parliament".[32]

This permitted a relatively smooth transition to the new authority after Jersey's fall in 1651; Cromwell appointed jurats to make up their number, and the whole island was judged to be delinquent, but those with estates worth no more than £7 p.a. or personalty no more than £100 escaped penalty even if they had assisted the Carteret regime.[33] Even those most directly associated with the attack on the island tended to speak favourably of the island's people and traditions. For example, Thomas Wright, the "firemaster" who cut short the siege of Elizabeth Castle thanks to his direct hit with a mortar shell on the magazine, had only praise for the people of Jersey. Wright found the local gentlemen, who offered to raise a collection to help cover his expenses, or to give him free lodging for three or six months, "very Cordiall". Carteret, Wright wrote, had needed terror to enforce his will, threatening all the men of one parish with hanging at one point if they didn't serve. "[T]he generality of people during my abode there, expressed much love and affection toward the Parliament of England", he recalled. The environment too clearly agreed with him: a place "of very sweet and pleasant Habitation; the Men and Women are generally courteous, and of a good deportment, the Poorer sort only excepted."[34]

It was, in fact, still possible in 1651 for pleas to be made to protect the island's legal, social, religious and governmental structures in terms of the highest praise.

[30] Henry Burton, *The Sounding of the Two Last Trumpets, the Sixt and Seventh* (London: printed for Samuel Gellibrand, 1641), A3.

[31] William Prynne, *Movnt-Orgveil* (London: T. Cotes, for M. Sparke, 1641).

[32] *An Ordinance of the Lords and Commons Assembled in Parliament. For the Making Void all Commissions and Warrants, or other Writings Issued Forth in his Majesties name to Sir Philip Carteret* [or rather, Captain George Carteret], *Governour of Jersey*. (London: printed for John Wright, 1645), p. 1.

[33] A. C. Saunders, *Jersey in the 17th Century* (Jersey: J. T. Bigwood, 1931), pp. 158–65.

[34] Thomas Wright, *A Perfect Narrative of the Particular Service Performed by Thomas Wright, Firemaster, with a Morter Piece*... ([London, 1651]).

For example, James Stocall's pamphlet *Freedome; Or, the description of the Excellent Civill Government of the Island of Jersey*, described their government as offering "hitherto (since the Divine Common-wealth of Israel) unparalleld Freedome". Stocall was the colonel of a regiment of the trained bands of the island. His plea was offered relatively soon after the fall of the island, for the dedication to Lieutenant Colonel Fleetwood is dated 1 March 1651 (ie 1652). Jersey laws, he said, were few but sufficient and known even to the "very poore silly Women". The means to justice were "plaine, common, and easie" and generally free of expense. Significantly, the islanders" language was proudly defended: it was said that the judicial system operated in the "naturall Language of the Inhabitants neverthelesse very Maiesticall". Legal deeds he described as being in "our naturall tongue". He emphasised that the people chose their officers, except for the few in the gift of the King or Bailiff. Offices were already established to cover all the responsibilities necessary for the public good, with the poor and sick, for example, visited "constantly".[35] When these authors spoke of the authority to which Jersey might now be subject, there was remarkably little mention of "Britishness" or other inclusive, even imperialist, concepts. Thomas Wright, firemaster, wrote of the reduction of the island "unto the obedience of the Parliament", so avoiding any geographical terminology at all.[36] The Jerseymen who wrote a testimonial on his behalf referred to the garrison in Elizabeth Castle as "the Enemy", and said the castle had surrendered "to the Commonwealth".[37]

For royalists too, there might have been a temptation to suggest that Jersey was simply part of England and so to dilute its distinctiveness. Yet when Charles, Prince of Wales wrote to the States of Jersey in 1647, commending them on their loyalty, it was a loyalty to the King, "the Crowne of England", and to the prince himself. The title given to one version of the letter described the island as being *neere the realme of England*. Therefore the identification was with the monarchy, but not as part of the realm itself.[38] Charles's arrival in Jersey after his father's execution was a key moment for the royalist cause. The choice of a location for his

[35] James Stocall, *Freedome: or, the Description of the Excellent Civill Government of the Island of Jersey* (London: printed for Robert Ibbitson, 1651 [i.e. 1652?]).

[36] Wright, *Perfect Narrative*, p. 2.

[37] Ibid., p. 5.

[38] *The Kings Majesties most Gratious Letter to his Sonne, his Highnesse James Duke of York .... Also a letter from his Highnesse Prince Charles, sent from France, to the Estate and Common Councell of (and Concerning) Jersey* ... (London: printed by Moses Bell and Robert Ibbitson, 1647), A3, A4; *Prince Charles his Declaration to the Kings Majesties Loyall Subjects Neere the Realme of England* (London: printed for George Lawrenson, 1647). A key royalist propaganda document, produced in connection with the second civil war, explicitly located itself as *The Remonstrance of the Inhabitants of the Three Isles of Wight, Garnsey, and Jersey* (London: [n.p.], 1647); yet it had little to do with the aspirations of the ordinary inhabitants of any of them. It harped on English Protestantism, English liberties and the privileges of the English parliament; virtually the only direct reference to any of the islands was an emphasis on their pathetic smallness ("spots of earth in respect of the whole Nation") as an incitement to England and Wales to rebel: pp. 6, 7 and passim.

proclamation as King so many months after his father's death had depended in large part on Jersey's close relationship with the monarchy. The prince's own official declaration, issued from The Hague, described how he was "now safely arrived in a small part of Our owne Dominions, at the Island of Iersey ... where Our Kingly authority takes place".[39] Yet the notable thing is that the pro-parliamentarian publications were not provoked into associating these actions with the people of Jersey. For example, one described Charles' landing as "entertained with many expressions of joy", ironically adding in parentheses "from the Lord Iermaine" – making the point that the welcome was distinctly thin but coincidently silently absolving the local population from sharing any joy at the royal arrival.[40]

So I would argue that Davies draws *selectively* on the experience of a few communities when he establishes from them a pattern of uniformity and state-driven centralisation. This pattern was not typical. Instead we should look at these cases, in Ireland and Wales, as the exceptional instances, the ones needing explanation, for we find in other cases a more straightforward continuity of respect for local law – as in the Channel Islands.

All this perhaps helps shed light on another long-standing debate. John Pocock advanced a thesis back in 1957 about what he called the ancient constitution and the feudal law. A key element of this was that before the Civil war, the common law was seen as immemorial custom and created, potentially, by some form of collective popular action. This set of ideas Pocock associated particularly with Sir Edward Coke.[41]

Pocock emphasised what he called the "insularity" of this thinking. Unlike in France, for example, these legal thinkers, he says, did not have to study two or more laws in contact with one another. These legal theorists therefore concluded that although the common law might have similarities to customary law elsewhere, it had an entirely insular evolution.[42] An area where Pocock's thesis was very heavily attacked, and where he has very busily defended himself. In particular, he later added one qualification: he admitted the contact between Irish law and common law. He argued that Sir John Davies, a key figure in legal thinking in relation to English and Irish law, showed an awareness of the contact between them. Pocock's argument has been, however, that this exception proved the rule. "Irish history was remote and alien", he opined, and Irish law similar.[43]

39 *His Majesties Declaration to all his Loving Subjects in the Kingdome of England and Dominion of Wales.* (Hague: printed by Samuel Broun, 1649), p. 3.

40 *Prince Charles Proclaimed King, and Landed in Jersey with the Duke of York* (London: printed for J. J., 1649), esp. p. 6.

41 J. G. A. Pocock, *The Ancient Constitution and the Feudal Law: A Study of English Historical Thought in the Seventeenth Century. A Re-issue with a Retrospect* (Cambridge University Press, 1977).

42 Pocock, *Ancient Constitution*, pp. 30–35.

43 Pocock, *Ancient Constitution*, pp. 56–63; cf. Hans S. Pawlisch, *Sir John Davies and the Conquest of Ireland: a Study in Legal Imperialism* (Cambridge University Press, 1985).

Now it is worth remembering that the real issue at stake behind the "insularity" point for Pocock and others is the impact of the Norman Conquest. So often the point about common law's immemorial status, for early modern legal thinkers, was that it was pre-Conquest in origin. In Coke, for example, "immemorial" and "pre-Conquest" are effectively equivalent. Coke argued that common law was not heavily influenced by Norman law, that in fact William the Conqueror confirmed the laws of Edward the Confessor. For Coke, the Conquest therefore effectively disappears as an event in English legal history.[44]

It is, then, important to add a qualification to Pocock's common law thesis in stronger terms than he allowed – and in different terms. There was a powerful awareness of other laws and customs in territories controlled by the English crown, and especially of those in these islands. And this does not need to be dismissed as something remote and alien. To do this, as Pocock does, is to fall foul of those same centralist assumptions that the major part of this paper challenged. The appreciation of diversity does not need to be explained away as being concerned with irrelevancies and oversights. For difference, *spécificité*, in this case is hugely advantageous, for in this case the common law mind showed itself aware of local custom and could use it to argue precisely the distinction between common law and Norman custom – and hence the lack of Norman influence on the common law, and hence the ancientness of that constitution. An awareness on the part of the English of local custom here is then explicable, logical, and not insignificant.

Dr Tim Thornton
University of Huddersfield

[44] Pocock, *Ancient Constitution*, pp. 42–3. (Contrast twentieth century authors such as Plucknett in his *Concise History of the Common Law* 5th Edtn 1956 at p10: "The death of Cnut and the division of his Empire brings us to the accession of St Edward the Confessor (1043–1066), who throughout the middle ages was the national hero of the English when they resented Norman influence. (Hence it is that a large body of "Laws of Edward the Confessor" was forged as a patriotic weapon against the Norman dynasty.) In fact, the antithesis was false, and the spread of foreign culture in England increased immensely during his reign, which in some respects seems a sort of peaceful Norman conquest … Norman arms finished what Norman civilisation had already begun." Ed.)

New-Born Child Murder in Reformation Guernsey[1]

DR DARRYL OGIER

I

The horrific Cauches affair occurring in Catholic Guernsey in 1556, reported in the 1563 and later editions of John Foxe's *Actes and Monuments*, is probably the only attested Early Modern example of a judicial neonaticide, the act being specifically committed on the instructions of the island's chief magistrate, or *Bailiff*.[2] On 27 May 1556, Perotine Massy of St Peter Port advanced money on the security of a stolen cup. Subsequent investigations exposed the presence of other goods of questionable provenance in the house where Perotine lived with her elder half-sister Guillemine, and their mother Catherine Cauches. The women were all taken into custody. In the course of the enquiry, or *enqueste*,[3]

[1] I am indebted to the participants in symposia organised by the University of Exeter in December 1998, and Oxford Brookes University in September 2003, as also to those taking part in the *rencontre du droit Normand*, held in Guernsey in June 2004. I am also most grateful for the comments of Professor Bernard Capp, Professor George Ellison, and Dr Tim Thornton: as will be obvious to those familiar with the widely varying works of these scholars, my opinions generally and my errors most certainly are my own. The records of the trials were kept in French, and evidence given in that language and Guernsey's Norman-French *patois*. Translations into English, including of reported speech, are my own. Dates are Old Style, but adjusted to a year beginning 1 January.

[2] J. Foxe, *Actes and Monuments* (ed. S. R. Cattley and G. Townsend, 8 vols, London, 1837–41), viii, pp. 226–41. The fullest account is in the 1570 edition, reprinted in later editions. The principal documents in the matter survive in the Guernsey *Greffe* (Royal Court record office) and the Public Record Office, Kew. Foxe's source for the narrative, which he credits to Thomas Effart (d. 1580), who was a member of the Royal Court at the time Foxe wrote (though not at the time of the events he reports), appears to be a document enclosed with the petition of Matthieu Cauches that Foxe recites at *Actes and Monuments*, viii, p. 230. The petition survives in the Public Record Office as SP15/IX/4. The enclosure is SP15/IX/4i. The latter's first folio(s) appear(s) to have been lost. One significant document that escaped Foxe's attention is Cecil Papers 207/12, amongst the Salisbury MSS at Hatfield House, Herts. This records the proceedings of the Commissioners, appointed in 1563, who investigated the affair. On the accuracy of Foxe's report see J.F. Mozley, *John Foxe and his Book* (London, 1940), ch. 9; on his portrayal of the women as of the lower orders, S. Mullaney, 'Reforming Resistance: class, gender, and legitimacy in Foxe's *Book of Martyrs*', in A.F. Marotti and M.D. Bristol (ed.), *Print, Manuscript, and Performance* (Columbus, Ohio, 2000), 235–51, pp. 242–43.

[3] The thirteenth-century *Grand Coutumier de Normandie*, one of the foundations of Guernsey's law, describes how the courts would in certain criminal cases hear evidence by way of an *enqueste du pays* (*patriæ inquisitionem*), taking the opinions of a jury of at least twenty-four men, and convicting on the recommendation of only twenty or more of them. (W.L. de Gruchy (ed.), *L'Ancienne Coutume de Normandie: réimpression éditée avec légères annotations* (Jersey, 1881), pp. 167–70). In Early Modern Guernsey, the *enqueste* had developed in a somewhat different form, whereby the opinions of the whole

that followed, whilst the neighbourhood acquitted them of the charge of theft, some neighbours alleged that they had not always been obedient 'to the commandments of holy church'. Following due process before Guernsey's Ecclesiastical and Royal Courts, although they had offered to recant, on 18 July 1556 the women were brought to the stake as Protestant heretics. Foxe described what happened:

> "They were first strangled, but the rope brake before they were dead, and so the poor women fell in the fire. Perotine, who was then great with child, did fall on her side, where happened a rueful sight ... For as the belly of the woman burst asunder by the vehemency of the flame, the infant, being a fair man-child, fell into the fire, and eftsoons being taken out of the fire by one W. House, was laid upon the grass. Then the child was had to the provost, and from him to the bailiff. Who gave censure that it should be carried back again, and cast into the fire, where it was burnt with the silly [*unsophisticated*] mother, grandmother, and aunt, very pitifully to behold."[4]

In 1567, Thomas Harding published an attack on Foxe's initial report, claiming that the fault for the boy's death lay with his 'unnatural mother'. Foxe had not mentioned the baby's father, from which Harding inferred that Perotine was unmarried, or – at best – the father's naming would bring discredit to the story. He then turned to the fact that Perotine apparently did not 'claime the benefite of her belly', i.e. seek to defer her execution on the grounds of her pregnancy. 'But', rather, Harding wrote, 'keping it privy from the Magistrates ... like a Murtherer went desperatly to the fier, and murdered bothe her selfe, and her child conceived within her'. Perotine 'died gilty of three heinous crimes, of heresie, lecherie, and murther'.[5]

This drove Foxe in 1570 to answer most of Harding's arguments. Perotine's husband was named as the Norman Huguenot evangelist David Jores, and

of a neighbourhood – male and female alike – would be solicited. Opinions expressed were not restricted to the subject of the accusation, but might range over a variety of misdemeanours and shortcomings alleged against the accused by neighbours. Numbers of witnesses sometimes were many more than the Medieval twenty-four, and the requirement of a five-sixths majority of suspicion of guilt was waived, a matter reprehended by the seventeenth-century jurist, Thomas Le Marchant, particularly in relation to the condemnation to death of pretended sorcerers, following the testimony of credulous 'simple gens et superstitieux': T. Le Marchant, *Remarques et Animadversions, sur l'Approbation des Lois et Coustumier de Normandie usitées es jurisdictions de Guernezé et particulierement en la Cour Royale de la ditte isle*, (ed. J. Guille and P. le Cocq, 2 vols, Guernsey, 1826), ii, pp. 219–20. Cf. G. Terrien, *Commentaires du Droict Civil tant public que privé, observé au pays et Duché de Normandie* (Paris, 1574), pp. 508–09.

[4] Foxe, *Actes and Monuments*, viii, pp. 229–30.

[5] T. Harding, *A Reioindre to M. Jewels replie against the sacrifice of the Masse* (Louvain, 1567) (repr: ed. D.M. Rogers, English Recusant Literature 1558– 1640, vol. 83, Menston, Yorkshire, 1970), ff. 184v-185r.

evidence of their marriage in Guernsey, and his flight to Normandy, adduced.[6] As to why Perotine had not 'pleaded her belly', Foxe made several suggestions. He thought 'that the simple woman, brought up all her life long in her mother's house in an obscure island', might merely have been ignorant of the law. He alternatively suggested that Perotine may not, in her terror, have thought about her condition: 'her senses might be so astonied [*benumbed*] with the greatness and suddenness of the fear, that it was out of her remembrance'. He noted that she did not deny being pregnant, and alleges that she would have admitted being so, if asked. Moreover, had she wanted to destroy the child, she could have sought to abort it long before it came to term. In any case, Foxe asks, how did Harding know that Perotine had concealed her pregnancy? And if she had, what further shame would accrue by admitting to it, after her condemnation? It would surely be discovered at the time of execution. Her recantation, he thought, was evidence of the fear that she was in, and Foxe was at a loss to see why Perotine should deny her pregnancy if it meant saving the child's life and her own.

Foxe clearly was unable to address the issue of Perotine's pregnancy and its concealment as satisfactorily as he was Harding's other assertions; the problem was not susceptible to explanation by reference to documents or witness testimony. This lack allowed William Allen in his *Defence of English Catholics* (1584) to pick up the allegations, repeating accusations of incontinency, failure to claim 'the benefit of her belly', and concealment; Perotine went 'to the fire with the child in her womb, herself only knowing thereof', whereupon 'Almighty God discovered [*exposed*] her filth and shame'.[7]

Thus Harding and Allen characterised Perotine according to an early modern stereotype of the neonaticidal woman; conceiving a child in lewdness, wickedly denying and concealing her pregnancy, and alone responsible for the death of her infant. Their views, transmitted from exile on the Continent, had something in common with the mindset informing the French edict of 1557, to which I turn below, and perhaps also the 'blood libel' levelled by French Catholics against Protestants.[8]

Carole Levin has pointed out that Foxe's English Protestant readers would have been appalled at Perotine's story, contrasting this with their likely response

[6] Foxe, *Actes and Monuments*, viii, p. 235. The question of how closely Perotine's husband may have been related to the humanist scholar David Jores of Condé-sur-Vire, rector of Caen University in 1531, requires investigation (cf. E. Frère, *Manuel du Bibliographe Normand* [2 vols, Rouen, 1858], ii, p. 110).

[7] Anon., [W. Allen], *A True, Sincere, and Modest Defence of English Catholics that suffer for their faith both at home and abroad; against a false, seditious, and slanderous libel entitled: the execution of justice in England*, (n.p. [Rouen?], n.d [1584], repr: ed. Robert M. Kingdon, Folger Documents of Tudor and Stuart Civilization, Ithica, N.Y.,1965), p. 104.

[8] L. Racaut, 'Accusations of infanticide on the eve of the French Wars of Religion' in M. Jackson (ed.), *Infanticide: historical perspectives on child murder and concealment, 1550–2000* (Aldershot, 2002), 18–34.

to the fictionalised history of Joan of Arc, also brought pregnant to the stake, presented in Shakespeare's *First Part of Henry the Sixth*.[9] It cannot confidently be said that Perotine's fellow islanders would have been similarly moved; in 1563 Helier Gosselin, the Bailiff who had ordered her child to be returned to the flames, was dismissed from office by the English authorities, as a consequence of his role in the affair. This notwithstanding, in February 1565 Guernsey's *États* elected him one of the twelve jurats, who, under the presidency of the Bailiff, constitute the island's Royal Court.[10]

Although native to the island, Perotine was in several respects an outsider; a Protestant, living in an almost wholly Catholic community. Her marriage, the allegations made at the *enqueste*, and – eventually – the defences of those who condemned her, all confirm this. She was married to a Protestant foreigner, who was absent, and under threat of persecution himself. She lived with her widowed mother and elder sister, probably outside their native parish,[11] in a household that may have attracted suspicion, not only for its religious attitudes, but also as a family of women 'living at their own hand'.[12] The possibility that the women did mock the beliefs of the Catholic generality, as alleged,[13] and the outcome of the trial, imply a breakdown in neighbourhood relations. The court record initiating the enquiry also suggests this; the women are referred to as 'the mother and the daughters of the Cauches'.[14] They are *the Cauches* already, something of a known quantity, objectified by use of the definite article, even before their neighbours reported on them.

In all the circumstances, we might venture to explain Perotine's experience in a manner that differs from the awkward surmises of Foxe and the Catholic apologists. Laura Miller describes how today potential mothers may cope with

[9] C. Levin, '"Murder not then the fruit within my womb": Shakespeare's Joan, Foxe's Guernsey martyr, and women pleading pregnancy in early modern English history and culture', *Quidditas*, 20 (1999), 75–93. I am most grateful to Professor Levin for sending me a copy of her article.

[10] D.M. Ogier, *Reformation and Society in Guernsey* (Woodbridge, 1996), p. 69.

[11] The Cauches family was long established in the parish of St Martin. By a contract dated 23 October 1524, Pierres Cauches, Catherine's father, had conveyed a house and appurtenances in the Saints district of that parish to one Ostes Filleull. The latter and his wife, another Catherine, died without issue. The premises at that event, or perhaps earlier, had passed to Collas Maugeur and others. These transferred the property to a Collas Vaulcourt. On 16 May 1566, Guernsey's Royal Court ordered its delivery to Mathieu Cauches, son of Pierres. Mathieu Cauches was Catherine Cauches' brother. On 31 May 1568, Mathieu conveyed it to Vaulcourt. Hence this house at Saints, St Martin, may at one period have been Perotine's mother's family home. (Greffe: *Jugements*, i, p. 249; the conveyance of 1568 is to be located by J.H. Lenfestey (ed.), *List of Records in the Greffe, Guernsey: volume 2* (List & Index Society Special Series 11, London, 1978), p. 68). The property's approximate site may still be established by reference to manorial records. The Massys appear to have been native to the parish of St Pierre du Bois: Lenfestey (ed.), *List of Records in the Greffe, Guernsey: volume 2*, pp. 30, 40, 118, 121, 122, 136.

[12] Bernard Capp, *When Gossips Meet: women, family and neighbourhood in Early Modern England* (Oxford, 2003), pp. 36–42; Cf. Ogier, *Reformation and Society in Guernsey*, p. 13.

[13] Hatfield House: Cecil Papers 207/12 (not paginated).

[14] Greffe: *Jugements*, i, p. 357.

extreme conflicts or stress by a strategy of denial, whereby 'threatening information is actively excluded from conscious awareness. The strategy is more likely to be used when the external situation cannot be altered or when the person perceives it cannot be altered'. Social isolation, she concludes, is a feature common to nearly all occurrences of pervasive pregnancy denial. Miller sums up what she calls the 'sociocultural risk factors' by noting that neonaticide, 'this most extreme correlate of pregnancy denial', occurs in situations where a woman has no choice but to be pregnant, and is at risk of punishment or abandonment because of it, or likely to have inadequate resources or assistance in bringing up a child.[15]

The possibility that Perotine had concealed and denied her pregnancy cannot be discounted. There is some suggestion that her mother and sister may until the crisis have been financially dependent on her.[16] Doubtless she was increasingly frightened by the accusations levelled against the household, and imprisonment in Castle Cornet for eight weeks or so. She was abandoned, deserted not only by her neighbours, but by her husband as well. And she was pregnant. She may also have been at risk of being accused of carrying an illegitimate child; her Protestant marriage may not have been accepted as valid, or, if it was not widely known, she may have feared that knowledge of her wedding a Protestant, foreign, man would become public. Her family's reputation for heresy and anything else that may have made them unpopular might have rendered her ineligible for the Catholic charity and community support that she otherwise may have sought to call upon, at and after the delivery of her child. Foxe may have been closest to

[15] Laura J. Miller, 'Denial of pregnancy', in M.G. Spinelli (ed.), *Infanticide: psychosocial and legal perspectives on mothers who kill* (Washington, D.C., and London, 2003), 81–104, pp. 87, 92–93, and cf. Naïma Grangaud, 'Psychopathologie du déni de grossesse: revue de la littérature', *Perspectives Psychiatriques*, 41/3 (2002), 174–81. Miller's typology is lucid and helpful. It is not, however, unanticipated in its broad terms by other scholars, including historians; see, for example, the overview of K. Wrightson, 'Infanticide in European History', *Criminal Justice History*, 3 (1982), 1–20, pp. 7–8, and R.W. Malcolmson, 'Infanticide in the Eighteenth Century', in J.S. Cockburn (ed.), *Crime in England 1550–1800* (London, 1977), 187–209, p. 192.

[16] Perotine may also have owned the family home, or a share in it. On 1 August 1563 Pierres Massy, son of Collas; Collas Massy, son of Collas and brother to Pierres; Jamette Massy, daughter of Collas and widow of Collas de Garys; Jean de Garys in the right of his wife Marguitte, daughter of Pierres le Mesurier and of Mychielle Massy daughter of Collas Massy; Phylypyn Paynt in the right of his wife, a daughter of Collas Massy who is not named; and Collyn Brehault in the right of his wife Coliche Massy daughter of Collas, conveyed to one Guillome Terry *alias* Mouchet a derelict property in Rue de la Fontaine, St Peter Port (Island Archives Service, Guernsey: SG 6–26a). The deed is reticent as to the vendors' title to the premises. The Royal Commission appointed on 25 May 1563 to investigate, amongst other things, the Cauches affair, had arrived in Guernsey by 20 August 1563 (Ogier, *Reformation and Society in Guernsey*, p. 65). The sentence pronounced by the Royal Court on the women had provided for the confiscation to the Crown of all and any property they had owned; yet the issue of its destination does not appear in the Commissioners' report. This conveyance may reflect, therefore, a disposal by Perotine's restored heirs, as they came into occupation of the property, perhaps with the concurrence of the Royal Court and/or Commissioners.

explaining her circumstances when he suggested that her senses might have been so benumbed with fear that her pregnancy was 'out of her remembrance'. To this I would only add that her situation and social isolation might have caused her to deny her condition to herself well before the immediate prospect of execution for heresy.

II

Seven members of the Royal Court, Helier Gosselin among their number, were summoned to London in August 1565. The articles exhibited against them included one, which was admitted, that they 'wilfully and most maliciously condemned three poor women to the fire, the one of them with child, and so burned four persons, against the laws of God, nature, and human reason ...'.[17] The seven were dismissed, and replaced with jurats of established Protestant credentials.[18] One of the new jurats was Guillaume Beauvoir, who had been a Marian exile in Geneva, and who in 1559 had procured from John Calvin the appointment of a Huguenot pastor – Nicolas Baudouin – to the Guernsey ministry.[19] In 1563, Baudouin, Beauvoir, and others, including several other men who became jurats two years later, had established a consistory at St Peter Port. The Royal Court was not only the seat of Guernsey's judiciary, but also its legislature, and once the consistory's members and supporters had come to secular power, the means of imposing the moral discipline that went hand in hand with Presbyterian devotion were in place. Measures regulating sexual behaviour were introduced, with fornication being of particular concern. Ordinances against *paillardize*, as it was called, were enacted or amended from 1567, until in 1611 the problem was addressed as part of a comprehensive and long standing law code. At first it was provided that *paillard[e]s* should be imprisoned for three weeks, from time to time during the sentence being exhibited in a cage, but in 1572 flogging was added to the punishment. In practice, however, sentences usually amounted to a simple whipping, administered in public. Women were more than five times as likely to be punished as men. In the case of foreign women, banishment from Guernsey often followed a whipping. About the end of the sixteenth century, the definition of *paillardize* shifted from simple fornication to become largely indistinguishable from bastardy. The Church added its own censures, rebuking mothers of illegitimate children before

[17] A.J. Eagleston, 'The dismissal of the seven jurats in 1565', *Transactions of La Société Guernesiaise*, 12 (1936), 508–16, p. 508. I have modernised the English, suspecting some confusion in transcription of the letters 'b' and 'n' in the version supplied to Eagleston.

[18] Ogier, *Reformation and Society in Guernsey*, pp. 70, 188.

[19] D.M. Ogier, article 'Nicolas Baudouin', *Oxford Dictionary of National Biography* (Oxford, 2004).

their congregations, and requiring expressions of shame and contrition to be made. These penalties were overwhelmingly directed at single women, whose errors must be distinguished from those of betrothed offenders responsible for 'advancing' their marriages by conceiving a child before the intended wedding ceremony had taken place. In the latter situation, it was the male party that was punished.[20]

Although Guernsey's criminal records are generally available from 1526, evidence of only a single infanticide case has been found in them in the period antedating the Presbyterian regime. This is a sentence upon Laurenche Duqumyn, of 15 December 1543, that she was to be burned to cinders, after the Royal Court found, and she had confessed, that she had killed her child 'without baptism or being received as a Christian'.[21] In the period 1565–1640, however, seven trials took place. The style and substance of these appear to have been strongly influenced by French law on the subject, principally an edict of Henri II, of February 1557. This provided for the punishment of women who could supply no witnesses to concealed pregnancies and births, or whether the child had lived or was born dead, and who deprived the infant of baptism and Christian burial.[22]

The first of the seven trials dates from 1567. On 14 December, rumour reached Guernsey's Royal Court that one Jeanne Bequet of the parish of St Martin had been pregnant, and was alleged to have given birth in the house of her father, Jean Bequet, and yet the neighbourhood had not seen the child.[23] The Court therefore ordered the appearance of the Bequets before it. On the

[20] Ogier, *Reformation and Society in Guernsey*, pp. 147–51, 189–90.

[21] Greffe: *Jugements*, i, p. 334. On the considerable concern that infants should be baptised, and the culpability of mothers who killed them without providing this, see Y-B Brissaud, 'L'Infanticide à la fin du Moyen Age, ses motivations psychologiques et sa répression', *Revue historique de droit français et étranger*, 50 (1972), 229–56, pp. 240–42, 254.

[22] The text of the edict is given by C-J. de Ferrière, *Dictionnaire de Droit et de Pratique, contenant l'explication des termes de droit, d'ordonnances, de coutumes et de pratique, avec les jurisidictions de France* (new edn, 2 vols, Paris, 1762), I, pp. 698–99:

> "Parce que plusieurs femmes ayant conçu enfans par moyens deshonnêtes, ou autrement, persuadées par mauvais vouloir et conseil, déguisent et cachent leur grossesse, sans rien découvrir ni déclarer; et advenant le tems de leur part et déliverance de leur fruit, occultement s'en délivrent, puis le suffoquent, meutrissent, et autrement le suppriment, sans avoir fait impartir à leurs dits enfans le saint Sacrement de Baptême; ce fait, les jettent en lieux secrets et immondes, ou les enfouissent en terre profane, les privant par tels moyens de la sépulture coutumiere des Chrétiens: Ordonnons que toutes femmes qui se trouveront dûement atteintes et convaincues d'avoir celé et caché, tant leur grossesse que leur enfantement, sans avoir déclaré ni l'un ni l'autre, et sans avoir pris de l'un ou d'autre témoinage suffisant, même de la mort et de la vie de leur enfant, lors de l'issue de leur ventre; et après se trouve l'enfant avoir été privé, tant du Sacrement de Baptême, que de la sépulture publique et accoutumée, soient telles femmes tenues pour avoir homicidé leur enfant; et pour réparation publique, punies de mort et du dernier supplice, de telle rigueur que la qualité particuliere le méritera."

[23] The records of the Bequet trial are Greffe: *Crime* I, ff 60r–71r; *Jugements* I, pp. 409–12.

next day Jeanne stated that she was still pregnant, and 'that it was the deed of Collas Maugeur', their neighbour. Two midwives were sent to visit her. These declared that Jeanne had given birth just a short while before. She continued to deny this, however. Her father, when examined, 'with execrable oaths', at this stage altogether denied knowing that she was pregnant or that she had borne a child. Both submitted their cases to an *enqueste* of the parish, touching all their deeds and conduct.

The views expressed by those who had something to say at the *enqueste*, which on 16 December 1567 gave sixty-eight women and fifty-five men the chance to declare what they might know, and the confessions of Jeanne Bequet and her father, enable the events culminating in the trial for new-born child murder to be reconstructed in some detail. In August, it had been commonly noted, including by her father, that Jeanne appeared to be pregnant. The following month, at least one parishioner, not for the last time, reported as much to the vicar. The view was that Jeanne was guilty of *paillardize*. She was, someone else said, a girl who did not stay in one place for long, indeed she was a gadabout (*une courssyere*). Later in the proceedings a witness added she was given to cursing, and haughty. A recent female colleague of hers (Jeanne appears to have been a field labourer) noted in Court that a good three weeks before the enquiry, when they had slept together, she was said to have been pregnant, and was then of a different complexion. Another witness said 'the world was saying' that Jeanne was pregnant, and had several times been warned of her situation. At this, Jeanne had claimed to one woman that she was merely getting fat. She even went on oath before the Dean of Guernsey, who was rector of her native parish, swearing that she was not pregnant, in the manner the French law of 1557 effectively required of women who were subject to like suspicions.[24] This may have seemed to her accusers to have been a particularly barefaced action, since the Guernsey ordinance of 6 October 1567 against *paillardize* had been made with the Dean's express assent, and had very likely been announced before the congregation of the church that we know Jeanne attended. She apparently did not deny her condition to herself though, nor to Collas Maugeur, the father of the child. According to Jean Bequet, Jeanne and Collas regularly kept company together. Jeanne was to state that Maugeur, however, when she had confronted him, had said that if she were pregnant, he would not wish to bring 'the shame of the world' upon himself as a consequence.[25]

After months of rumour, matters came to a head early in the morning of Thursday 11 December 1567. A neighbour – the one who claimed to have

[24] D. Hoüard, *Dictionnaire de Droit Normand* (4 vols, Rouen, 1781), ii, pp. 691–92, s.v. 'grossesse'.

[25] Maugeur was imprisoned and brought before the Royal Court on 2 January 1568 on account of his liaison with Jeanne. He was returned to the Castle: Greffe: *Jugements*, i, p. 410. I have found no final sentence upon him.

alerted the vicar to Jeanne's condition – about daybreak, heard Jeanne crying out 'Jesus, Our Lady, God, help me!' He also heard her father berating her for their situation. The neighbour departed to fetch his wife, who called on another woman to accompany her to assist Jeanne. On arrival at the Bequet house, they found a dishevelled Jeanne, and her father Jean, sat at opposite sides of their hearth. The women enquired if they might assist. Jean told them to mind their own business, and that his daughter merely had a pain in her side. According to Jeanne's eventual confession, at the time the women visited, the child – a girl – had already been born, and was lying dead at the side of the bed. When asked in court why she had not shown the child to her neighbours, all Jeanne could reply was that she had been 'possessed of the devil, and that he held her in his bonds'. She said that the child was born with only a small discharge of water, and that it had been no bigger than 'deux points', which is to say quite tiny. Although the child's body was not retrieved, midwives later gave their contrary opinion that she must have been fully six months, and alive at that term. Jeanne's knowledge of the child's sex suggests that they came closer to telling the truth than she did. In the meantime, a bloodied woman's smock, and blood in the bedstraw, and near the Bequets' garden gate, had been found.

Jean Bequet eventually acknowledged that he had heard the neighbour crying out 'Jeanne Bequet is in labour', going on to confess that she had admitted to him having given birth that Thursday morning. He claimed he had shouted at her, 'Ha! Whore that you are. What have you done with your child? Where is it? Keep to the truth, watch out that you are not accused like the Cauches'. This striking reference to the Cauches (and there had been other judicial burnings in Guernsey more recent than the one to which he referred)[26] was continued in Jean's report of what his daughter had told him at supper that evening, namely that she had taken the baby's body to the nearby beach called *Petit Bot*, where – as she confessed to the Court – she had placed it in the sand and put stones upon it. At Jeanne's admitting to doing this, Jean claimed he had then said to her 'Ha! Wicked whore, go and find your child and show it to the neighbours'. To her despairing 'What am I to do?' he could only predict 'You will be burned like the Cauches'.

Jeanne's final confession added the detail that at about nine o'clock on the Thursday morning with the child concealed beneath her apron, she had set out for the beach. Though less than a mile from the Bequets' house, she did not arrive there, she said, until about noon. Returning past the mill at the head of the bay, she thought to retrieve the child's body, but 'something of the Devil' came to her, she said, and sapped her will to do so. She was able, all the same, according to her father's statement, to attend one of the customary night time

[26] In 1563 a man and two women were so sentenced for alleged witchcraft: Ogier, *Reformation and Society in Guernsey*, p. 80, n. 121.

get-togethers – the *veille* – that evening.[27] The pretence of normality was also sustained in Jeanne's appearance in the parish church the following Sunday, though not without neighbours noting her relative slimness and changed complexion.

On 16 January 1568 Jeanne Bequet was condemned to be burned at the stake for the murder of her child, conceived in *paillardize*, and – in words again reminiscent of the French statute of 1557 – for her failure to present the baby to the Court or anyone else, nor for being able to indicate where the body might be found. Whatever goods she had were to be confiscated to the Crown.[28] The sentence gives no indication that Jeanne was to be hanged and strangled before her body was burned; apparently she did go alive to the stake, and was indeed 'burned like the Cauches'.[29]

Jean Bequet's sentence was delayed for reasons that are unclear. A second *enqueste* had been held on 30 December 1567, at which his reputation as a drunkard, blasphemer, and thief of poultry, vegetables, and – in particular – wood and other fuel, was exposed by many of the 128 male and 125 female parishioners who appeared. His habit, it appears, was to steal from neighbours, and to convey their goods to an adjacent parish. The whole Bequet family, one woman said, were of bad character, even assaulting a man and wife in their house. He was sentenced on 5 February 1568 to be hanged, for his involvement in the alleged murder, its concealment, and his thieving ways generally.[30]

The two references to infanticide that next appear in the records of Guernsey's Royal Court can be cited only briefly. One concerns an accusation levelled in 1581 following malicious allegations in respect of a stillbirth. The other is a sentence of 1596 upon Christine de l'Espyne to hanging, followed by the burning of her body. Although the trial records are lost, the sentence shows that she originated in Normandy, and was found guilty of having murdered a child conceived in *paillardize*.[31] Christine de l'Espyne probably was a servant; many Guernsey households employed French migrants in such work.

[27] Cf. D.M Ogier, 'Night Revels and Werewolfery in Calvinist Guernsey', *Folklore* 109 (1998), 53–62, pp. 53–55.

[28] In 1581 and 1624 the Crown continued to enjoy an annual four-penny payment forfeited by Jeanne upon sentence: Island Archives Service: RG67/5, p. 10; RG67/6, p. 39.

[29] Though horrific, the manner of Jeanne's execution appears to have been within the law and Guernsey's judicial traditions: a sentence of one Avicia Lerneyse to burning for infanticide was referred to in the course of the Assizes of 1304 (Priaulx Library, Guernsey: *Colonel J.H. Carteret Carey's Notes from Record Office I* (Sheltmark 40a) pp. 141–42 (Assize roll 32 Edw.I). The sixteenth-century Royal Court clearly allowed itself the discretion exercised by the French courts, which was reflected in the edict of 1557, of making sentences according to the gravity of the crime. Cf. J. Godefroy, *Commentaires sur la Coustume Reformée du Pays et Duché de Normandie, anciens resorts et enclaves d'iceluy* (2 vols, Rouen, 1626), I, p. 36.

[30] Greffe: *Jugements* I, p. 412.

[31] Greffe: *Crime* ii, ff. 8v-10r; *Jugements*, iii, f. 118r.

In its early years, the island's Reformed Church was similarly dependent on France, for clergy. Several had connections with the town of Vitré in Brittany, with which Guernsey also maintained close commercial and dynastic links.[32] The master of the island's grammar school was also connected with that town. This was Martin Pestre, originally of Flanders. As a widower, on 8 December 1584 at Vitré he married Anne Couldray at the town's Protestant church.[33] She was a cousin of Judith Le Blocq, the daughter of Maitre Jean Le Blocq. Judith had been baptised at Vitré in 1563 or 64.[34] She had married a Gascon, who left her in 1594 with one child, and another expected. In the spring of 1599, she came, alone, to Guernsey, seemingly not as a servant, but – in some respects at least – with something of a more genteel character.[35]

Judith stayed at first with the Pestres, in St Peter Port,[36] but after ten weeks or so, she fell out with her hosts. Pestre believed that Judith had attracted a man in his early twenties named Thomas Guille to the house, where he paid court to the schoolmaster's daughter, Esther. Though Guille was well connected, he was deemed to be an unacceptable suitor.[37] Esther's tender age alone would account for this. Judith was turned out, apparently taking immediate refuge with the pastor of the Castel parish and his wife, and then with the pastor of the Vale parish, all of who were relations. Later, she stayed at Pierre Le Marchant's, in

[32] E. MacCulloch, 'On the Commercial and Family Relationships formerly existing between the Town of Vitré and the Island of Guernsey', *The Guernsey Magazine*, July-Oct. 1880; S.C. Curtis, 'The Thirtieth Report of the Antiquarian Section', *Transactions of La Société Guernesiaise,* 13 (1941), 330–44.

[33] Paul Paris-Jallobert (ed.), *Église Protestante de Vitré* (ser. Anciens Registres Paroissiaux de Bretagne), (Rennes, 1890), pp. 126, 33–34. Pestre and an earlier wife had children Marie and Pierre baptised at St Peter Port 15 September 1574 and 24 January 1576 respectively (Priaulx Library: St Peter Port baptism register, pp. 45, 54). I have assumed – reasonably I think – that at the time of the Vitré marriage Pestre was neither a divorcé nor bigamist.

[34] Paris-Jallobert (ed.), *Église Protestante de Vitré*, p. 88, names the children of Me Jean Le Bloc and Antoinette Pichot as Suzanne (baptised 11 Feb. 1562), Judith (20 Apr. 1563), another Judith (21 May 1564) and N… (22 Aug. 1565). The elder Judith very likely died in infancy, though the giving of identical names to siblings did sometimes happen.

[35] The record of Judith Le Blocq's trial is Greffe: *Crime* iii ff. 67r-71r; and *Jugements*, ii, f. 143r.

[36] Pestre was mentioned as being master of the school in 1574 (Priaulx Library: St Peter Port baptism register, p. 45). He was required to quit the house in 1607, having been replaced (Greffe, *Jugements*, ii, f. 204v). It is clear from the trial records that the Pestres lived near or at the school, at *les Freres*, and there is no suggestion that they were not resident in the master's house when the events described here occurred.

[37] Thomas Guille was baptised at St Peter Port 6 January 1576 (Priaulx Library: St Peter Port baptism register, p. 53). He was the second son of Nicolas Guille and Colliche Effart, daughter of the jurat Thomas Effart. The *partage* of Nicolas' real estate was dated 7 January 1589, at which date his three children were minors. Nicolas' widow was dead by 1608. Thomas Guille, their son, had died by early 1627, leaving a widow, Marthe l'Hommeau. Thus Judith Le Blocq's lover was not only a grandson (and, incidentally, godson) of Foxe's informant and a leading Protestant, but also was to marry a daughter or granddaughter of the one-time pastor of St Peter Port, Mathurin l'Hommeau. (Island Archives Service: SG1–21; FH3–04; copy of *livre de perchage*, fief le Roi, St Peter Port 1616–17, p. 340. This last reference also serves to locate the orchard mentioned in the proceedings).

the Couture district of St Peter Port, probably as a guest there also; the Le Marchant family was not the sort to run a boarding house.[38]

Thomas Guille did not disappear from the scene, however. The day after Judith left the Pestre household he twice 'had her company', as she put it, also giving her apples and plums. The liaison – which had started in his mother's orchard near Pestre's school – continued at other locations as well. Although Judith later confessed to having received a pair of gloves from Guille (which she passed on to a friend) she admitted to having 'abandoned herself to him without any promise of marriage' or anything else. On encountering Guille one day whilst she was out walking with her cousin Esther Pestre, Judith took him aside and told him she was pregnant. He denied responsibility, and recommended she return to Brittany. She added that he also suggested that she might take rue, an abortifacient herb.[39] Judith did not do this, however. Nor did she take Guille up on his offer to convey a letter from her to her sister, when he was due to go on a voyage to Brittany.

Towards the end of April 1600 Judith Le Blocq kept indoors, and later took to her bed, claiming to have gout. Friends offered the services of a succession of healers. Judith later said her leg had been treated by one of these, and witnesses recalled her turning away others. Judith's elder sister Suzanne came to Guernsey for a few days at this time, perhaps visiting on account of the supposed illness, or perhaps to take Judith back to Brittany. Suspicions arose; a witness deposed that by mid-February Judith's gait as she walked along the road indicated she was pregnant, and a woman from whom Suzanne hired a bed later told the Royal Court that she had raised the question of Judith's reputation with her sister, which Suzanne brushed aside with the reply that single people were always prey to scandal.

According to her confession, Judith secretly gave birth one Friday evening in April, in a small study to which she had withdrawn because her sister's bedroom was near her own. Judith said that after three hours in labour, the child that was delivered was not to term, nor did it cry on appearance. She stated she did not know whether the child was 'a male or female, son or daughter'. Some half-an-hour later, she wrapped the baby and the afterbirth together in a napkin, and placed the bundle under her bed, where it was to remain for a fortnight or more. The Court questioned Judith closely as to how she cleared things up, particularly with regard to soiled linen, its object being, it seems, to establish any involvement in the affair of her sister, fellow members of the household, and two washerwomen. At the end of her examination, however, Judith asserted –

38 The Le Marchants were Guernsey's leading gentry family for generations. Pierre Le Marchant's daughter, Isabel, mentioned in the proceedings as a friend of Judith's, is perhaps to be identified with the Elizabeth Le Marchant, daughter of Pierre, who married Matthieu Fondan, *Seigneur de Handois*, of Jersey in 1607: Island Archives Service: FH3–06.

39 J.M. Riddle, 'Oral Contraceptives and Early Term Abortifacients during Classical Antiquity and the Middle Ages', *Past & Present*, 132 (1991) 1–32, pp. 14–18.

whether correctly or not we cannot say – that she had concealed her pregnancy throughout, until the death of the child, which she brought about without counsel, aid or assistance.

On or about 13 May, she had taken the bundle, pinned it in a smock, and hidden it in the front of her dress, or apron. Coiffed and masked in black, and wearing a black dress, she took the road to the Castel parish, having, she claimed, decided to proceed from there to the parish of the Vale in order to put the body in the sea.[40] She took fright on encountering two men near the Castel presbytery, and instead dropped the package through the window of a derelict house. On 29 May 1600, a boy returning from tending his father's beasts entered the ruin, seeking swallows' nests in its chimney. He found the bundle, and fetched his father, who after exposing the decayed body, reported the find to the Royal Court, which forthwith ordered an investigation into what it somewhat prejudicially referred to as 'this murder'.

The enquiry started a few days later, on 4 June. By the time matters came before the Court, rumours had reached Judith Le Blocq and her circle. The night before she was first called to give evidence, Judith was frightened, and (as she was to confess) contemplated killing herself with one of the two daggers or the sword that were in the friend's house where she was staying the night. Judith stated that on the day of the trial itself, the same friend had called to borrow a comb, and asked Judith if she had not visited the Castel parish recently. At Judith's confirmation that she had, her friend was reported to have broken down in tears, saying that by the child's death she was lost. Her host's daughter also visited Judith that morning, asking if she planned to attend that day's sermon. To Judith's saying that she did, the daughter advised against this, suggesting that people would stare at her. Before the *enqueste* started that same morning, Judith threw herself into a public well near the school, seemingly with renewed suicidal intentions.

On the next day – 5 June 1600 – three midwives attested that they had examined Judith, and found that she had had a child within the previous four months, that her milk was fresh, and, significantly, that she had applied sage and other herbs in an effort to dry it up.[41] She was remanded in Castle Cornet. On 7 June she made her confession, upon which she was examined on 18 June. The record of the latter hearing is careful to state – to the extent, perhaps, of protesting too much – that she confessed publicly, including that she alone was responsible for her crime. None of the clergy and few, if any, of Judith's gentry acquaintances had given evidence. Nor does Thomas Guille appear to have been

[40] The mask, though seemingly bizarre, appears to have been quite the fashion: see C. Camden, *The Elizabethan Woman: a panorama of English womanhood, 1540 to 1640* (London, 1952), p. 226.

[41] Cf. S.I. Humphrey and D.J. McKenna, 'Herbs and Breastfeeding', *Breastfeeding Abstracts*, 17/2 (November 1997), pp. 11–12.

tried for his alleged incontinence. Possibly his family and elite connections served him well; no fewer than three of Guille's paternal aunts were married to two of the jurats and the Bailiff respectively.[42] On 27 June 1600 Judith was sentenced for having been a 'parricide and murderer of her own child, conceived in *paillardize*' to be hanged until death ensued.

The next references to infanticide found in the records of Guernsey's Royal Court date from 1608 and 1612. In the first case, Rachel Poingdextre, of Sark, was remanded in the castle on suspicion of being pregnant, and failing to produce the child. She was acquitted for lack of evidence.[43] The second was that of a servant, Marie Le Sauvage, of Jersey. She was imprisoned in the Castle for a long period for *paillardize*, and then on 14 November 1612 accused of concealing her pregnancy and murdering her child. She was not found guilty, but nonetheless, in consideration of the Court's vehement suspicions, sentenced to a whipping through the town until blood flowed. Her ear was then attached to the pillory and cut off, and she was banished.[44]

A decade later, a slightly better fate awaited another servant, Dorothy Pye, in a case where the evidence was more abundant. She was brought before the Court on 14 December 1622, having been imprisoned for *paillardize*, and on the presumption that she had caused the death of a child that had been found. Dorothy denied this, stating that she had handed the baby to Simon Hearne, for whom she had worked as a chambermaid. Hearne, a man with a family, was the minister of the parish of St Martin.[45] Both pastor and servant were remanded in prison. At hearings of 15 February and 10 May 1623, details of their story emerged. Notwithstanding Hearne's repeated denials in the face of Dorothy's repeated assertions, the Court found not only that the minister had fathered the child, but that he had turned Dorothy out of his house at the very onset of labour. She gave birth in the home of a widow called Anne Roberge, who in her turn put Dorothy out after she had had the child. It has been reported that the weather that winter was particularly hard.[46] When first accused in December, Dorothy had been considered too weak to be imprisoned and had been placed by the Court in the custody of a married couple. Hearne had sought to carry her off from their house, perhaps to take her to Sark in a boat owned by two men of that island.[47] He also sought to persuade his servant to allege that someone else had

[42] Island Archives Service: FH3–04. On interrelations within the Court, cf. Ogier, *Reformation and Society in Guernsey*, p. 82.

[43] Greffe: *Jugements*, ii, f. 219r.

[44] Greffe: *Jugements*, ii, ff. 251v–252r.

[45] Ogier, *Reformation and Society in Guernsey*, pp. 90, 145. Hearne was otherwise known as Heron.

[46] J.M. Stratton and J.H. Brown, *Agricultural Records AD 220–1977*, (2nd edn, ed. R. Whitlock, London, 1978), p. 47.

[47] These were Thomas Le Masurier and Noël Vaudin, both at separate times proprietors of Le Grand Beauregard, Sark: A.H. Ewen and A.R. de Carteret, *The Fief of Sark* (Guernsey, 1969), p. 123.

fathered the child. On 10 May 1623 Dorothy Pye was convicted of concealment and giving birth without seeking assistance, though not of parricide, and Simon Hearne found culpable in all that was alleged against him. Dorothy was sentenced to be whipped publicly, until blood flowed, with Hearne looking on. Both were banished from Guernsey.[48]

Several of the elements found in previous cases were also present in the final trial examined here. On 25 August 1634 rumour reached the Bailiff that Christine Prey, of the parish of St Sampson, was reputed to have been pregnant and recently delivered, but that no one knew the outcome. She was arrested and brought before the Court the next day, and eventually confessed to having become pregnant by one Collas Hallouvris, when a servant in his house. She stated she had delivered the baby alone, a few days before, and that it had been born dead. She had hidden its body behind the house. At this, the Bailiff, accompanied by various officials and a surgeon, went to the property and there found the child concealed beneath the muckheap. Christine identified the body, which the surgeon reported to have met a violent end, with a dislocated and broken neck, and bruising caused by the pressure of fingers, which were said to be those of its mother. On account of her frailty, the Court first placed Christine Prey in the care of a cousin in St Peter Port. The following day, it ordered that Hallouvris should pay for this accommodation. His arrest was also ordered, and mariners warned not to take him out of Guernsey. On 30 August, still denying her guilt, Christine Prey was imprisoned in the Castle. At the same time, the investigation of previous *paillardizes*, concealments, and child murders now alleged against her was ordered. On 26 September 1634, Christine Prey was condemned to be hanged not only for the recent new-born child murder, but also for other, unspecified, concealments and infanticides she was said to have committed. Notwithstanding Christine's implied capacity for independent action, George Fashion, *Seigneur d'Anneville*, suggested that Hallouvris had also been involved in the death, noting on 27 September 1634, that 'a yong wench [was] hanged for murdringe of her child counseled therto by one halouris a welthy married man who was father of her child as she confessed at her death'.[49] On 31 January following, Hallouvris appeared before the Court on charges of adultery, and for having 'kept and got pregnant' (*entretenu et engrossé*) Christine Prey. Following adjournment, however, no record of any further action against him appears.[50]

48 The record of the trial of Dorothy Pye and Simon Hearne is Greffe: *Crime*, iii, pp. 231, 237, 242; *Vers en Meubles*, viii, f. 215v.

49 Greffe: Greffe Collection no. 64, p. 53.

50 The Royal Court records relating to the affair of Christine Prey are Greffe: *Crime*, iv, pp. 96–98, 108; and *Vers en Meubles*, xv, f. 185r.

III

So ends the miserable catalogue of new-born child murder cases known to have come before Guernsey's Royal Court in the Reformation era. Studies of modern neonaticidal mothers show them to be young or immature, emotionally isolated from partners, and with little hope of economic self-sufficiency.[51] Margaret Spinelli's analysis finds that physical changes of pregnancy may be minimal or not obvious, with psychiatric presentations that may include depersonalisation, accounting for little or no pain at delivery, accompanied by intermittent amnesia, dissociative hallucinations, and sometimes a psychotic reaction at the sight of the child. Evidence of childhood trauma is sometimes also found. Spinelli also notes bizarre actions in disposing of corpses in unusual places or retaining them for some time. The women may not have histories of sociopathy, but be acknowledged 'good girls'.[52] As noted above, denial of pregnancy is often another correlate of new-born child murder.

The modern model matches many eighteenth- and nineteenth-century English and European examples. As Meg Arnot notes in an important study of Victorian cases, the women in question usually were economically dependent, unmarried, servants, acting out a pattern of concealment, followed by secret delivery, and a 'very rapid dispatch of the infant', in order to remain in service and avoid the shame and financial ruin that would follow any admission of pregnancy.[53] Similar has been found of servants in England, France, and Germany in the eighteenth century.[54] Arnot reports the physical signs of pregnancy were sometimes absent or minimal in her Victorian sample, and that 'in almost all cases, the women never acknowledged their pregnancies', even perhaps to themselves, so that 'they split it off from their conscious minds'.[55] Others have shown women to have been of virtuous and modest reputation, perhaps being motivated by a sense of shame.[56] Examples of denial, dissociation, and unusual

[51] Eg. as stated by M. Oberman, 'A brief history of infanticide and the law', in Spinelli (ed.), *Infanticide*, 3–18, p. 11.

[52] M.G. Spinelli, 'Neonaticide: a systematic investigation of 17 cases', in Spinelli (ed.), *Infanticide*, 105–118, pp. 107, 112, and *passim*.

[53] M. Arnot, 'Understanding women committing newborn child murder in Victorian England', in S. d'Cruze (ed.), *Everday Violence in Britain, 1850–1950* (Harlow, 2000), 55–69, pp. 59–60.

[54] Malcolmson, 'Infanticide in the Eighteenth Century', p. 192, L. Stone, *The Family, Sex and Marriage in England 1500 1800* (London, 1977), p. 474; O. Hufton, *The Prospect before Her: a history of women in Western Europe volume one 1500–1800* (London, 1995), p. 275.

[55] Arnot, 'Understanding women committing newborn child murder in Victorian England', pp. 65, 60.

[56] Wrightson, 'Infanticide in European History', pp. 6–8. Wrightson refers to Protestant and Catholic reform movements as precipitants, but cf. Brissaud, 'L'Infanticide à la fin du moyen age', p. 232, where Catholic moral concerns are located in the later middle ages; Malcolmson, 'Infanticide in the Eighteenth Century', pp. 203–05; L. Abrams, 'From Demon to Victim: the infanticidal mother in

actions with regard to the corpse have also been noted from the eighteenth and nineteenth centuries, and before.[57] Altogether, Arnot suggests, '... stories of neonaticide across the generations are so strikingly similar, though the historical conditions have changed so much, that positing a core of psychic continuity seems to make sense'.[58]

The Guernsey cases have some of these characteristics, for example all the women were unmarried or deserted, and some half or more of them were servants, and probably young. Yet just as striking are the ways the Guernsey incidents differ from the reports of Spinelli, Arnot, and others. There is no suggestion that any of Guernsey's accused were in a state of denial, and the evidence in three of the cases clearly points to the contrary. The physical signs of pregnancy were not absent or minimal in another three cases, as the women's neighbours remarked. In some cases, the fathers knew of the pregnancies. We find deliveries taking place in the company of others, or with their knowledge, and at least one noisy and painful confinement. The women were not notably 'good girls', and quite the opposite in the Bequet and Prey cases.

How is this Early Modern variance from the more recent paradigm to be accounted for? The answer lies in historically-specific circumstances. A period of immense religious and social upheaval followed the Cauches affair of 1556, even to a degree being a consequence of it. Under the Protestant administration, moral regulations introduced corporal and other punishment for fornication. About the same time, Presbyterian measures introduced the public humiliation of offenders in church.[59] Overwhelmingly women were the victims. The French law of 1557 was consonant with the Guernsey reformers' ambitions for society, and persuasive in the Royal Court's treatment of accusations of concealment and new-born child murder. From the 1560s, unmarried women who became pregnant were living in a radically new moral *milieu*, and faced with new options and possible outcomes. A woman could publicly admit to her condition. This might result in acknowledgement by her lover of his responsibilities, and perhaps in marriage or (particularly in the case of men already married to someone else) some other settlement. Bernard Capp has drawn attention to the

Shetland, 1699–1899' in Y. Galloway Brown and R. Ferguson (ed.), *Twisted Sisters: women, crime and deviance in Scotland since 1400* (Phantassie, East Lothian, 2002), 180–203, p. 189.

[57] Peter Hoffer and N.E.H. Hull, *Murdering Mothers: infanticide in England and New England 1558–1803* (New York and London, 1981), p. 148; R. Leboutte, 'Offense against family order: infanticide in Belgium from the fifteenth through the early twentieth centuries', *Journal of the History of Sexuality*, 2, (1991) 159–85, pp. 182, 184; Arnot, 'Understanding women committing newborn child murder in Victorian England', p. 63.

[57] Arnot, 'Understanding women committing newborn child murder in Victorian England', p. 65. The psychiatrist Philip Resnick's pioneering article defined 'neonaticide' (and indeed introduced the word) by reviewing just such continuities over the period 1751–1968: P.J. Resnick, 'Murder of the Newborn: a psychiatric review of neonaticide', *American Journal of Psychiatry*, 126 (1970), 1414–20.

[59] Ogier, *Reformation and Society in Guernsey*, pp. 149–50.

use by women of men's sense of public reputation and honour as a coercive lever in such circumstances.[60] Something like this may have been attempted in some of the cases reported here, though we should not dismiss either the resort by pregnant women, and their families to simple appeals to do the decent thing; the power of conscience has sometimes been underrated as an historical force. If the man failed to acknowledge, however – and there were punitive disincentives from doing so – having revealed her condition publicly, the abandoned woman faced corporal and other punishment, humiliation, and enduring shame, and the dire prospect, including unemployment and unmarriageability, of raising a child alone.

Full public acknowledgement was risky. A more promising strategy was the *partial* concealment of pregnancy, limiting acknowledgement to one's self, one's lover and perhaps other confidantes, whilst denying being pregnant to everyone else. This is what we see in at least some of the Guernsey cases. In these circumstances, if the father recognised his responsibility, the woman might succeed in obtaining marriage or another commitment from him. If this strategy failed, the possibility of concealment, with perhaps the hope of miscarriage, or simply (however mistakenly) that something might turn up, still remained. The best documented cases – those of Jeanne Bequet and Judith Le Blocq – show that whilst concealing their pregnancies from the world, the women were aware of their condition, and revealed it to the putative fathers of their children like this. The same may well have been the case with Christine Prey and Dorothy Pye, and even the others.

The story of Judith Le Blocq is the most telling as a partial concealment narrative. As Jeanne Bequet had done with Collas Maugeur, Judith discreetly informed Guille of her pregnancy, taking him aside and telling him of her situation. She took considerable risks, not fleeing home to France, nor seeking an abortion, or, so she said, informing her apparently sympathetic, and perhaps suspicious, sister of her condition. Yet Judith's potential gains were high. She stood to win support – even if not legal matrimony – from a well connected man, more than a decade her junior. The gloves Guille gave her, notwithstanding that, doubtless under pressure, she disclaimed any contract with him, might suggest a marriage- or other pledge, whether sincere or not.[61] Judith was approaching middle age, she had fallen out with her relations, and had abandoned in some degree her children and wider family at Vitré. Though playing for the highest of stakes, her strategy is comprehensible, even if she may not have seen things in

[60] B. Capp, 'The Double Standard Revisited: plebeian women and male sexual reputation in Early Modern England', *Past & Present*, 162 (1999) 70–100.

[61] Gloves could be an entirely proper marriage pledge in England, and there is no reason to think that the same was not the case in Guernsey: cf. David Cressy, *Birth, Marriage, and Death: ritual, religion, and the life-cycle in Tudor and Stuart England* (Oxford, 1997), pp. 263–66.

such clear terms herself. Judith's realisation of failure is indicated by her unsuccessful attempts on her own life.

Hiding pregnancies from the neighbourhood, whilst hoping to persuade fathers to accept their responsibilities, may sometimes have made risks such as this worth taking. Having initiated a fiction of not being pregnant, however, necessitated carrying the story through, and the concealment of a pregnancy that resulted in a dead child being born, or concealment followed by a live birth followed by the baby's death, rendered a mother liable to prosecution for parricide, even if experiencing a stillbirth or miscarriage (as some or indeed all our sample may have done, in physical circumstances that were conducive to the failure of pregnancy). We see here only the failures, of course, where what was in a sense a rational strategy failed disastrously, with births and alleged new-born child murders occurring at a point where fathers could not usefully be named, or the Court or Church compel the men to meet their obligations.[62] Laura Gowing has noted that 'recent studies of bastardy' have concluded that 'illegitimate births, in many cases, represented failed marriage'.[63] New-born child murders – failed bastardies, as it were – sometimes represented the same. The trials of Reformation Guernsey indicate that any 'core of psychic continuity' might be less substantial than studies of eighteenth-, nineteenth-, and twentieth-century cases sometimes suggest. There were, for historically circumstantial reasons, different courses that illegitimate pregnancies took. There often *are* striking continuities in narratives of new-born child murder, some of which are suggested here most clearly – if paradoxically – by the Cauches affair. These continuities, though, should not blind us to historically constructed variations in the experiences and mentalities of the women concerned and the strategies some adopted.

Dr Darryl Ogier
Archivist of the States of Guernsey

[62] Cf. L. Gowing, 'Ordering the body: illegitimacy and female authority in seventeenth-century England', in M.J. Braddick and J. Walter (ed.), *Negotiating Power in Early Modern Society: order, hierarchy and subordination in Britain and Ireland* (Cambridge, 2001), 43–62, pp. 53–54.

[63] Gowing, 'Ordering the body', p. 52.

L'Évolution du régime matrimonial normand après 1789

CORINNE BLÉRY

En 1204, la Normandie devint française : placée sous l'autorité directe du roi de France, elle perdit son indépendance politique. En revanche, elle garda son originalité juridique jusqu'à la Révolution et même, dans une certaine mesure, au-delà. En particulier, un statut bien peu libéral était conféré à la femme normande depuis Guillaume le Bâtard-Conquérant, par diverses dispositions de la coutume de Normandie : il s'agissait des règles du régime matrimonial – elles régissent les relations patrimoniales des gens mariés –, des règles de droit successoral, ainsi que celles qui ont trait à la capacité. Or ces dispositions étaient restées quasiment inchangées jusqu'à la Révolution. Quasiment – c'est-à-dire si l'on excepte une lente adaptation de la coutume de Normandie aux mœurs, adaptation qui est le propre même de la notion de coutume. Sous cette réserve, la « francisation » de la femme normande fut la conséquence, non pas de la *commise*, mais de la Révolution. Plus précisément encore, ce n'est qu'à partir de la Révolution que la femme normande commença – en partie – à être soumise à certaines règles de droit s'appliquant sur l'ensemble du territoire.

14 juillet 1789! Dans beaucoup d'esprits, encore aujourd'hui, cette date mythique marque la rupture entre un passé dont on a voulu faire table rase et des lendemains que l'on espérait entendre chanter. Considérant ainsi que la Révolution avait entraîné la disparition totale de l'Ancien droit, les justiciables de la fin du XVIIIème siècle crurent, en toute bonne foi que les coutumes avaient vécu. En réalité, le vide juridique ne pouvant exister, les coutumes survécurent après le 14 juillet 1789. Et force est de constater que la Coutume normande – pour revenir à celle qui nous intéresse – s'est appliquée bien après le Code civil.

La rencontre de ces coutumes avec les lois révolutionnaires donna naissance à un problème inconnu de l'Ancien droit coutumier, celui des conflits de lois dans le temps. (On parle aussi de « droit transitoire »). Pourquoi les lois anciennes et les lois nouvelles entrent-elles ainsi en conflit ? Parce qu'il y a des faits qui se trouvent placés à la limite de la durée d'application des lois de telle sorte qu'ils peuvent être gouvernés, en tout ou partie, par la loi antérieure ou par la loi postérieure. Pour résoudre ces conflits, il faut faire appel à des règles particulières, indépendantes du fond du droit, règles que la jurisprudence et la doctrine de l'époque ont dû inventer. En effet, la Cour de Cassation, les juridictions, plus généralement, n'ont jamais été confrontées à ce type de problème puisque la coutume, par définition, s'adapte spontanément bien que lentement – on l'a dit – aux nouveaux besoins de la population ; elles vont cependant élaborer un système de solutions, pas parfaitement opérationnel, pas exempt de critiques, mais qui a permi de mettre fin aux contestations sur la loi applicable portées devant la justice.

En elles-mêmes, les solutions aux conflits de lois dans le temps ne sont pas en nombre illimité ; au contraire, elles ne sont que trois, à savoir la survie de la loi ancienne, l'application immédiate de la loi nouvelle et la rétroactivité de la loi nouvelle. Il y a survie de la loi ancienne si le régime matrimonial reste régi par la loi du mariage – c'est-à-dire la coutume normande – jusqu'à sa dissolution, malgré la publication d'une loi nouvelle ; il y a application immédiate de la loi nouvelle si la loi nouvelle doit régir le régime matrimonial dès son entrée en vigueur et la dissolution du régime matrimonial sera *a fortiori* régie par cette loi ; enfin, il y rétroactivité de la loi nouvelle si cette loi remonte dans le passé pour régir le mariage lui-même, comme si la coutume normande n'avait jamais existé et comme si elle – la loi nouvelle – avait toujours existé.

Ainsi, la jurisprudence a donné de nombreuses illustrations de ces difficultés à propos des époux normands, justement dans le domaine des régimes matrimoniaux : en effet, le mariage est une situation qui dure dans le temps. La recherche des arrêts est facilitée par l'existence d'une rubrique « femme normande » au *Recueil général des lois et arrêts Sirey* (où se trouvent les arrêts de la Cour de Cassation à partir de 1791 et les arrêts des cours d'appel à compter de l'an VIII) et dans les deux grands répertoires du XIXème siècle (le *Répertoire général alphabétique de droit français* et la *Jurisprudence générale Dalloz*) qui fournissent tous deux des arrêts inédits au *Sirey*. L'historien du droit dispose donc d'une bonne centaine de décisions – rendues essentiellement par la Cour de Cassation, parfois par les Cours d'appel de Caen et Rouen – et dont l'analyse permet de comprendre comment les juges issus de la Révolution ont résolu cette difficulté nouvelle des conflits de lois dans le temps.

On sait que le régime matrimonial des Normands qui avaient contracté mariage avant 1789 était le régime dotal de la Coutume de 1583. La question s'est posée de savoir si ce régime matrimonial allait se trouver modifié du fait de l'adoption de lois nouvelles – lois révolutionnaires puis Code civil. De même, lorsque le mariage était dissous – par la mort d'un époux – après la Révolution, la difficulté était de déterminer quelle loi allait s'appliquer pour la répartition des biens d'un époux : l'hésitation était permise entre la coutume normande en tant que loi du mariage ou la nouvelle loi en tant que loi de la dissolution. Il ressort de la jurisprudence que des conflits ont eu lieu tant en ce qui concerne la propriété des biens des époux (I) qu'en ce qui intéresse leur gestion (II).

I La propriété des biens

La question de la propriété des biens des époux était envisagée en Normandie sous forme d'un régime dotal, donc séparatiste: la femme apportait une dot inaliénable à son mari et, à la dissolution du mariage, aucune masse commune n'étant partagée entre les époux, la coutume normande reconnaissait des droits à l'épouse survivante. Or, le 17 nivôse an II fut promulguée une loi relative aux successions et donations. La loi de nivôse contenait, dans ses articles 62 à 90, un nouveau système de dévolution des successions, immédiatement applicable. Mais surtout, les articles 1 à 61 effaçaient, par des dispositions rétroactives remontant jusqu'au 14 juillet 1789 les disparités régionales s'agissant de dispositions entre vifs ou testamentaires ou d'avantages coutumiers. Compte tenu des graves difficultés qu'il a suscitées, cet effet rétroactif fut annulé, c'est-à-dire lui-même rétroactivement abrogé par un décret du 3 vendémiaire an IV. Cependant trois types de conflits se produisirent avec la coutume de 1583 à propos d'une éventuelle adoption de la communauté (A), à propos de la fraction que l'épouse survivante prenait dans les biens acquis par le ménage à la dissolution du mariage (B) et à propos du douaire que lui accordait la coutume dans les biens du mari (C).

A. L'adoption de la communauté

On se rappelle que la coutume (art. 389) contenait une prohibition expresse de stipuler la communauté à laquelle les époux ne pouvaient déroger. Or, convaincus que la loi de nivôse avait abrogé le régime matrimonial et le régime successoral normand, des époux se mariant après publication de cette loi n'hésitèrent pas à stipuler la communauté dans leur contrat de mariage, de deux manières différentes. Certains couples adoptèrent carrément le régime de la communauté générale, dans lequel la dot était aliénable et les obligations exécutoires sur elle (1°), alors que d'autres se contentèrent – plus modestement – d'aménager le régime dotal normand en lui adjoignant une communauté d'acquêts (2°). Confrontés à ces questions de conflits, les juges fournirent des réponses qui varièrent dans le temps, ainsi que leurs justifications.

1° Le régime matrimonial de communauté

Ainsi, dans un premier temps, les cours déclarèrent valable la communauté générale. Pour ce faire, elles s'appuyèrent sur la maxime *error communis facit jus*. Cette erreur commune devenue du droit était celle des futurs époux voulant adopter la communauté parce qu'ils estimaient le régime matrimonial normand désormais inadapté aux nécessités économiques de l'époque ; l'erreur était aussi imputable aux notaires qui profitèrent des dispositions libérales de la loi de nivôse pour faire comme si l'article 389 de la coutume – celui qui prohibait la communauté – n'existait plus et qui rejoignaient ainsi les vœux des époux. Mais, dans un second temps, les juridictions jugèrent que les époux normands, même mariés après la loi de nivôse n'avaient pu adopter la communauté en tant que régime matrimonial parce que cette nouvelle loi n'était relative qu'aux transmissions de biens par successions ou donations et que, par conséquent, les dispositions de la coutume normande relatives au régime de la dot avaient conservé toute leur force jusqu'au Code civil. Ce faisant les cours s'en tenaient à la lettre de la loi de nivôse qui n'avait pas modifié le régime matrimonial normand. Ce revirement jurisprudentiel est à approuver en droit ; l'était-il en opportunité ? Logiquement, les tribunaux auraient dû raisonner d'une manière identique à propos de la simple stipulation de la communauté d'acquêts et pourtant ce ne fut pas le cas.

2° La stipulation de communauté

Ainsi, les juridictions admirent la validité d'une telle stipulation de communauté. La justification était qu'une telle stipulation – concernant seulement certains biens du ménage – ne portait pas atteinte à l'inaliénabilité dotale ; cette stipulation était analysée comme constitutive d'une libéralité entre époux ; or, si une telle libéralité était prohibée par la Coutume normande, elle était désormais autorisée par la loi de nivôse. Juridiquement, cette analyse était bien peu solide et fût abandonnée ; la permission de stipuler une société d'acquêts fût en revanche maintenue ! En réalité, si les juges tolérèrent, d'une manière volontairement erronée, la stipulation de communauté, c'était comme une concession faite à l'évolution des mentalités, aux nouveaux besoins économiques. C'était aussi et surtout pour éviter une rupture de liaison dans le droit, rupture due au nouveau régime successoral édicté par la loi de nivôse, puis par le Code civil : en l'absence de « correction » jurisprudentielle des règles de conflit entre les deux droits successivement applicables, le résultat de ce conflit aurait été profondément injuste à l'égard de la femme normande.

B. La fraction de l'épouse survivante dans les biens du ménage à la dissolution du mariage

Ici la question était de savoir quelles dispositions relatives à la part de la veuve normande dans les meubles et conquêts devaient s'appliquer, dans l'hypothèse où le mari venait à décéder postérieurement à l'entrée en vigueur de la loi de nivôse ? La réponse dépendait de la nature du droit de la femme : si c'était un droit successoral, il s'était ouvert au décès du mari, après l'entrée en vigueur de la loi de nivôse ; ce droit devait alors être considéré comme supprimé par la loi de nivôse. Au contraire, si c'était un droit de communauté, il était acquis dès le jour du mariage et subsistait donc malgré la publication de la loi nouvelle. Or, pour les commentateurs normands, ce droit de la femme sur les meubles et les conquêts était un droit d'héritière. En revanche, pour la Cour de Cassation les articles 329 et 392 accordaient à la femme un véritable droit de copropriété conjugale et non un droit purement successif; dans cette optique, la Haute juridiction a estimé que ce droit n'avait pas été aboli par la loi de nivôse.

Par cette interprétation, la Cour de Cassation refusait de donner application de la loi de nivôse. Elle n'hésitait pas d'une part à faire dire à la coutume le contraire de ce que celle-ci prévoyait (un droit d'héritage et non un droit de communauté) et d'autre part à se contredire elle-même puisqu'elle avait interdit aux époux mariés sous la loi de nivôse de stipuler la communauté!

Pourquoi ce choix? Là encore, pour que la femme ne se trouvât pas totalement démunie. En effet, la coutume normande ne lui donnait rien à titre de communauté, elle avait seulement un droit successoral qui aurait été abrogé par la loi nouvelle ; la femme n'aurait plus rien obtenu au décès de son mari ... La Cour de Cassation, en interprétant très « souplement » la coutume normande, a gommé le conflit de lois dont la loi de nivôse aurait dû sortir victorieuse.

Il restait une dernière question quant à la propriété des biens.

C. Le douaire de la veuve

La loi de nivôse ayant abrogé les avantages coutumiers la question se posa de l'incidence de ce nouveau texte sur le douaire de la veuve ? Selon la Cour de Cassation, la réponse ne dépendait pas ici de la nature de ce droit, mais de la date du mariage, à savoir antérieurement (1°) ou postérieurement (2°) au 17 nivôse.

1° Le mariage célébré avant la publication de la loi de nivôse

Lorsque la femme normande, mariée avant la publication de la loi de nivôse devenait veuve, elle conservait son douaire ; de fait, il n'avait pas été éteint par la loi de nivôse, lui étant acquis depuis le jour du mariage. C'était retenir la solution de la survie de la loi ancienne – la coutume – au profit de la femme. La Cour de Cassation s'appuyait sur le principe selon lequel c'est la loi du mariage qui régit le régime matrimonial. Pour pouvoir utiliser cette règle, elle dût largement entendre la notion de régime matrimonial, considérant le douaire comme un droit matrimonial et non successoral, ce qui était très discutable ; en effet, la loi du mariage n'aurait pas dû avoir à régir un droit dont l'ouverture dépendait du décès du mari, décès postérieur à l'entrée en vigueur de la loi nouvelle. Donc une nouvelle interprétation souple de la coutume permettait à celle-ci de survivre au détriment de la loi de nivôse. Une nouvelle fois, c'était pour sauver la femme de la ruine, en lui laissant un patrimoine dont elle aurait été privée par l'application de la loi de nivôse.

Quelle était maintenant l'incidence de la nouvelle loi sur le douaire lorsque les époux s'étaient mariés après la publication de cette loi de nivôse ?

2º Le mariage célébré après la publication de la loi de nivôse

Deux cas se présentèrent en jurisprudence. Dans le premier cas, les époux n'avaient rien prévu dans le contrat de mariage ; alors, la femme n'avait pas de douaire coutumier puisqu'un tel avantage avait été aboli par la loi de nivôse et n'existait donc plus pour les époux mariés après sa publication. En revanche, dans le second cas, c'est-à-dire lorsque le mari avait stipulé un douaire conventionnel au profit de sa femme, celle-ci pouvait en bénéficier ; en effet le mari avait le droit de stipuler ce douaire, en vertu du principe de la liberté des conventions et parce que la loi de nivôse n'avait pas supprimé cette faculté. A ce propos aussi, la jurisprudence a favorisé la transition entre l'Ancien droit et le droit intermédiaire, laissant au maximum la Coutume régir la part des époux normands dans le patrimoine du ménage. Qu'en a-t-il été en matière de gestion des biens ?

II. La gestion des biens

Le mariage accordait au mari des droits étendus tant sur la personne que sur les biens de son épouse : la femme « est en la postée du mari » qui pouvait donc « faire en sa volonté d'elle, de ses choses ». Quels que soient les biens du ménage (dotaux, propres,…), il en était le seul gestionnaire. Or, ces règles de gestion exclusive des différents biens se sont heurtées essentiellement au Code civil et dans une moindre mesure à la loi de nivôse, celle-ci n'ayant pas modifié les règles relatives à la dotalité. On se rappelle que cette gestion par le mari était strictement encadrée par le principe de l'inaliénabilité de la dot : inaliénabilité en valeur seulement, sauf exception, dans la coutume rédigée et complétée par le *senatus consulte* velléien. Le Velléien, adopté sous le règne de l'empereur Claude (vers 46–48), interdisait à toutes les femmes d'intercéder pour autrui, c'est-à-dire de s'engager pour autrui dans l'unique intérêt de cette personne (par exemple en tant que caution). Ces différentes règles ont soulevé des difficultés et donné lieu à des arrêts après la Révolution, dont une première série concerne des époux qui ont acquis leurs biens avant le Code civil (A) et dont une seconde série est relative à des époux qui ont acquis ces biens après le changement de législation (B).

A. La gestion des biens acquis avant le Code civil

Ainsi, des décisions ont eu à résoudre des contestations relatives à des actes (aliénations, remplois…) effectués soit avant la publication du Code civil, soit après, mais relatifs à des biens acquis avant le changement de législation. Or, dès lors que les époux s'étaient mariés avant l'entrée en vigueur du Code civil, la Cour de cassation a appliqué sans hésitation la coutume. C'est en tant que loi existant au moment du mariage que la Coutume de Normandie a été mise en œuvre par la Cour de cassation, y compris dans la seconde moitié du XIXème siècle ! La jurisprudence a justifié cette solution par le recours à la notion de « statut » : les dispositions de la coutume relatives à la dot constituant un « statut réel », elles devaient continuer à régir la dot des femmes mariées sous son empire, que cette dot résulte d'un contrat de mariage ou directement de la coutume elle-même. Par opposition, tout ce qui était « statut personnel » avait été abrogé par le Code civil : or le Velléien était analysé comme étant un statut personnel en ce qu'il concernait la capacité de la femme mariée. Les actes de cautionnement, par exemple, accomplis par la femme normande après l'entrée en vigueur du Code civil étaient donc valables. Ces solutions ne sont pas faites pour surprendre, tout ce qui était régime matrimonial (normand) proprement dit a survécu en vertu du principe fondamental de survie de la loi ancienne qui régit la matière contractuelle et, par analogie, celle des régimes matrimoniaux ; en revanche, les règles relatives à la capacité – qui sont d'ordre public- ont été abrogées par le Code civil, sans rétroactivité, mais dès son entrée en vigueur.

B. La gestion des biens acquis après le Code civil

D'autres décisions ont eu à résoudre des contestations portant sur des actes effectués après la publication du Code civil, actes relatifs à des biens acquis par la femme – souvent par succession – après le changement de législation. Or, la femme soumise au régime matrimonial normand s'est vue reconnaître le droit de contester l'aliénation d'un de ses immeubles situés en Normandie, alors même que l'immeuble lui était échu après la loi de nivôse ou le Code civil et qu'elle avait reçu le bien par succession collatérale – ce que ne lui aurait pas permis la Coutume de 1583 ! La Cour de cassation a donc fait survivre la coutume normande au regard de la dotalité, mais fait application immédiate du Code civil pour valider la succession. Pourtant, il aurait fallu régler le sort des biens aliénés par application du Code civil, ce qui aurait conduit à déclarer la vente valable. Par faveur pour la femme – et pour éviter une solution qui devait paraître de la rétroactivité aux yeux des juges du temps – la Haute juridiction a combiné la loi ancienne et la loi nouvelle, permettant à la femme normande de cumuler le bénéfice de la coutume et du Code civil… Petite compensation – dans des cas isolés – au dur traitement infligé à la femme mariée sous l'empire de la coutume normande jusqu'à la fin du XIXème siècle…

Conclusion

Selon un auteur écrivant en 1896, « la coutume de Normandie avait, par ses dispositions exceptionnelles du droit commun de la France, créé pour les femmes une situation particulière dans quelque condition de la vie sociale qu'elles soient placées. Dans la première moitié du siècle, ces dispositions de la coutume ont souvent été appliquées par nos tribunaux en ce qui concernaient les faits accomplis antérieurement au Code civil ; aujourd'hui, elles n'ont plus qu'un intérêt historique ». Et *a fortiori* en 2004 ! Il n'empêche que le régime matrimonial normand, sous quelques réserves comme l'abrogation du Velléien, n'a disparu qu'avec la mort des derniers époux mariés avant l'entrée en vigueur du Code civil en 1804. Ainsi, bien loin d'avoir disparu en raison de la loi de nivôse ou du Code civil, la coutume normande, cristallisée en 1204, a survécu. Certes, les commentateurs d'Ancien régime auraient eu du mal à reconnaître leur coutume, tant l'interprétation de la Cour de Cassation l'avait modifiée, pour l'adapter aux circonstances, mais la femme mariée avant la Révolution – un peu plus que celle de 1204 toutefois – n'est jamais devenue complètement française, tout au moins quant à son statut matrimonial...

Corinne Bléry
Maître de conférences à la Faculté de Droit de Caen

The Evolution of the Norman Matrimonial Regime after 1789

CORINNE BLÉRY

In 1204, Normandy became French. Placed under the direct authority of the King of France, it lost its political independence. On the other hand, it kept its juridical originality until the Revolution and even, to a certain extent, beyond. In particular, a very illiberal status had been conferred upon the Norman woman from the time of the William the Bastard-Conqueror by way of various dispositions of the Norman *coutume* (custom). We are here concerned with matrimonial regime rules, ie those rules governing property between married people and successoral rules together with those dealing with capacity. Yet these provisions were to remain practically unchanged until the Revolution. I say "practically", which is to except a slow evolution of Norman custom to changing moral values, an evolution which is the distinctive feature itself of the notion of "custom". Subject to this qualification, the Francization of the Norman woman was the consequence, not of the *commise*[1], but of the Revolution. More precisely still, it was only after the Revolution that the Norman woman began, in part, to be subject to certain rules of law applying over the entire territory (of France).

The 14th of July 1789! For many, even today, this mythical date marks the rupture between a past which was obliterated and a future filled with lyricism. Whereas the Revolution is supposed to have entailed the total disappearance of the former law, those actually subject to the law at the end of the 18th century believed, in all good faith, that custom lived on. In reality, juridical voids do not exist, and accordingly custom survived the 14th July 1789 and it should be noted that Norman custom – to return to what is of particular interest to us – applied well after the Code civil.

The coming together of these customs and the revolutionary laws gave birth to a problem unknown to the former customary law, that of conflicts of laws in time. (One can speak also of "transitional law"). Why did the former laws and the new come into conflict? Because there are factual circumstances which find themselves arising at the limit of the temporal applicability of laws of such a sort that they can be governed, in whole or in part, by either the anterior or posterior law. In order to resolve these conflicts it was necessary to invoke special rules, independent of the substantive law, rules that the jurisprudence and doctrine of

[1] Ie the conquest of Normandy by Philip Augustus in 1204.

the time had to create. In effect, the Cour de Cassation[2], and the various jurisdictions more generally, had never been confronted by this sort of problem, since custom, by definition, adapted itself spontaneously, as we have already noted, to the new needs of the population. They proceeded to elaborate a system of solutions, not perfect in operation, not immune from criticism, but which allowed an end to be put to disputes concerning the applicable law brought before the Court.

In themselves, solutions to conflicts of law in time are not unlimited in number. On the contrary, there are only three, namely, the survival of the former law, the immediate application of the new law and the retrospective application of the new law. There would be survival of the former law if the matrimonial regime remained governed by the law of the marriage, that is to say Norman customary law, until its dissolution, notwithstanding the publication of a new law. There would be immediate application of the new law if the new law was to govern the matrimonial regime as soon as it came into force and the dissolution of the matrimonial regime would be *a fortiori* governed by this law. Finally, there would be retrospective application of the new law if this law went back into the past in order to govern the marriage itself, as if Norman custom had never existed and as if it, the new law, had always existed.

In this way case law gave numerous illustrations of difficulties experienced by Norman spouses, particularly in the context of matrimonial regimes given that marriage is a status which endures in time. Research of judgments is assisted by the existence of a heading "Norman woman[3]" in the *General Collection of Laws and Judgments, Sirey*[4] (where can be found the judgments of the Cour de Cassation from 1791 onwards and the judgments of the courts of appeal from year VIII[5]) and in the two great catalogues of the 19th century (*The General Alphabetical Index of French Law* and the *General Jurisprudence, Dalloz*[6]) which together provide judgments unreported in *Sirey*. It follows that the historian of French law has available approximately 100 decisions, essentially given by the Court de Cassation, sometimes by the Courts of Appeal of Caen and Rouen, the analysis of which permits us to understand how the judges, themselves the product of the Revolution, resolved this new problem of the conflicts of law in time.

We know that the matrimonial regime for Norman people who had contracted mariage before 1789 was the dotal[7] regime of the Coutume of 1583, which begs

[2] Ie the French Supreme Court, the equivalent of the English House of Lords or Privy Council.

[3] "*femme normande*"

[4] *Recueil général des lois et arrêts Sirey*.

[5] Ie in the revolutionary calendar, corresponding essentially to the year 1800.

[6] *Répertoire général alphabétique de droit français* et la *Jurisprudence générale Dalloz*.

[7] Ie *la dot*, the property which a female spouse brought to the marriage.

the question of whether this matrimonial regime would find itself modified by the adoption of the new laws, first the revolutionary laws and then the Code civil. Likewise, when the marriage was dissolved (ie by the death of one of the spouses) after the Revolution, the difficulty was to determine which law would apply to the distribution of a spouse's property. Hesitation was understandable between Norman custom as the law of the marriage or the new law as the law of the dissolution. It emerges from the case-law that conflicts arose in the context of the ownership of property belonging to spouses (I) and the administration of such property (II).

I. The ownership of property

The question of ownership of spousal property was dealt with in Normandy under the form of a dotal regime and therefore separatist. The wife brought an inalienable "*dot*" to her husband, and, on the dissolution of the marriage, there being no mass of communal property to be shared between the spouses, Norman customary law recognised the surviving spouse as having certain rights. However, on 17 nivôse an II[8] a law was promulgated relating to successions and gifts. The law of nivôse contained, at articles 62 to 90, a new system of devolution for successions, applicable immediately. Moreover, by way of retrospective provisions going back to 14th July 1789 articles 1 to 61 wiped out regional disparities whether taking the form of dispositions between lives or testamentary or customary law advantages. Taking into account the serious difficulties which this gave rise to, the retroactive effect was annulled, that is to say, it was itself retrospectively abrogated, by a decree of 3 vendémiaire year IV[9]. However three types of conflict with the 1583 coutume manifested themselves in connection with (A) an eventual adoption of community (of property) (B) as regards the share which the surviving spouse would take in the acquired property of the household at the dissolution of the marriage and (C) in connection with the dower which custom accorded to her in the property of the husband.

A. The adoption of community

It will be recalled that the 1583 Coutume (art. 389) contained an express prohibition against the stipulation of community, from which the spouses could not derogate. Convinced that the law of nivôse had abrogated the Norman matrimonial and successoral regimes, a number of spouses marrying after publication of the law did not hesitate to stipulate community in their contracts of marriage in

[8] 6th January 1794.
[9] 24th September 1795.

two different ways. Some adopted the regime of full general community, whereby the dot was alienable and the obligations (merely) executory in respect of it (1°), whilst others contented themselves – less ambitiously – to adopt the Norman dotal regime while adding community of acquêts (2°). Confronted by issues of conflicts of laws the Judges provided responses which varied over time, as did their reasoning.

1° The matrimonial regime of community

Initially, the courts declared general community valid. To achieve this they relied on the maxim *error communis facit jus*. This common error become law was that of future spouses wanting to adopt community of property because they considered that the Norman matrimonial regime was now unsuited to the economic necessities of the time. The error was also attributable to notaries who profited from the liberal dispositions of the law of nivôse to carry on as if article 389 of the coutume – which prohibited community of property – no longer existed and who therefore went back to the marriage vows. But the courts subsequently held that Norman spouses, even those married after the law of nivôse, could not adopt community as their matrimonial regime because the new law was found to relate only to transmission of property by succession or gift and that, consequently, the provisions of Norman custom relative to the dotal regime had remained fully in force up to the time of the Code civil. The Courts held to the letter of the law of nivôse as not having modified the Norman matrimonial regime. Was this jurisprudential about-turn correct as a matter of law; was it purely opportune? Logically, the tribunals ought to have reasoned in an identical manner in respect of the simple stipulation for community of *acquêts*, however that was not to be the case.

2° The (limited) stipulation of community

The courts upheld the validity of the (limited) stipulation of community. The justification was that such a stipulation – concerning only certain matrimonial property – did not infringe upon the inalienability of the dot. This stipulation was analysed as equating to a freedom or liberality between spouses. Albeit that such liberality was prohibited by Norman custom, it was authorised from now on by the law of nivôse. Juridically this shaky analysis was abandoned, but, on the other hand, the ability to stipulate a community of acquêts was maintained. In reality, if the judges tolerated, albeit in a wilfully erroneous manner, the stipulation of community, it was as a concession made to evolving attitudes and to new economic needs. It was also, and above all, in order to avoid a rupture in the connectivity of the law, a rupture which would have been due to the new successoral regime provided for by the law of nivôse, then by the Code civil. In the absence of jurisprudential "correction" by the rules of conflict between the successively applicable laws, the result could have been profoundly unjust with regard to the Norman wife.

B. The share of the surviving spouse in the property of the household at the dissolution of marriage

Here the question was to know which dispositions relative to the share of the Norman widow in movables and *conquêts*[10] would apply in circumstances where the husband died after the coming into force of the law of nivôse? The response depended on the nature of the wife's right. If it was a successoral right, it arose at the death of the husband and after the coming into force of the law of nivôse. This right was therefore to be considered as suppressed by the law of nivôse. By contrast, if it was a right of community, it was acquired from the day of the marriage and subsisted notwithstanding the making of the new law. For the Norman commentators, the right of a wife over movables and conquêts was a right of heirship. On the other hand, for the Cour de Cassation, articles 329 and 392 accorded the wife a true right of conjugal co-ownership and not a purely successive right. Viewed in this light, the higher jurisdiction considered that the right had not been abolished by the law of nivôse.

By this interpretation, the Cour de Cassation refused, in effect, to apply the law of nivôse. It did not hesitate on the one hand to hold the contrary to what custom had intended (a right of inheritance and not a right of community) and on the other, to contradict itself, since it had forbidden married spouses under the law of nivôse to stipulate community!

Why this decision? Ultimately, in order that the wife would not find herself totally deprived of resources. In effect, Norman custom gave her nothing by way of community, she had solely a successoral right which ought to have been abrogated by the new law. The wife would have received nothing on the death of her husband. The Cour de Cassation, by interpreting Norman custom very "flexibly", had erased the conflict of laws out of which the law of nivôse ought to have emerged victorious.

There remained one last question as to the ownership of property.

C. The widow's dower

The law of nivôse, having abrogated the customary law advantages, the question arose of the effect of the new text on the widow's dower. According to the Cour de Cassation, the reply did not depend on the nature of this right but the date of the marriage, whether before (1°) or after (2°) 17 nivôse.

[10] Another form of after acquired realty as opposed to inherited realty.

1° Marriage celebrated before the publication of the law of nivôse

When the Norman wife, married before the publication of the law of nivôse, became a widow, she kept her dower de facto. It had not been extinguished by the law of nivôse, being acquired from the day of the marriage. This was to adopt the solution of the survival of the former law, the custom – to the profit of the wife. The Court de Cassation relied upon the principle according to which it was the law of the marriage which governed the matrimonial regime. In order to use this rule, they had to interpret widely the notion of a matrimonial regime, considering the dower as a matrimonial and not a successoral right, which was very debatable. The law of the marriage ought not to have governed a right, the realisation of which depended upon the death of a husband after the entry into force of the new law. It followed that a new and flexible interpretation of the custom permitted the right to survive to the detriment of the law of nivôse. Once again, it was in order to save the wife from ruin, by leaving her with property interests of which she would have been deprived by the application of the law of nivôse.

What then was the effect of the new law on the dower when the spouses had married after the publication of the law of nivôse ?

2° Marriage celebrated after the publication of the law of nivôse

Two types of case arose for determination. In the first case, the spouses had made no provision in the contract of marriage; it followed that the wife had no customary dower because such a benefit had been abolished by the law of nivôse and no longer existed for those spouses married after its publication. On the other hand, in the second type of case, when the husband had stipulated a contractual dower to the profit of his wife, she could benefit from it; in effect the husband had the right to stipulate this dower, by virtue of the principle of the freedom of contract and because the law of nivôse had not proscribed this option. In this way also, jurisprudence favoured a transition between the former law and the intermediate law, leaving the Coutume to govern to the maximum extent possible the share of Norman spouses in the household property. What of the question of the administration of property?

II. The administration of property

Marriage gave to a husband rights extending as much over the person as the property of his wife. The wife was "in the husband's service" who could therefore "do what he willed with her, as with his (other) things". Whatever the property of the household (dotal, inherited land etc.) he was the sole administrator of it. However, these rules conferring an exclusive power of administration conflicted with the Code civil and, to a lesser extent, with the law of nivôse, which had not itself modified the dotal rules. It will be recalled that this administration by the husband was strictly circumscribed by the principle of the inalienability of the dot; albeit inalienability in value only, save for one exception, in the law drafted by the Roman *senatus consulte*[11] Velléien. Adopted in the reign of the Emperor Claudius in approximately 46 – 48 AD this forbade a woman to intercede on behalf of another person, that is to say to bind herself on behalf of another person, in the sole interest of that other person (for example, as guarantor). These rules provoked various issues and led to a number of judgments after the Revolution, of which the first series concerned spouses who had acquired their property before the Code civil (A) and a second series relative to spouses who had acquired their property after the legislative change (B).

A. The administration of property acquired before the Code civil

A number of decisions had to resolve disputes relative to legal acts (dispositions, substitutions etc.) effected both before the publication of the Code civil and after, but relating to property acquired before the change of legislation. When the spouses were married before the coming into force of the Code civil, the Cour de cassation applied without hesitation customary law. It was in customary law's capacity as the law existing at the moment of marriage that the Coutume of Normandy was applied by the Cour de cassation into the second half of the 19th century! The case-law justified this solution by recourse to the notion of "status". The provisions of the custom relative to the dot constituting a "real status", they were to continue to govern the dot of women married under its aegis, whether this dot resulted from a marriage contract or directly from custom itself. This was by contrast with all those whose "personal status" had been abrogated by the Code civil; which for Velléien was analysed as being a personal status in so far as it concerned the capacity of the married woman. Acts of guarantee, for example, executed by a Norman woman after the coming into force of the Code civil were therefore valid. These solutions were not made in order to catch any person out. All that was from the Norman matrimonial regime, properly so-called, survived by virtue of the fundamental principle of the survival of the former law which governed contractual matters and, by analogy, those of the matrimonial regimes. On the other hand, rules relative to capacity – matters of public policy – were abrogated by the Code civil, without retroactivity, but with effect from that time onwards.

[11] A form of Roman magistrate.

B. The administration of property acquired after the Code civil

Other decisions had to resolve disputes relating to acts accomplished after the publication of the Code civil, eg acts relative to property acquired by the wife – often via succession and after the change of legislation. The wife who was subject to the Norman matrimonial regime saw recognised the right to contest the alienation of realty belonging to her and situated in Normandy even when the property concerned had devolved upon her according to the law of nivôse or else the Code civil and when she had received the property by collateral succession, which was not permitted by the Coutume of 1583! The Cour de cassation therefore caused Norman custom to survive in respect of dotal regimes, but imposed an immediate application of the Code civil in order to validate succession. However, it ought to have followed that the fate of alienated property would be governed by reference to the Code civil, which could have led to a declaration that the sale was valid. In order to favour the woman – and in order to avoid a situation which appeared retroactive in the eyes of the judges of the time – the High jurisdiction combined the former and the new law, permitting the Norman wife to combine the benefit of the coutume and the Code civil. Small compensation, in certain isolated cases, for the hard treatment inflicted upon the married woman under the mantle of the Norman custom up to the latter part of the 19th century.

Conclusion

According to an author writing in 1896: "... the custom of Normandy had, by its exceptional provisions of French common law, created for women a very distinct situation in whatever condition of social life they happened to be placed. In the first half of the century, these customary dispositions were often applied by our tribunals in so far as they concerned actions accomplished prior to the Code civil. Today they only have historical interest". And *a fortiori* in 2004! Nevertheless, it does not detract from the point that the Norman matrimonial regime, subject to certain qualifications, such as the abrogation of Velléien, disappeared only with the death of the last individuals married before the entry into force of the Code civil in 1804. Thus, far from having disappeared as a consequence of the law of nivôse or of the Code civil, Norman custom, crystallised in 1204, survived. Certainly, the commentators of the unreformed custom would have had difficulty recognising their coutume, given the extent to which the Cour de cassation's interpretation had modified it in order to adapt to circumstances, but the woman married before the Revolution – a little more than the woman of 1204 however – never became completely French, at least so far as her matrimonial status was concerned.

Corinne Bléry
Maître de conférences à la Faculté de Droit de Caen

Translated by Gordon Dawes

The mysterious case of the ship abandoned off Sark in 1608: the customary law relating to *choses gaives*[1]

JOHN KELLEHER[2]

Introduction

Towards dusk on a Monday in the month of May 1608 the men of Sark observed a ship pass close to that Island and drop anchor two leagues offshore. The ship was of a not insignificant size for the time, 28 or 29 tonnes, and it was clear from the three anchor lines secured by the crew that the planned stay was more than just temporary. Nonetheless, it cannot have been with other than surprise that the Sark onlookers observed the ship abandoned by what seemed to be all of its crew, presumably departing in some smaller vessel. On the Tuesday following, several fishermen summoned up courage to approach the vessel. There was no-one aboard. It had indeed been abandoned. What to do? Uncertain how to deal with this novel situation the men of Sark turned to the Governor of Guernsey who, in turn, caused the ship to be towed to Guernsey. Because the King's Attorney in Guernsey was at a loss as to what lawfully should be done in respect of the ship, perhaps out of desperation, though more likely by way of convention, he sent an agent to Rouen to consult the judges and advocates at the Court of the Admiral (*l'Amirauté en la Table de Marbre*) to discover what the customary law of Normandy might have to say on the issue.

Amongst the judges consulted was Josias Bérault and it is in his *La Coutume Réformée du Pays et Duché de Normandie*[3] that this rather intriguing story appears. The tale provides an interesting introduction to a paper on *choses gaives*. However it also provides an eloquent reminder that notwithstanding their separation from mainland Normandy since 1204, over four centuries later the coutume remained central to the lives of Channel Islanders. Furthermore, it shows that the Attorney of the King of England was happy to consult the judges of a foreign court on a tricky point concerning the laws of Guernsey.[4] This story

[1] I have chosen to spell *gaives* in what appears to be its more modern variation. In older texts the 'i' is usually represented by a 'y'. There are a number of other variants.

[2] Advocate of the Royal Court and a partner in Carey Olsen. In preparing this article I was privileged to be assisted by Advocates Richard Falle and Gordon Dawes.

[3] (Fourth Edition – Rouen 1632) pages 762–763

[4] Such a general statement at the macro level obscures the significantly different approaches adopted

also illustrates how French lawyers, such as Bérault, working on customary law at the time (and indeed thereafter), were aware of "*Les Iles*" off the coast of the *Cotentin* and their shared customary law.

Bérault does not tell us the conclusion of the deliberations by the Guernsey authorities on the fate of the abandoned ship (for that we must turn to another source; see *post*), nor do we learn why the ship was abandoned. On the other hand, Bérault gives us his opinion on the legal issues which it appears was shared by his fellow judges and advocates[5]:

> "*Surquoy ie fus d'auis auec quelques vns que ce n'eftoit point varech, puis qu'il n'eftoit point arriué à terre, ny fi prez de terre qu'on y peuft toucher de la longueur d'vne lace. Que c'euft bien efté chofe gayue fi elle n'euft efté appropriée à aucun vtage d'homme chose gayues eftans res derelicta fiue in terra fiue in mari, & non appropriées. Mais eftant un nauire qui eft approprié à l'vfage de l'homme, il ne pouuoit eftre dit gayf, confequemment appartenoit à l'inuenteur...Que fi euft ç' efté chofe proprement gayue, la queftion eft à qui elle euft appartenu, ou au Roy, ou au feigneur ayant le fief proche de la mer? La chofe gayue trouuee fur le fief apartient au feigneur du fief. Si elle eft trouuée fur la mer proche du riuage d'vne lance, c'eft au feigneur feudal comme varech. Mais eftant trouuée plus loin, c'eft pluftoft chofe gayue, ou le feigneur point de droit, car le droit de fon fief ne s'étend point fi auvant.*
>
> *Suiuant quoy la chofe trouuée en lieu commun comme eft la mer, n'appartiendroit pas au Roy, comme elle feroit fi eftoit trouuée en lieu public, ficut in flumine vel in portu. Ce neanmoins le Roy eft toufieurs iours dit fiegneur la mer qui voifine la terre, comme la mer de Venife eft de la Feigneur, felon que dit Cepola...*
>
> *Et par confequent luy appartiendroyent les chofes gayues troués en fa mer, comme celles trouuées par tout ailleurs hors du fief d'vn particulier. Et telle femble eftre l'intention de la Conftume, laquelle aux articles 605. & 606. adiuge au Roy les chofes gayues, fans dire ou diftinguer fi elles font troués en fief dont il foit feigneur ou hors fief. Si donc elles font trouuées fur la mer, fur laquelle ne s'eftendent les fiefs, ou en franc alleu, elles appartiendront au Roy: comme le threfor troué dans le franc alleu, ou dans les terres de ton domaine luy appartienrendra, ainfi que nous auons dit fur l'art. 211.*"

by the Bailiwicks of Guernsey and Jersey in relation to customary law. Guernsey, relatively early on, produced and promulgated *L'Approbation des Lois* (Order in Council 27 October 1583), a statute which enshrined Guernsey's customary law by reference to Terrien's *Commentaires du droit civil, tant public que privé, observé au pays et Duché de Normandie*. Jersey on the other hand has taken a more evolutionary approach to its custom and has not codified its laws in this sphere. The reasons for this divergence await a critical study.

[5] Loose translations are provided of French and Latin in this article.

[I was of the opinion with others that this was not a case of *varech* because the ship had not arrived on land nor so close to the land that one might touch it with the length of a lance; that it might well be *chose gaive* if it had not been appropriated to any use of man, *choses gaives* being things abandoned whether in land or on sea and not appropriated. But being a ship appropriated to the use of man it could not be described as *gaive* and consequently it belongs to the finder. If it had been properly a *chose gaive*, the question is to whom it would have belonged whether to the King or to the *seigneur* having the fief near to the sea? The *choses gaives* found on the fief belong to the *seigneur* of the fief. If it is found on the sea the length of a lance from the foreshore, it belongs to the feudal *seigneur* as wreck. But being found further off it is *choses gaives* where the *seigneur* has no right because the right of his fief does not extend so far. According to which the thing found in a common place as is the sea would not belong to the King as would be the case if found in a public place unless in a river or in a port. This notwithstanding, the King is always described as *seigneur* of the sea which joins his land as the sea of Venice is part of the Seigneury of Venice (as Cepola states in his writing) and in consequence *choses gaives* found in his sea would belong to him in like manner as those found otherwise outside the fief of an individual. And that seems to be the intention of the custom which in Articles 605 and 606 adjudicates to the King *choses gaives* without saying or distinguishing if they are found in a fief of which he may be the *seigneur* or beyond such fief. If therefore they are found on the sea over which fiefs do not extend or in *franc alleu* (allodial land) they would belong to the King: such as the treasure-trove in the *franc alleu*, or on the land of his domain will belong to him, as we have said on art. 211]

Thus Bérault concluded this was not a case of *varech* (wreck) because the ship had not arrived on land or so close to land that it might be reached from the shore with a lance.[6] Equally, it could not be *chose gaive* (see *post* for a definition) because although abandoned, the ship was clearly appropriated to the use of man. Consequently, he concludes the ship belonged to the finder.

Using as a backdrop the tale of the abandoned ship of 1608 and Bérault's interpretation of the legal issues arising, I now propose to examine in more detail the Norman customary law on *choses gaives* and will chart the development of this subject in Jersey and Guernsey.[7] I will start with a definition of *choses gaives*.

[6] See the definition of *varech* post.

[7] The choice of subject for this paper is rather more appropriate than its recondite, and some may say arcane, subject matter may suggest. Last year Jersey witnessed the very public settlement of the Jersey case of *Les Pas Holdings Ltd v H.M. Receiver General for Her Majesty and the Greffier of the States of Jersey for the Public*, a case which concerned seigneurial ownership of the Jersey foreshore. The Jersey Law Review has published two articles on Treasure Trove: S. Nicolle, 'Treasure Trove (1) lost, stolen

Choses gaives *defined*

In general terms, one can say that *choses gaives* are objects (tangible movables) which have been lost or abandoned. It has been suggested that this is the equivalent in English law of waifs and strays. Certainly, as in Guillaume and William, the 'g' of the Norman *gaive* has become the 'w' in waif. Stéphanie Nicolle however has suggested the important distinction that waifs were goods stolen and subsequently abandoned by the thief in flight whereas there is no suggestion in the context of *choses gaives* that this aspect has any relevance to the status of the goods found.[8] This distinction may not have been the original position in English law because Britton writing in the thirteenth century on Anglo-Norman law, in his chapter *De Troueures*, treats "*weifs ou estray*" as things lost and found on land, without any reference to the linkage between waifs and theft.[9] The reference to strays is also noteworthy and is a point considered later in this article.

There are a number of possibilities as to the origin of the word *gaives*. In his *Commentaires du droit civil, tant public que privé, observé au pays et Duché de Normandie*, Terrien notes:[10]

> "*Chofes gayues. Les autres couftumes de France les appellent efpaues, qui ne font pas proprement* res habitae pro derelicto, *mais delaiffées à posseder par celuy à qui elles appartiennent,* veluti animalia aberrantia, *ou autres chofes adirées. Car ce mot de gayues ou guefues, fignifie delaiffées: & gayuer or guefuer, signifier delaiffer: comme Gayuer ou quand le vaffal guefue ou laisse fon heritage à fon feigneur cenfier.*" [Chapter XI 192–193]

> [Choses gaives. The other customs of France call them *épaves*, which are not properly *res habitae pro derelicto*, but abandoned by he who owns them,

or strayed' and P. Matthews: 'Treasure Trove (2)' (JL Rev February 2001). Advocate Richard Falle and I are currently preparing an article on *varech* for the Jersey Law Review. An article on *choses gaives* will thus leave the territory of goods found, on fiefs or otherwise, rather well covered. For the writer it is clear however that *varech* is a far more fruitful source for an article. Nicolle notes the rarity of treasure trove, citing in support the views of H. M. Receiver General for Jersey in 1911, following the discovery of a vase containing thirteen gold coins in a house in St. Brelade, and the Jersey writer Philippe Le Geyt, who said "*Le Thrésor est aussie rare que le varech est fréquent.*" In the latter regard, *choses gaives* appear to be in the same category as *trésor trouvé*.

[8] S. Nicolle op. cit. pages 46–47. The earlier Jersey Property Law (London 1991) by S. Nicolle and P.Matthews appeared to suggest the terms were synonymous. See page 26.

[9] Traités sur les Coutumes Anglo-Normandes (Paris 1776), Chapter XVII. According to the Oxford Companion to Law (Oxford 1980) the author of this work is not known for certain, though the text is believed to have been written circa 1290. This particular edition is edited by Hoüard, a well-known commentator on Norman custom in his own right.

[10] (Paris 1624) Chapter XI pages 192–193.

> *veluti animalia aberrantia*, or other things lost. Thus this word *gaives* means abandoned: and *gaiver* means to abandon: such as abandoning or when a vassal abandons or leaves his estate to his seigneur.]

Basnage is generally supportive of Terrien's analysis.[11] Modern writers confirm the use of the word *épaves* in other customary jurisdictions to denote abandoned objects.[12]

G.F.B. De Gruchy takes us in another direction in his *Medieval Land Tenures in Jersey*. In defining *vaif* as "*a thing astray*" he suggests its equivalent in Latin as *rebus vayvic*, the Latin definition used by the *Grand Coutumier de Normandie* (more specifically, I think he meant the *Summa de Legibus in Curia Laicalia*) for an abandoned thing, as deriving from the Old Norse *veifa* "*to wave, move about, flap; this seems to have got the sense of moving aimlessly, hence straying, and gave rise to the* [*English*] *waif*."[13] In etymological terms, *gaives* appears not far removed from *vayvic*. Interestingly, the earliest mention De Gruchy finds in relation to abandoned things is *bestiae de vaif* in the Extente of Jersey in 1331.

Choses gaives *in the Ancienne Coutume*[14]

The *Très Ancien Coutumier de Normandie* ("TACN") was the first unofficial redaction of common Norman law, completed sometime circa 1200. Both the Latin and French texts appear to have no reference to *choses gaives*.[15] It is hard to draw any conclusion from its absence. The TACN does not purport to be comprehensive as to the customary law then extant. Nonetheless, the texts include Articles on wreck (Article LXVII: *De Verisco* in the Latin text, *de Wreq* in the French text), and treasure trove (Article LXIX: *De Thesauro Invento* in the Latin text, *de Trésor* in the French text), both of which subjects, for the obvious reason that they deal with things found, have some linkage to *choses gaives*.

The second redaction of the Norman custom appeared some fifty years after the TACN and again appeared both in Latin and French versions. The Latin version is known as the *Summa de Legibus in Curia Laicalia*. The French version is known as the *Le Grand Coutumier de Normandie* ("GCN").[16] The *Summa* deals

[11] Commentaires sur la Coutume de Normandie contained in Les Oeuvres de Maitre Basnage (Rouen 1709) page 482.

[12] J.P. Levy and A. Castaldo, *Histoire du droit civil* (Paris 2002) page 537.

[13] (Jersey 1957) page 215.

[14] I use the phrase *Ancienne Coutume* to denote the customary law prior to the *Coutume Réformée* of 1583.

[15] The texts referred to are those contained in Ernest-Joseph Tardif, *Coutumiers de Normandie* (Rouen 1881).

[16] I have consulted the texts contained in L'Ancienne Coutume de Normandie by William Laurence De Gruchy (Jersey 1881).

with *choses gaives* under the heading of *De Rebusvayvis*; the GCN under the heading *De Choses Gayves*. The relevant Articles follow those on *varech* and *trésor trouvé*.

As the first reference to this subject in a *coutumier*, it is worth citing the GCN in full:

> "*De choses gayves doibt l'en sçavoir que le Duc les doibt avoir. Choses gayves sont qui ne sont appropriées à aulcun usiage de home, et qui sont trouvées que aulcun ne réclame siennes. Si les doibt l'en garder ung an et ung jour: et doibvent estre rendues à ceulx qui prouveront qu'ils soient leur, ainsi comme nous avons dict du varech. Si les seigneurs de fiefs où ils sont trouvés le prennent ainçoys par eulx ou par leurs attournés pour-tant qu'ils ayent planière justice en leurs fiefs, ils leur doibvent estre rendus, comme nous avons dict du varech: se longue tenue qui vaille droict ne faict la dignité de tells choses appartenir au Duc ou à aultres. Il y a ung usaige especial qui souvent se change selon la diversité du pays et des cytés, qui abat le commun usage de Normendie; si comme nous dirons après plus plainement. Se aulcun reticent choses gayves plus de sept jours, qu'il n'a pas povoir de les tenir, il l'amendera au prince ou à son seigneur, se il en est accuse. Se aulcun a perdu son beuf, son asue ou aultre chose, que auleun ait trouvé comme gayve et la déticnt et qu'il afferme estre sienne comme achetée ou donnée, il doibt amener son garant à certain jour, qui le deliver. Se le plaintif offer à prouver par tesmoings que la chose conten-cieuse soit sienne et cil qui en est accuse ou son garant propose le contraire, celuy mesmes en quell possession la chose fust arrestee ou son garant, s'il vault la chose avoir, il la prouvera à sienne par le tesmoignage de loyaulx homes voisins; pourtant que l'an et le jour ne soit passé.*"
>
> [Of *choses gaives* it is necessary to know that the Duke must get them. *Choses gaives* are those which are not appropriated to any man's use, and which are found but not claimed by anyone. Thus, they must be preserved for a year and a day and must be given back to those who will prove that they are theirs, as we have said of *varech*. If the *Seigneurs* of the *fiefs* where they have been found take them beforehand, either themselves or through their officers, provided they have full authority in their *fiefs*, they must be given back to them, as we said about *varech*: if long possession is as good as right, it does not make the dignity of such things belong to the Duke or to others. There is a special custom which changes often according to the countries and cities' diversity, which pushes away the common custom of Normandy, as we will discuss more fully later. If someone withholds *choses gaives* for more than seven days without the power to keep them, he will be fined by his Prince or *Seigneur*, if he is accused thereof. If someone has lost his ox, his donkey or something else, which someone has found abandoned and has kept and claims to be his through purchase or gift, he must get his

guarantor to come on a certain day and release him. If the plaintiff offers to prove by testimony that the contentious object is his and the accused or his guarantor claims the opposite, the person who has got the object in his possession or his guarantor, if he wants to keep the object, will have to prove that it is his by the testimony of loyal neighbours, before the year and day have passed.]

From the text, the following principles can be drawn. Firstly, *choses gaives* are objects (tangible movables) which have not been appropriated to the use of man and which are lost or abandoned, subsequently discovered and not claimed by their rightful owner. Secondly, once discovered, the objects must be held for a year and a day, and in the event that the rightful owner can prove his ownership they must be returned to him within that time. Thirdly, after the year and a day, if unclaimed, the movables will belong to the Duke or the Seigneur of the fief on which the goods were found. The text could be clearer on this point because the first sentence sets out a proposition which appears to be diminished by the third sentence. As we shall see, later commentators express views on the origin of the seigneurial right. Fourthly, if someone (other than the Duke or a relevant seigneur) withheld *choses gaives* for more than seven days, he could be fined.

Commentators on the Ancienne Coutume

Terrien has very little to say on *choses gaives*, other than his above cited views on the etymology of the word *gaives*, but makes the comment that whilst the *Ancienne Coutume* had reserved abandoned objects to the Duke of Normandy, the *Chartre aux Normands* (1315) of the French King, Louis Le Hutin, had in contrast conceded that right to the seigneurs when such objects were found on their fiefs.[17]

The *Chartre aux Normands* does indeed mention *res vayuas*. As part of the rights granted to the Normans, it states: (translated from the Latin)[18]

"*Next, that any man, noble or otherwise, by reason of the privilege of the fief which he holds in the Duchy of Normandy should in future receive in their entirety the rights of wreck and abandoned objects on his own land insofar as is contained in the Register of the Customary Laws of Normandy, notwithstanding any usage to the contrary.*"

Nonetheless, Terrien's reasoning is curious given that the seigneurial right is expressly mentioned in the GCN which precedes the *Chartre*.

[17] Op. cit. page 193.

[18] I draw this extract from the copy of the Chartre contained in Les Coustumes du Pays et Duché de Normandie (Rouen 1599) page 107.

As we shall see, the Jersey writer Jean Poingdestre provided a different explanation for the origin of the seigneurial right. It is also interesting to note that Britton's view of the law on "*weifs ou estray*", circa 1290, indicates that under Anglo Norman law the seigneur was entitled to abandoned things, including cattle, found on his fief and not claimed.[19] It is therefore probable that there was established custom on *choses gaives* before the GCN and before the separation of 1204.

The Coutume Réformée

The 1583 *Coutume du Pays de Normandie, anciens resorts et enclaves d'iceluy*, or the *Coutume Réformée* (the "CR") as it is more generally known, was more express on the point of the seigneurs' rights.

Reference to *choses gaives* is made in two separate Articles. The first reference appears under the heading *Des Fiefs* (Article 194), a title which announces in the most express way yet the linkage between the feudal system and the right to *choses gaives* (and indeed to *varech*). The second reference is under the heading of *Varech* (Articles 583– 593). Although queried by some subsequent writers, the juxtaposition of *varech* and *choses gaives* is, in a general sense, entirely logical. As we shall see from the definitions that follow, the two have much in common, both concerning lost or abandoned objects, in the case of *varech* on or near the foreshore, in the case of *choses gaives* on dry land.

Article 194 states:

"*Tout Seigneur feudal a droit de Varech à cause de son Fief tant qu'il s'étend fur la rive de la Mer comme femblablement des chofes gayves.*"

[Every feudal seigneur has right of *varech* by virtue of his fief insofar as it extends over the foreshore of the sea; likewise things abandoned.]

Thus the seigneur by virtue of his fief was entitled to *choses gaives*, as indeed to *varech* where his fief extended over the foreshore. The feudal linkage is made clear in the note which accompanies the 1586 edition of the CR which reads:[20]

"*chofes gayves fon chofes égarées, délaiffées, & qui ne paroiffent point avoir de maître, & qui ont été trouvée fur terre; le droit de chofes gayves, eft auffi un droit Féodal & Seigneurial.*"

[*Choses gaives* are stray or abandoned objects which do not appear to have any master/owner and which have been found on land; the right to *choses gaives* is also a feudal and seigneurial right.]

[19] Op cit.
[20] Page 118.

Article 596, the opening Article on *Varech*, states:

> "*Sous ce mot de Varech & chofes gayues, font comprifes toutes chofes que l'eau iette à terre par tourmente & fortune de Mer, ou qui arriue fi près de'terre, qu'vn homme à cheual y puiffe toucher auec fa lance*"
>
> [Under the word "varech" and "choses gaives", are comprised all things which the water throws on land by storm and the fortune of the sea or which arrive so close to land that a man on horseback can touch them with his lance.]

The reference to *choses gaives* in this Article is, at first reading, a puzzle. It is clearly talking about *varech*, namely objects that the sea brought to the land or which arrived so close to the land that a man on horseback could touch them with his lance. One explanation may be that both *choses gaives* and wreck are placed on the same footing when found on the foreshore. *Choses gaives* can, of course, be found elsewhere, in which case one looks to Article 604. On the other hand, it may be, as Basnage remarked, citing other unnamed commentators in support, that the inclusion of the words *choses gaives* in Article 596 was simply an error.[21]

Articles 596 to 602 then go into some detail solely in relation to *varech*. From these Articles we learn that the care of the wreck belongs to the seigneur of the fief on which it is found; the seigneur is not able to remove the wreck until it has been visited by the King's Court; perishable goods should be sold without delay; if within a year and a day the wreck is claimed by its owner, it must be rendered up to him on his paying the reasonable costs incurred for the care thereof; in the event that no rightful claimant appeared within a year, the *varech* belonged to the seigneur, save for a number of luxury items which were the perquisites of the King.[22]

Articles 603 to 606 deal specifically with *choses gaives*:

> "*Les chofes gayues font, qui ne font appropriées à aucun vfage d'homme, ne reclamées par aucun & doibuent eftre gardées par an & iour, & rendues à ceulx qui feront preuue qu'elles leur appartiennent.*"
>
> [*Choses gaives* are those which are not appropriated to any man's use, are not claimed by anyone and must be kept for a year and a day, and given back to those who will provide proof that they belong to them.]
>
> "*Les chofes gayues trouuées appartiennent au Seigneur du fief, & ferõt gardées par luy, fon Senefchal, Preuoft, Procureur ou autres Officiers, par an & iour.*"
>
> [*Choses gaives* found belong to the seigneur of the fief, and will be kept by

[21] Op. cit. page 478.

[22] The reader will have noted that by the time of the Coutume Réformée the earlier references to the Duke have been replaced by references to the King.

him, his seneschal, *prévôt*[23], attorney or other officer, for one year and one day.]

> *"Nvl ne peult retenir les chofes gayues plus de fept iours, ains les doibuent rendre au Roy, ou au Seigneur à qui elles appartiennent fur peine de l'amende."*

[No one can withhold *choses gaives* for more than seven days, they must hand them back to the King or to the Seigneur to whom they belong on pain of a fine.]

> *"Celvy qui afferme la chofe prife comme gayue luy appartenir, come fon bœf ou fon cheual la doibt reclamer dans l'an & iour, & prouuer qu'elle luy appartient, autrement demourra au Roy."*

[He who says that the object taken as *gaive* belongs to him, such as his ox or his horse must claim it back within one year and one day and prove that it belongs to him, otherwise it will remain with the King.]

There is an obvious similarity between these rules and those established for *varech*, though those for *choses gaives* are somewhat abridged. Much remains the same as in the *Ancienne Coutume*. *Choses gaives* are still defined as things not appropriated to the use of man, they belonged to the seigneur of the fief to be guarded by his officers for a year and a day; it is an offence for someone to retain the goods for seven days without rendering them to the King or the seigneur. The only puzzling phrase is the last in Article 606 which appears to indicate that unclaimed objects belonged to the King. This is in direct contradiction of Article 194 which indicates that the unclaimed object belonged to the seigneur. How does one reconcile the apparent contradiction? Basnage, not noted for his support of seigneurial claims, explains that what is meant here is that the objects belong to the King when they were found on his fief.[24]

Commentators on the Coutume Réformée

As we have seen, as far as Bérault was concerned, *choses gaives* found on the fief belonged to the seigneur of the fief. If it was found in the sea the length of a lance from the foreshore, it belonged to the feudal seigneur as wreck, but if it was found further than the length of a lance, the seigneur had no right because his fief did not extend so far. From Bérault one might conclude that *choses gaives* therefore belonged to the seigneur if found within the boundary of this fief and

[23] Prévôt : Fief officer who undertook a number of duties including collecting *rente* and issuing summonses (see Aubin, p. 62)

[24] Op. cit., page 484.

that the seaward boundary of that fief went as far as a man on horseback could reach with his lance, and thus the foreshore was included in the fief.[25]

Basnage has rather a lot to say about *choses gaives*, as indeed he does about *varech*.[26] In relation to the former, he is in line with the other commentators. An interesting addition he brings is the curious case of the Robec diamond. Some time before March 1676, some workers dredging the river Robec, which crosses a part of the Town of Rouen, happened upon a very valuable diamond. Without delay they found a willing purchaser, one Orfèvre[27], who paid them 26 *livres* for the diamond. It appears that Orfèvre was a goldsmith and the local guild, no doubt jealous of the purchase (perhaps at a good price), seized the diamond and brought the matter before the Viscount of Rouen with a view to having Orfèvre punished for buying the diamond instead of seizing it and holding it, presumably as a good citizen, for its rightful owner. The Town of Rouen entered a claim that the diamond had been found in the river Robec, which belonged to the Town, and therefore the diamond belonged to the Town. Via Gréard, their advocate, the Town claimed that *varech* and *choses gaives* were not royal rights. By Article 604 of the CR, they were reputed as feudal rights and if an object was found on a fief, it belonged to the seigneur. The river Robec was not however within a fief, but within the boundaries of the Town and by parity of reasoning, presumably, the diamond must belong to the Town.

The King's Receiver (*Le Receveur du Domaine*) was quick upon the scene. He founded his argument on Article 602 which sets out the King's perquisites over certain objects found as wreck. He argued that the King's perquisites extended to *choses gaives*, an odd argument since it seeks to conflate an article exclusively about *varech* with one exclusively concerned with *choses gaives*.

Le Quesne, for Orfèvre, argued the diamond was not a *chose gaive* at all because it had been appropriated to the usage of man. If the diamond had been cut (an important fact which is missing from the story), Le Quesne's point may well have been of some relevance.

Castel, for the guild, argued that under the guild's own statutes Orfévre had followed the wrong procedure in relation to the diamond and the guild was therefore entitled to seize it.

Pragmatically, cynically some may say, the Town "*to render their Cause more sustainable*" urged that if the Court adjudged the diamond to it, the Town would

[25] Other writers are supportive of this approach: see Routier, *Principes Généraux du Droit Civil et Coutumier de la Province de Normandie* (Rouen 1742) page 228–229; Pesnelle, *Coutume de Normandie* (Rouen 1771) page 807; Merville, *Décisions sur chaque article de la Coutume de Normandie* (Paris 1731) pages 203 and 555.

[26] Op. cit. pages 478–484.

[27] Orfèvre is the French word for a goldsmith or a silversmith. The name of the purchaser is not given so we shall just call him Orfèvre.

donate it to a hospital. By *Arrêt* given "*en l'Audience de la Grand' Chambre*" on 6 March 1676 the diamond was adjudged to the Town to guard it for a year and a day, commencing from the day that it had been found, and in the event that no-one appeared to make a rightful claim, it was to be sold and the monies donated to the hospital, which would return to Orfèvre the 26 *livres* that he had paid.

Basnage's view of this saga was that none of the parties who made a claim to the diamond had any right to it. The fact that the town of Rouen owned the River Robec was irrelevant. There was nothing, said Basnage, in law or custom which stated that ownership of the *fonds* upon which the goods were found was the basis for the right to *choses gaives*, or indeed *varech*.[28] Furthermore, the King's Receiver was excluded by the custom which stated that objects which were appropriated to the use of man (this appears to suggest that the diamond had been cut), were not deemed *choses gaives* and, in any event, *choses gaives* did not belong to the seigneur unless the objects were found on his fief. The town of Rouen was *franc-aleu* and thus not a part of the King's fief. Feudal law therefore did not apply. The diamond, Basnage concluded, belonged to the finder, this on the basis of Roman law.

When are objects to be considered choses gaives?

As we have seen, the defining test of a *chose gaive* was whether the object was appropriated to the use of man. 'Appropriated' in this context must mean devoted or adapted to the use of man. Applying the test in practice may however have proved difficult. What did it include/exclude? Referring to the Robec diamond case and another case from 1611 referred to by Bérault which concerned the finding of pieces of gold, Basnage tell us that gold money and precious stones worked were deemed appropriated to the use of man.[29] Pesnelle indicates that goods so appropriated included "*toutes fortes de vêtemens & d'uftensils qui servent dans une maison, ou pour l'aménagement des terres*"[30]. He adds that the list also includes "*l'argent monnoyé trouvé dans un chemin*"[31]. He continues "*Les choses vivantes n'y font pas comprises, comme font toutes les bêtes de voiture, encore qu'elles soient dressées & appropriées à server, car elles sont au nombre de choses gaives*"[32].

[28] Care needs to be taken with this statement if it is to be interpreted as meaning that a seigneur did not own the *fonds* of his fief. Basnage's views on the nature of a seigneur's legal interest in his fief are at odds with many other writers and the stance he takes in relation to *varech* appears to be much influenced by a combination of his own personal views and the contemporary predications of rights over the foreshore by the French King. For example, see the *Ordinance sur le marin* of 1681.

[29] Op. cit. page 483.

[30] [all kinds of garments and implements which are used in the home or for the cultivation of land.]

[31] [cash found on a road.]

[32] Op. cit. page 807. [Live things are not included, such as all carting animals, even though they are trained and appropriated to work, for they are among *choses gaives*.]

Bérault writes:[33]

> "*Plufieurs Couftumes appellent efpaues beftes égarées & autres biens meubles non reclamez. Ainfi y comprennent les choses inanimées comme fait auffi noftre Couftume en cet article [603] quand elle dit, qui ne font appropriées à aucun ufage d'homme: combine qu'en l'article 606 pour example des chofes gayues elle ne fait mention du boeuf & du cheual, mais c'eft parce que les animaux font plus fujets à s'égarer & se perdre que les chofes inanimées. Sont donc auffi compris fous les chofes gayues tous autres meubles égarez non appropriez à aucun ufage d'homme comme feroyent laines, draps en piece, peaux, or ou argent en maffe. Que fi ce font habits, bagues, chaifnes d'or, ou argent monnoyé, ou autres chofes appropriés à ufage d'hommes, elles ne feront eftimées gayues.*"
>
> [Many customs use the word *épaves* for stray animals and other unclaimed movables. Inanimate things are thus included, as indicated in our Custom at Article 603 which includes objects which are not appropriated to any man's use. Article 606 does not mention oxen and horses as examples of *choses gaives*, but that is because animals are more likely to stray and get lost than inanimate things. Therefore included in *choses gaives* are all other lost movables not appropriated to any man's use such as wool, cloth in pieces, skin/hide, gold or silver in bulk. If they are items of clothing, rings, gold chains, or silver coins, or other things appropriated to the use of man, they will not be deemed *gaives*.]

As Nicolle notes, difficulties may arise:[34]

> "One of the examples given by the commentators of a thing not appropriated to the use of man is material in bulk which has not been made up; yet it must be arguable that material, which has been made by man, could in some circumstances be regarded as appropriated to the use of man."

It is interesting at this point to compare the objects that came within the definition of *varech* and *trésor trouvé*. In fact, *varech* was not defined by the nature of the object, rather by its arrival on the shore, per the *Ancienne Coutume*, or its proximity to the shore which enabled a mounted horseman to reach it with his lance, per the CR. However the nature of the object was relevant to determining whose property it subsequently became. The consistent rules through the *Ancienne Coutume* and the CR was that the seigneur upon whose fief the objects had landed (or been touched by a lance) was entitled to everything save for specific items to which the Duke (later the King) had a superior claim, namely "*l'or e l'argent, et l'ivuirre, e les rohal, e le vair, e le gris, e les piaus sebelines, e les dras de soie, le trossel*

[33] Op. cit. page 761.
[34] Op. cit. page 48.

lié, les destriers, e les frans chiens, les frans oisiaus, e les ostoirs, e les faucons"[35]. As to *trésor trouvé*, Nicolle selects Charles Le Gros's use of La Glose for a definition:[36] "*D'après La Glose, trésor trouvé est toute masse d'or ou d'argent assemblée en un même lieu et qui a été gardée si longtemps que la mémoire en est éteinte.*"[37]. She emphasises the essential features that the original ownership be unknown and that the treasure must have been deliberately hidden or buried by the owner.

As to an object found abandoned on land which was appropriated to the use of man and did not fall to be viewed as *varech* or *trésor trouvé*, the TACN, GCN and CR are silent. Basnage, as we have seen, indicated that such objects would belong to the finder. Bérault was supportive of this proposition, as was the Jersey writer, Le Geyt.[38]

The historical position in Jersey

As we have seen, the earliest reference to abandoned things and the rights to them is to *bestiae de vaif* in the *Extente* of Jersey in 1331.

Jersey's two seventeenth century customary law commentators Philippe Le Geyt (1635–1716) and Jean Poingdestre (1609–1691) – both have something to say on *choses gaives*.

Le Geyt writes about *choses gaives* in his *Privilèges, Loix & Coustumes de L'Isle de Jersey* (also known as the *Code Le Geyt*[39]) and to a much lesser extent in his *Constitution, Lois et Usages*[40], of which latter text we shall say no more. The fact that *Privilèges, Loix & Coustumes* is known as the *Code Le Geyt* no doubt derives from the fact that it is written as a succinct distillation of Jersey law. It contrasts remarkably in style from *Constitution, Lois et Usages* which treats subjects in a lot more detail, albeit often drowning principles of law with meanderings and irrelevancies.

Titre III of *Privilèges, Loix & Coustumes* is entitled "*Du Varech*". Consistently with its title and the CR, the articles in this Article are mainly on *varech*, rather than *choses gaives*.[41] Nonetheless, Article 9 states as follows:

[35] Per Article 67 of the TACN. [gold and silver, ivory, and coral, and dressed fur, and verdigris, and sable, and silk sheets, measures of cloth, chargers, and hunting dogs and birds, and goshawks, and hawks.]

[36] S. Nicolle op. cit page 39; C.S. Le Gros, Droit Coutumier de Jersey (Jersey 1943) page 380. La Glose, as Nicolle indicates, was a $14^{th}/15^{th}$ century work on Norman customary law.

[37] [According to La Glose, treasure trove is any mass of gold or silver gathered in one place and which has remained there for such a long time that any memory of it is extinct.]

[38] Bérault, op. cit. page 761. For Le Geyt see below.

[39] Published in 1953 by the Jersey Law Society from manuscript copies of an original dated circa. 1690.

[40] Published in 1847 by the States of Jersey

[41] Pages 45–46.

"*Les choses gaives qui ne sont appropriées à aucun usage d'homme appartiennent aux Seigneurs sur les fiefs desquels elles sont trouvées, mais celles qui sont appropriées à tel usage demeurent à l'inventeur. Les unes & les autres doivent estre publiées à Jour de Dimanche à la Paroisse, issue du Service Divin, & à Jour de marché dans la place publique, & doivent ester rendus aux proprietaires, s'il s'en présente dans an & jour, en payant les fraix de la nourriture, garde et publications.*"

[*Choses gaives* which are not appropriated to the use of man belong to the Seigneurs of the fiefs they have been found on, but those which are appropriated to such use remain with the finder. Both must be made public in the parish on Sunday after Mass and on market day in a public place, and must be given back to the owners, if any come forward within a year and a day, the owners reimbursing the cost of feeding, safekeeping and publication expenses.]

Thus Le Geyt tells us that in Jersey law things abandoned which are not appropriated to the use of man belong to the seigneurs on whose fief they are found. However if they are appropriated to some use, they belong to the finder. The seigneur or the finder, was in either event, obliged to publish the fact that they had discovered the goods and to hold them for a year and a day, within which time the true owner could recover them on paying the costs incurred in their care.

Poingdestre's contribution to the customary law of Jersey is predominantly contained in three texts: *Commentaires sur L'Ancienne Coutume* (Jersey 1907); *Remarques et Animadversions sur la Coutume Réformée* (unpublished manuscript); *Loix & Coutumes de L'Isle de Jersey* (Jersey 1927).

Commentaires sur L'Ancienne Coutume, which examines the GCN chapter by chapter, simply says that the Article in the GCN on *choses gaives* (along with those on *varech* and *trésor trouvé*) "*est consonnant à notre coustume*"[42] .

Poingdestre's *Remarques et Animadversions sur la Coutume Réformée* often provides a useful analytical tool because his purpose in that text is to assess the evolution of the customary law from the *Ancienne Coutume*, through *La Glose* to the *CR* and to opine on the prevalent Jersey law on the point in question. In relation to *choses gaives* he explains that the original Norman customary rule was that abandoned objects, if not claimed within a year and a day, would belong to the Duke, but that this rule was tempered by a right of *prévention* which meant that if the seigneur of a fief took possession of the abandoned things before the Duke or his officers (subsequently the King or his officers) the Duke's rights were supplanted by the seigneur. This rule of *prévention*, he tells us, was applied

[42] Page 18.

in Jersey in earlier times, as was clear from old *Extentes* and by the rolls of the proceedings of the visiting justices. Thus for Poingdestre, Article 605 was new custom to the extent that it went beyond the right of *prévention* and gave to the seigneurs the absolute right to *choses gaives* found on their fiefs.

The law in relation to abandoned beasts evolved in its own special way. In Jersey, the owners of cattle were entitled to a right of *banon* which has been defined as "*The right to graze one's cattle on the stubble lands of the fief (vaine pâture) over the winter months between the harvest and the time for ploughing. In the east of [Jersey] cattle were again excluded after the 1st January and in the west after the 1st April*"[43]. Not surprisingly, there was a linkage in the relevant legislation between *banon* and *choses gaives*. The Code of 1771 set out quite elaborate rules for the operation of *banon*. Overall, the rules showed (if not effected) a diminution in seigneurial control in favour of municipal regulation. Nonetheless, *bercail* (livestock) discovered without a parish-approved family *marque* "*sera réputé bête guisve ou espave*"[44] and whilst the seigneur of the fief on which livestock was found was entitled to the beast if not claimed by the rightful owner, the wording shows an interesting nuance: "*le Bercail [non] réclamé ... sera reputé la propriété de quiconque l'aura pris à son dommage; sauf que le Seigneur du Fief le reclamé, il en aura la propriété, payant le dommage, & les frais de la prise, nourriture, & des publications.*"[45] In 1810 new Regulations were promulgated on *banon*, although based on the above definition the statute went beyond plain *banon*. Owners of sheep were required to brand their sheep to enable identification by the authorities. Where the owner had failed to register the brand with the Parish Constable, the sheep would be deemed "*bêtes Guaives ou Epaves, au benefice du Roi, sur ses fiefs, et des Seigneurs des fiefs particulier, sur les leurs, selon que les Brebis y auront été trouvées.*"[46] Where a sheep was found causing damage to a third party's property and seized, the finder was required to declare his find to the Parish within 24 hours and publish his find in the Parish cemetery after Divine Service. If not claimed, the sheep (as with *bercail* – reflecting the 1771 Code) would belong to "*celui qui aura prises à son dommage, sauf que, si le Seigneur du fief les réclame, il en aura la propriété, payant le dommage et les frais de la prise, de la nourriture et des publications.*"[47] Some minor administrative changes to the law pertaining to the

[43] C.N. Aubin, A Glossary for the Historian of Jersey (Jersey 1997) page 9.

[44] [will be deemed *gaive* animal or *épave*]

[45] *Règlement pour le Banon*, Code of 1771, pages 4–13. [Cattle [not] claimed back… will be deemed the property of whoever has taken it to his prejudice and provided the Seigneur of the Fief does not claim it, it will become his property by paying for the damage, and the capture and feeding expenses.]

[46] Article III of the *Règlement sur le Banon*, 26 April 1810. [The sheep will be deemed abandoned and according to where they have been found will be for the benefit of the King if found on his fiefs or of the seigneurs of private fiefs if found there.]

[47] Ibid., Article V. [he who took them to his prejudice, unless the Seigneur of the fief claims them, they will become his property, by paying the damage and the expenses of the capture, food and publication.]

seigneur's *droit de verp* is also made by the Regulations.[48] A *droit de verp* was the right to possess a feudal pound for holding stray cattle or cattle arrested by the seigneur.[49]

Guernsey law

But what of the ship abandoned off Sark in 1608? In fact the fate of the ship was resolved by the Royal Court of Guernsey in a series of judgments in that same year.[50] It transpires that the ship was called *le Jeune Moyses* and belonged to a number of merchants from the Baltic port of Lubeck. On 2 July 1608, one Michell Crooke, an English merchant appearing on behalf of the ship's owners, presented a commission from the High Court of the Admiralty of England and an order from the Privy Council for the delivery up of the ship and its contents, including its cargo, to its owners. Initially, a technical point stood in the way. The Royal Court concluded that the commission and order had no effect in the separate jurisdiction of Guernsey. However after a number of hearings, the Royal Court reached a decision to the same effect as the commission and the order. It concluded that the ship had been brought to Guernsey at the command of the Lieutenant Governor exercising the prerogative of the Crown, that the Court was satisfied (on the strength of the conclusions of the High Court of the Admiralty and the Privy Council) that the ship belonged to those represented by Crooke, that the Procureur should deliver up the ship and in contents to Crooke "*en paysant tant le sauvage que tous autres freys et mises faicts et requis pour la conservation d'icelui navire aggrès et merchandises.*" [51] No legal basis for the decision is given and there appears to have been no argument that anyone other than the owners, for example, the finders, had any claim to the ship. Furthermore, at no point is an explanation given for the abandonment of the ship in the first place.

Save for this intriguing case, I have been able to find few references as to the law of Guernsey on the subject of *choses gaives*.

Thomas le Marchant's *Remarques et animadversions sur l'approbation des lois et coustumier de Normandie* includes a chapter on *De Varec et choses gayves* within the section entitled "*Qui est la difference des biens, de teneures et droits Seigneuriaux*".[52] His first comment reflects that the Guernsey law in relation to *choses gaives* was not far removed from the Norman custom, albeit that current

[48] Article XVII.

[49] Aubin op. cit. page 81.

[50] Bailiff's Collection Reference H31, Island Archives Service, Guernsey. I am most grateful to Dr. Daryl Ogier, the Island Archivist, for tracking this down for me.

[51] [on payment of salvage and all other costs in connection with the safeguarding of the said ship, its rigging and merchandise]. The Court hearings took place on 2, 4, 6 and 19 July, 1608.

[52] (Guernsey 1826). Livre V, Chapter 11, pages 151 to 154.

practice was contrary to the custom, as interpreted via the Approbation des Lois:[53]

> "*à present les Prévosts du Roy et des Seigneurs, trouvants des bestes esgarées durant leur cache, qu'ils font viron les premiers jours de Mars, si il ne se trouve de propriétaire dans trois ou quatre mois du plus tard, ils en disposent, sans attendre an et jour comme ils devoyent.*"
>
> [nowadays, the *Prévôts* of the King or Seigneurs finding stray beasts during the inspection, which they carry out around the first days of March, if the proprietors are not found within three or four months, will dispose thereof without waiting a year and a day as they should.]

Le Marchant refers to the right of *prévention* in similar terms to Poingdestre and remarks that if the seigneur's Prévost was slow about his business, the King might usurp his right. Those who found *bestes esgarées*, where damage had not been caused by the animal, were not allowed to keep them for more than seven days on pain of a fine by the seigneur who alone had the right to hold them for the year and a day. It is noteworthy that for Le Marchant, *choses gaives* appears to be a term synonymous with stray animals which, most probably, reflects the fact that such were the most likely things one might find abandoned on land, other than the foreshore.

Laurent Carey's *Essai sur les Institutions, Lois et Coutumes de L'Ile de Guernesey* (Guernsey 1889) gives an alternative view on *choses gaives*. He states that according to the custom they belonged to the King alone. Nothing accrued to the seigneurs because, according to Terrien, for a seigneur to have the right, he must be able to exercise plenary justice (presumably the jurisdiction of *haute justice*) on his fief, and no seigneur in Guernsey possessed this power.[54] This, with respect, sounds rather simplistic and no further authority is cited for this point. The reader is not assisted by the fact that the section on *varech*, which precedes that on *choses gaives*, is rather confusing, but appears to conclude that in Guernsey, with the exception of the King's prerogative over luxury goods, *varech* belonged to the seigneur on whose fief the wreck arrived.

The current position

For Normandy, the custom in relation to *choses gaives* was fundamentally altered by the French Revolution. The law of 13–20 April 1790 abolished the right of the seigneur to abandoned things and reserved *épaves* to the nation.

53 Page 152. In Jersey, at least, the Prévost was an elected fief officer who undertook a number of duties including collecting *rente* and issuing summonses. See Aubin, op. cit., page 62.

54 Pages 102–103.

In Jersey, the position is now regulated by the Seigniorial Rights (Abolition) (Jersey) Law 1966. Article 2 (b) of the Law states:

> "The following rights heretofore vested in Seigneurs de Fiefs shall vest in Her Majesty –
>
> (b) rights to waifs or strays ("choses gaives"), wrecks of the sea, flotsam, jetsam and lagan ("varech")."

Unfortunately, as Nicolle notes[55] the law refers to *choses gaives* as "waifs or strays", both terms of English law which are not synonymous with *choses gaives*. No problem appears to have arisen as yet in this regard.

It is worthwhile noting that a person in Jersey finding an object of any value and treating it as his own, whilst believing that the true owner could on reasonable enquiry be located, may find himself guilty of the criminal offence of larceny by finding.

There is one Jersey case included in the *Tables des Décisions*, under the heading *choses gaives*, although strictly speaking the object found was not *choses gaives*. In *Kent and others v. F.W. Woolworth Ltd* (1959) 34 P.C. 497, 508, some bank notes were discovered in a park by a boy. Advertisements in the local paper failed to produce any claimant to the money. However, and rather oddly, because some time previous to the discovery, money had been stolen from the department store Woolworths, the Court judged that the bank notes that were found were part of those which had disappeared from Woolworths and should be returned to the store.

As to the current law of Guernsey on this point, the position is not entirely clear and it is possible that the seigneurs retain their rights and obligations in relation to *choses gaives*. Whilst under the Feudal Dues (Bailiwick of Guernsey) Law 1980 there was a transfer of certain feudal rights previously in the hands of the seigneurs to the Crown, *choses gaives* may have escaped the net. Section 2 of the Law states:

> "The right of any person to any feudal dues by virtue of that person holding an interest in a private fief is hereby transferred to and vested in Her Majesty and Her Royal Successors absolutely; and any obligation correlative to such right is hereby extinguished."

The phrase "*feudal dues*" is defined as including "*treizième*, *chef-rentes*, escheat, *varech* (or wreck of the sea), *poulage*, *quarantaine* and any other incidents of feudal tenure payable in money or money's worth". Thus to bring *choses gaives* within Section 2, one would have to argue that the right to an abandoned object

[55] Op. cit. page 46

was an "*incident of feudal tenure payable...in money's worth*". This may be stretching the words of the statute.[56] If so, it would be a curious oversight by the law draftsman.

John Kelleher, Carey Olsen
Advocate of the Royal Court of Jersey

[56] Neither the Wreck and Salvage (Vessels and Aircraft) (Bailiwick of Guernsey) Law 1986 or the Feudal Dues (General Abolition of Congé) (Bailiwick of Guernsey) Law 2002 deal with *choses gaives*.

The *Droit de Division* in Modern Guernsey Law: Application to Co-Guarantors only or to Co-Obligors Generally?

WILLIAM SIMPSON AND JEREMY MUIR

Introduction

One of the first aspects of the customary law a legal practitioner new to Guernsey learns is the need to ensure waiver of the *droit de discussion* and *droit de division* in guarantee documentation with a Guernsey element (either governed by Guernsey law or with a Guernsey party). A typical clause might go along the following lines:

> "The Bank waives any right which the Bank may have under the existing or future law of the Island of Guernsey:
>
> (a) whether by virtue of the *"droit de division"* or otherwise to require that any liability under this guarantee be divided or apportioned with any other person or reduced in any manner whatsoever; and
>
> (b) whether by virtue of the *"droit de discussion"* or otherwise to require that recourse be had to the assets of any other person before any claim is enforced against the Guarantor in respect of the obligations hereby assumed by the Guarantor."

As with many aspects of Guernsey law, however, neither the *droit de discussion* nor the *droit de division* has been extensively tested in the modern Guernsey Courts,[1] nor indeed those of Jersey where similar principles apply.[2] Questions arise, therefore, from time to time in practice as to their extent and application. As the then Deputy Bailiff held in his judgment in *Cross v Benitrust International (CI) Limited & Others* in the context of the *droit de discussion* (but which, it is suggested, applies equally to the *droit de division*):

[1] See, in the context of the *droit de discussion*, the decision of the Royal Court in *Cross v Benitrust International (CI) Limited & Others* (6 April 1998), discussed further below.

[2] For rare exceptions in, again, the context of the *droit de discussion* see *M.A.B. Investments Limited v Edward Philip Vibert* (1972) 260 Ex 239 and *D.M. Le Cornu and J.E. Le Cornu v C.I. Heat Pump Bureau Limited, Glover and Black* [1991] JLR 197.

"The trouble about the law relating to the *droit de discussion* is that one has to go back a long way to find any practical authorities indicating how it worked. The reason for this is that as any *aspirant au barreau* knows from his first day in the conveyancing department the invariable practice of draftsman [sic] of obligations is to provide for the *droit de discussion* to be waived. This does not of course always work as a green light to a creditor to proceed against all and sundry who may feature as guarantors of a particular debt, (see, for example, the difficulties that arose in the recent litigation involving the Royal Hotel) but it does mean that there have been few decisions in the recent past interpreting the *droit de discussion*."

This article looks at the *droit de division* and, in particular, the question of whether it applies only in the context of a guarantee or whether it may have application more broadly to any set of co-obligors.

A common understanding

A general statement of the *droit de division* which many Guernsey advocates would recognise would be simply that it is the right of a guarantor, where there are multiple guarantors, to require the creditor only to recover each guarantor's proportionate part of the total amount guaranteed. Indeed, Advocate Gordon Dawes, in his helpful Laws of Guernsey, states that the *droit de division* is "the customary right of a guarantor to divide his liability as guarantor with co-guarantors".[3] As authority for this proposition, he cites De Ferrière who wrote:[4]

"Bénéfice de division est celui que l'Empereur Adrien a introduit en faveur de plusieurs fidéjusseurs qui ont servi de caution à un même débiteur. En vertu de ce bénéfice, lorsque l'un des fidéjusseurs est poursuivi pour toute la dette, il oppose l'exception qui en résulte, qui est de n'être tenu que pour sa part et portion."

Certainly, this appears to reflect the comments of Pothier in his Law of Obligations, well-thumbed by generations of Guernsey advocates, where he states:[5]

"When several persons engage as sureties, of a principal debtor of the same debt, they are each of them held to oblige themselves for the whole debt ...

... In this respect several sureties differ from several principal debtors, each

[3] Gordon Dawes, *Laws of Guernsey*, Hart Publishing, Oxford, 2003 at 247.

[4] De Ferrière, *Dictionnaire de Droit et de Pratique*, 1779. The quotation is, however, as used by Dawes.

[5] Robert-Joseph Pothier, *A Treatise on the Law of Obligations or Contracts*, London, 1806 (Trans. W.D. Evans) at 268–269. Quotations are drawn from the English translation as that most easily available to the authors.

> of whom is understood to be only obliged for his own part of what is jointly promised, if the solidity of the obligation is not expressed; the reason of the difference is, that it is of the nature of the engagement of a surety to oblige himself to every thing that is due from the principal debtor, and consequently each of those who undertake as sureties for him, is understood to contract this engagement, unless it be expressly declared, that he is only obliged for his own part ...
>
> ... The emperor Adrian introduced a modification of this solidity, by the exception of division which he allowed to sureties; the surety from whom the creditor demands the whole of the debt, obtains by this exception a right to demand, that the creditor shall be bound to divide, and apportion his demand between him and his co-sureties, provided that they are solvent, and consequently, that he may be received to pay to the creditor his portion, saving the right of the creditor to proceed for the remainder against the others: this law has been adopted in France."

An alternative reading of this, however, is that Hadrian *extended* the benefit of *division* to co-sureties, that is, it thereafter applied both to co-sureties (by this extension) and to co-obligors generally (as principal debtors were not jointly and severally bound in any event, unless the solidity of the obligation was express). A more thorough review of the Roman authorities is, unfortunately, beyond the scope of this paper, except to note the comment of the translator, W.D. Evans, in the earlier section of Pothier's work devoted to divisible and indivisible obligations generally, that:[6]

> "By the Roman laws, when several persons contracted an obligation jointly, each was only liable for his own part, unless it was particularly stipulated that they should be bound *in solido* ..."

Pothier himself writes, in this section:[7]

> "... [T]he obligation *in solido*, when several persons contract to pay another the sum of ten pounds, is nevertheless a divisible obligation; the effect of the solidarity is that it is not actually divided among the debtors *in solido*: but their obligation is, notwithstanding, divisible, because it may be divided, and in fact will be so, among their heirs."

Tracing backwards to the Norman context, a reference to this principle may be found in Routier's commentary, Principes Généraux du Droit Civil et Coutumier de la Province de Normandie:[8]

[6] Pothier, at 171, footnote (a).

[7] Pothier, at 172.

[8] M. Charles Routier, *Principes Généraux du Droit Civil et Coutumier de la Province de Normandie*, Rouen, 1748 at 348.

"Régulièrement les Obligations se divisent entre les co-obligez qui ne sont tenus que pour leurs parts & portions lorsqu'ils sont tous présens & solvables."

Where, *division* is renounced, however, Routier continues:

"Chacun des débiteurs obligez solidairement & avec renonciation au bénéfice de division, peut être poursuivi & contraint pour le tout."

Guernsey customary law

Notwithstanding the extensive commentary of Pothier on the *droit de division* in the context of sureties, he does not appear to address conclusively the question of whether the right is available to co-obligors more generally.[9] Turning to the Guernsey commentators on the customary law, however, statements of the more expansive principle appear in the context of both sureties and co-obligors.

As with any issue of customary law in Guernsey, the first place to look is Terrien's Commentaires du Droict Civil,[10] to the extent adopted in Guernsey by *L'Approbation des Lois* which itself became law upon registration as an Order in Council on 27 October 1583, and as further commented on by Le Marchant in his Remarques et Animadversions sur l'Approbation des Lois et Coustumier de Guernesey.[11]

Book VII, Chapter III of Terrien's commentary, "*De dettes & de detteurs*", contains a number of useful statements:[12]

"... se plusieurs se mettent en plege de toute une dette, sans determiner de combien chacun le pleuit: s'aucun meurt, ou n'a dequoy payer, les autres doyuent payer pour luy."

Terrien's comments are not limited to simple *pleges*, however:[13]

"...noter qu'aucunes fois on fait obliger le plege avec le principal detteur dés le commencement du contract sans faire mention qu'il soit plege. Et <u>en ce cas n'a lieu le benefice d'ordre</u>, non plus que in alÿs correis debendi qui ne sont point pleges. <u>Mais a lieu le benefice de division</u>, combien qu'ils soyent obligez ensemble & l'un seul pour le tout: s'il n'yest renoncé par ces mots, sans division, comme Papon dit avoir esté iugé par arrest de Paris, lequel benefice est tel, que si tous les

[9] In that section of the text, at least.

[10] Guillaume Terrien, *Commentaires du Droict Civil tant public que privé, observé au pays & Duché de Normandie*, 2e edition, 1578.

[11] Thomas Le Marchant, *Remarques et Animadversions sur l'Approbation des Lois et Coustumier de Guernesey*, 1826.

[12] Terrien, at 229.

[13] Terrien, at 231.

> *obligez sont solvables, & presens ou habitans sous une mesme juridiction, & l'un d'eux est executé pour le tout, il peut requerir que le creancier s'adresse aux autres tous ensemble, ou à chacun pour sa portion."* (Emphasis added)

Where, therefore, one of two co-obligors is not stated to be a *plege* and becomes, apparently, a principal debtor, he or she will lose the benefit of *ordre* (*discussion*) but retains the benefit of *division*.

The Approbation restricts itself to noting helpfully "*Nous usons du troisiesme chapitre...*" and, accordingly, Terrien's commentary is adopted.

Le Marchant's analysis of Chapter III is also useful. He notes first of all that Terrien distinguishes two kinds of *plege*:

1. the simple *plege*: "*par laquelle un s'oblige qu'un tel fera ou ne fera telle chose*"; and
2. the *plevine qui retient la debte*: "*par laquelle le plege se constitue debteur pour ou avec le premier debteur et en fait comme sa propre debte*".

Although recognising the dangers in applying modern labels to historic concepts of this kind, it seems reasonable to identify the second category with the modern guarantor/indemnifier who expressly takes on liability as a principal debtor. The effect of this is that it seems then reasonable to assume that such a person would be in a similar situation to any co-obligor (even outside the guarantee context).

He continues:[14]

> *"... lorsque plusieurs personnes deviennent pleges de quelque debte, par ensemble, en simple plege, sans déclarer la quotte part dont chascun d'iceux devient plege et que quelques-uns des dits pleges meurent, les survivants sont obligés pour l'entier de la plevine, et de mesme si l'un des dits pleges est insolvable, jugé et recogneu judiciairement tel, autrement les co-obligés pourroyent avoir le bénéfice de division."*

Again, however, the reference to contracting *en simple plege* in this quotation makes it difficult to know the extent of the principle. A page or so later, however, he writes in more general terms:[15]

> "*Le bénéfice de division est proprement entre co-obligés au payement d'une mesme debte également et par ensemble, par lequel bénéfice un créancier ne peut se prendre à un seul des co-obligés pour l'entier de la debte, mais est tenu ou de les attaquer tous ensemble, ou séparément, chascun pour sa portion de la ditte debte.... Il faut noter que lorsque de deux co-obligés il y en a un qui en effet est*

[14] Le Marchant, at 232.
[15] Le Marchant, at 239–240.

principal debteur, et l'autre seulement plege, et que dès le commencement d'un contract ils s'obligent également ensemble, sans parler de la dite caution, non plus que si il n'y en avoit point, et que mesme ils s'obligeast un seul pour le tout, le plege néanmoins aura le bénéfice de la division avec son co-obligé..." (Emphasis added)

In this section, he writes that the benefit of division is available between "*co-obligés*" with respect to a single debt. The second part of the quotation applies this (apparently) general principle to the particular case where one of two "*co-obligés*" is a "*plege*", concluding that where the *plege* contracts "*également*" with his *co-obligé* from the beginning of the contract (and, it appears, where the status of the *plege* is not known to the other contracting party), the *plege* will have the benefit of *division*. His clearest statement is, however, as follows:[16]

"*Or les dits ordre de discussion, bénéfice de division … doivent estre ès cas susdits inviolablement observés en toutes cautions et co-obligations; sinon que par les contracts d'icelles il y soit expressement dérogé et dit que les pleges renoncent à l'ordre de discussion et appellation de garantie et les co-obligés au bénéfice de division, s'obligeant l'un et le plus solvable pour le tout, solidairement …*" (Emphasis added)

Accordingly, it is *pleges* who renounce the *droit de discussion*, but *co-obligés* who renounce the *droit de division*. Is this perhaps the form of express acceptance of solidity that Pothier refers to in the context of multiple principal debtors?

Laurent Carey, writing in the eighteenth century, also draws a distinction between someone who is a "*caution*", who can require the principal obligor to be pursued, and one of two debtors, who cannot be required to pay the whole unless he has renounced the "*bénéfice de la division*":[17]

"*Exception est un contredit à une action pour en exclure la demande et en empecher son effet …*

Elles peuvent être alléguées par personnes qui sont convenues pour plus qu'elles ne peuvent ni doivent comme consorts perçonniers.

Item: Par celui qui est caution d'un autre, si l'obligation n'est solidaire, lequel pourra demander que le principal obligé soit contraint …

… Item: Par un des deux detteurs, pour n'être contraint lui seul pour le tout, si expressément n'est opposée la renonciation au bénéfice de la division et ordre de discussion." (Emphasis added)

[16] Le Marchant, at 241. He also refers to a third principle, *Velleian*, which applies where women purport to become *pleges*. This, unfortunately, falls beyond the scope of our article. (But see now references to Velleian in the paper of Corinne Bléry. Ed.)

[17] Laurent Carey, Essai sur les Institutions, Lois et Coutumes de l'Ile de Guernesey, Guernsey, 1881, at 211.

It is not clear why it is suggested the "*ordre de discussion*" be renounced here, unless it may be implied that this is only the case where one of the two debtors is a surety.

Given the authority of the specifically local commentators in the Guernsey Courts, these texts are grist for the mill should the question under consideration come to be considered here.[18] A Guernsey Court would, however, also be likely to consider the way that French law has developed up until the present day together with, possibly, the English law position. A few comments on these jurisdictions follow, together with a brief comment on Scots law. These sections are not intended to be comprehensive, but might usefully provide a starting point for further research at another time.

Modern French law

A detailed analysis of modern French law in this context is beyond the scope of this paper (and outside the expertise of its authors). Some guidance, however, may be taken from a French textbook on *obligations*, as follows:[19]

> "*Principe de division des créances et des dettes –*
>
> *L'obligation conjointe est celle qui comporte plusieurs créanciers ou débiteurs entre lesquels elle se divise activement ou passivement, de sorte que chaque créancier n'a le droit de réclamer qu'une part dans la créance et chaque débiteur n'est tenu de payer qu'une part de la dette.*
>
> *Cette situation représente la norme. Elle s'applique de plein droit, dès lors qu'il y a pluralité de créanciers ou de débiteurs, en l'absence d'indivisibilité résultant de la nature des choses, de stipulation contractuelle, de disposition légale ou de décision judiciaire contraire.*"

Accordingly, where full joint and several obligations on the part of co-obligors is desired, it should be expressly provided for. The key articles of the *Code Civil* are found in the section headed *Des Obligations Solidaires* and, for our particular purposes, include:

> *Art. 1200* *Il y a solidarité de la part des débiteurs, lorsqu'ils sont obligées à une même chose, de manière que chacun puisse être contraint pour la totalité, et que le payement fait par un seul libère les autres envers le créancier.*

[18] See Dawes, at 702–703 for a suggested principled hierarchy of authority for Guernsey contract law.

[19] Terré, Simler, Lequette, *Les Obligations*, 7e edition, Dalloz, 1999 at 268 et seq.

Art. 1202 *La solidarité ne se présume point; il faut qu'elle soit expressément stipulée ...*

Art. 1203 *Le créancier d'une obligation contractée solidairement peut s'adresser à celui des débiteurs qu'il veut choisir, sans que celui-ci puisse lui opposer le bénéfice de division.*

This is in accordance with Pothier's comments with respect to multiple principal debtors above. Therefore, unless joint and several liability (in English terms) has been expressly provided for, the benefit of *division* appears likely to be available.

The relationship *between* co-obligors when an obligation has been contracted for *solidairement* is set out in articles 1213 and 1214:

Art. 1213 *L'obligation contractée solidairement envers le créancier se divise de plein droit entre les débiteurs, qui n'en sont tenus entre eux que chacun pour sa part et portion.*

Art. 1214 *Le codébiteur d'une dette solidaire, qui l'a payée en entier, ne peut répéter contre les autres que les part et portion de chacun d'eux. Si l'un d'eux se trouve insolvable, la perte qu'occasione son insolvabilité se répartit, par contribution, entre tous les autres codébiteurs solvables et celui qui a fait le payement.*

Division is, accordingly, available *between* co-obligors even where not permitted (or provided for) as against the creditor.

English and Scots law

Halsbury's Laws of England sets out the general principles with respect to co-obligations under modern English law.[20] Any number of persons may join in making or accepting a promise; and a promise made by several persons may be joint *or* several or joint *and* several. It is a question of construction which case applies. Where several persons join in making a covenant, the covenant is construed in accordance with the ordinary meaning of the terms used. Where two persons covenant generally for themselves without words of severance, a joint liability is created and each of them is liable for the performance of the whole promise.

More specifically, Glanville Williams in his 1949 treatise Joint Obligations writes:[21]

[20] Halsbury's, *Laws of England, Contracts*, para 1079 et seq.

[21] Glanville Williams, *Joint Obligations: A Treatise on Joint and Joint and Several Liability in Contract, Quasi-Contract and Trusts in England, Ireland and the Common-Law Dominions*, Page Bros. (Norwich), Ltd, 1949 at 24.

> "A joint promise by two or more persons creates a single obligation incumbent upon both or all. The theory of a joint and several promise is that it creates both a joint obligation incumbent upon all and a number of several obligations respectively incumbent upon each one; but the several obligations are non-cumulative, so that (as with purely joint obligations) performance by any one will discharge all. Joint and joint and several promises may be called generically co-promises.
>
> The presumption is that a contract made by two or more persons is joint, express words being necessary to make it joint and several. The usual formula to create a joint and several liability is 'A and B jointly and severally promise.'"

The result of this is that, as a joint promise creates only one obligation, all the promisors must generally be joined as defendants to any action. Prima facie, a joint promisor has the right to insist upon the other joint promisors being joined as co-defendants and may apply for a stay of proceedings if this is not the case.

As under French law, co-promisors generally have a right of contribution against each other whether as a matter of implied contract or of quasi-contract.[22] The right of contribution is independent of any present right of the promisee (principal creditor). These principles apply equally to guarantees and Halsbury refers directly to the right of contribution from co-guarantors where a guarantor has paid more than his or her share of the common liability, whether the liability is joint and several or several alone.[23]

Williams notes, however, the difference between English and Scots law (and, in our view, Norman and French law) on joint obligations, whereby in Scotland if two promise to pay £100 jointly, each is liable only for half, citing as authority for this proposition *Coats v Union Bank of Scotland*.[24] This reflects, of course, the civil law origins of the Scottish legal system.

In *Coats*, three shareholders of a company heavily indebted to a bank, agreed to purchase shares belonging to the company and held by the bank as security and entered into an agreement with the bank by which the bank was to advance to them a "joint loan" to finance part of the purchase price, and to hold the shares as security for the advance. They paid for the shares partly by their individual cheques and partly by drawing joint cheques on the bank for that portion of the purchase price advanced by the bank. The bank contended that the three were liable severally for the whole loan. One shareholder sought and received a declaration (affirmed by the House of Lords) that he was liable only for his own third share of the money advanced. Per Viscount Hailsham:[25]

22 Williams, at 31.

23 Halsbury's, *Laws of England, Contracts*, para 1079 et seq.

24 [1929] SLT 477.

25 Ibid, at 480–481.

> "By the law of Scotland, differing in this respect from the law of England, joint debtors are regarded *prima facie* as incurring a *pro rata* liability only; but this *prima facie* presumption may be rebutted. The law is stated in Gloag on Contracts (2nd ed. at p. 198) as follows: 'As a mere general rule, subject to many exceptions, and yielding to expressions indicative of an intention to the contrary, obligations are construed as involving rights and liabilities *pro rata*, so that one of two creditors can exact payment of a half only; one of two debtors is liable only in the same proportion'. *Prima facie*, therefore, a request for a joint loan would import an undertaking to repay only a proportionate part of the amount advanced. The question which is to be determined is whether the documents in this case, read as a whole, and the method by which the transaction was carried out, contain evidence sufficient to rebut the presumption and to prove that the intention of both parties was that Mr Coats should be liable for the whole of the debt."

It is perhaps fair to say that the modern drafting tendency to ensure that the covenants of co-obligors are expressed to be joint and several where the matter is otherwise likely to come into dispute has prevented these issues being more frequently litigated. As these tendencies have been imported largely into Guernsey legal practice, it leads nicely on to the next issue.

Waiver of the droit

If, indeed, the benefit of *division* were available to co-obligors, it should be considered whether the common practice of stating that the obligations of a co-obligor are to be joint and several is sufficient impliedly to waive the right of *division*. Certainly the two principles appear mutually inconsistent. Concern is, however, often voiced that the *droits* should, as a general principle, be waived specifically rather than by implication. See, in Jersey, the dicta of the Royal Court in *D.M. Le Cornu and J.E. Le Cornu v C.I. Heat Pump Bureau Limited, Glover and Black*, in the context of a guarantee in a lease:[26]

> "The pleadings state that the wording of the guarantee clause avoids the *droit de discussion*. We are not prepared to say that the words 'without reservation of any kind' avoid the general common law rule without far more detailed argument. It might be argued that such a contention is against public policy; it might contrarily be argued that *la convention fait la loi des parties*."

Although the Court did not reach a decision on those facts, it is reasonable to

[26] [1991] JLR 197 at 208.

suppose that similar principles would be applied with respect to an argument that the *droit de division* had been impliedly waived. The public policy argument, however, is more likely to be applied to co-guarantors rather than to co-obligors generally, given the historical interest in protecting sureties.

It is possible, also, that Terrien's comments (noted above) that *division* may apply "*... s'il n'yest renoncé par ces mots, sans division ...*" might be read strictly to require that the principle be renounced by the specific words "*sans division*" or "without *division*".

As usual, Pothier also addresses these issues:[27]

> "When it is expressed in the engagement that the sureties are obliged *in solido*, and as principal debtors, is this clause understood to include a renunciation of the exception of division? Those, who think that such a clause does not include a renunciation of the exception of discussion, would also think that it does not include a renunciation of the exception of division: but the reasons which induced us to think that it included a renunciation of the exception of discussion ... induce us to think that it imports the renunciation of that of division."

In his previous analysis of renunciation of the exception of *discussion* in similar circumstances, therefore, he noted as follows:[28]

> "Is the surety understood to have renounced this exception, when it is said by the engagement, that he obliges himself as principal debtor? Authors seem divided upon this question: some old *arrêts* of the parliament of *Paris* are adduced, which have decided that this was not sufficient, and that the renunciation of this exception ought to be express. *Basnage* in his *Treatise* of *Hypothecations*, says, that the jurisprudence of *Normandy* is, that these terms are sufficient to declare a renunciation of the exception of discussion, and that it should not be supposed that they were employed to signify nothing; this accords with the rules for the interpretation of agreements ..."

Where there is any doubt, of course, it may be that cautious drafting will prevail and a wider use of express waivers of the *droit de division* will develop, at least until the point is considered by a Guernsey Court. It may be that a form of wording in English (language) contracts such as "... the Debtors covenant jointly and severally (and without the benefit of *division*)" would be appropriate where certainty is wanted.

[27] Pothier, at 269.
[28] Pothier, at 263.

Intervening insolvency

It should be noted, as both Terrien (as quoted above) and Le Marchant point out, that the *droit de division* is not available where a co-surety is insolvent or not present in the jurisdiction. Le Marchant notes as follows:[29]

> *"Mais il y a deux choses requises … sans lesquelles on ne peut avoir le dit … bénéfice. Le premier est que … chascun des co-obligés sur lesquels le créancier est renvoyé par bénéfice de division soit solvable; le deuxième, qu'ils soient présents et sous une mesme jurisdiction …"*

For completeness, it is worth quoting Pothier's excellent explication of the point in full:[30]

> "Lastly, it is necessary that the co-sureties, with whom the surety demands that the action should be divided, be solvent …
>
> … But if my co-surety was solvent at the time of contesting the cause, and consequently the action of the creditor has been divided between him and me, although he afterwards becomes insolvent, the creditor can no longer come against me for his part…
>
> … In this respect, the exception of division differs from that of discussion; the reason of the difference arises from the different nature of these exceptions; that of discussion is only dilatory, it only defers the action of the creditor against the surety, till after the creditor has discussed the principal debtor; whereas the exception of division is in the nature of a peremptory exception: when it attaches, it entirely destroys the action of the creditor against the surety who opposed it, for the part of his co-sureties with whom the division is allowed, and therefore the creditor can no longer come upon him, even if the co-sureties should afterwards become insolvent.
>
> Further, even if my co-surety is insolvent before the demand of the creditor, if the creditor has voluntarily divided his action, by demanding from us separately our respective parts, he cannot afterwards demand from me the part of my insolvent co-surety…
>
> … Provided that my co-surety be solvent, although the term, or the condition under which he is obliged, be not yet expired, I may nevertheless demand that the action be divided between him and me provisionally, saving the right of the creditor to come upon me for the part of the co-

[29] Le Marchant, at 240.
[30] Pothier, at 270–271.

> surety, if at the expiration of the term or condition he should not be solvent ... and *à fortiori* if the condition under which he is obliged, happens to fail.
>
> As the demand of the creditor is only subject to be divided, when the co-sureties are solvent, if there is a dispute between the creditor and the surety, who demands the division, upon the fact whether the co-sureties are or are not solvent, the surety, upon offering to pay his part, may demand, that previous to deciding the point as to the residue, the creditor shall, at the risk of the surety, be bound to discuss the co-sureties."

With respect to the latter point, Pothier confirms that the benefit of *division* is not available where the co-surety resides "out of the kingdom; for this exception is a favour which the law only grants in as much as the creditor does not suffer too great inconvenience from it".[31]

The effect of the exception of division

Guidance as to the nature of *division* and its effect can, again, be gained from Pothier:[32]

> "The effect of the exception of division is, that the judge will decree the division of the debt between the sureties who are solvent, and thereby restrict the demand against the surety who opposed the division, to his part only.
>
> Before this division of the debt is pronounced by the judge, upon the exception of division, or has been voluntarily made by the creditor, by a demand against each of the sureties for his part ... each of the sureties is really debtor of the whole;"

The right of *division*, therefore, does not affect the nature of the original obligation of the surety but only has an effect when an order is made.

Conclusions

The Guernsey authorities (with support in other jurisdictions) appear to suggest that the *droit de division* should be extended by a Guernsey court to a co-obligor who is not a co-guarantor. Where a co-obligor's obligations are expressed to be joint and several, it is possible that benefit of *division* would be held to have been

[31] Pothier, at 271–272.
[32] Pothier, at 275.

renounced (should it apply), but this remains an open question. It remains to be seen whether the view of the Guernsey Bar will shift and a wider use of express waivers of the *droit de division* in the context of co-obligors (who are not co-sureties) will develop. Only a reasoned decision of a Guernsey, or Jersey, Court is likely to settle the matter.

William Simpson & Jeremy Muir
Ogier & Le Masurier

From Custom to Code, the Usefulness of the *Code Civil* in Contemporary Guernsey Jurisprudence

GORDON DAWES

Three centenaries

Centenaries are an excuse, should one be needed, to recall and commemorate history. In the year 2004 there are three particular anniversaries to mark and celebrate. In reverse order of calendar date they are as follows:

On 24th June 800 years ago, Rouen surrendered to the forces of King Phillippe Auguste of France, the culmination of events which led directly to the special constitutional position of the Channel Islands[1]. The 8th centenary of the English Crown's loss of mainland Normandy is an appropriate time to remind ourselves, as well as others, of the Islands' distinct and very ancient laws, customs and rights.

On 8th April 100 years ago, the *Entente Cordiale* was signed by the British Foreign Secretary, Lord Lansdowne, and the French Ambassador, Paul Cambon. The *Entente* marked a turning point in Anglo-French relations, settling long-standing disputes and laying the foundation for a close relationship based upon mutual respect, if not full understanding, and the recognition that our two nations' respective interests were better served through friendship as opposed to enmity.

On 21st March 200 years ago, the *Code Civil des Français*[2] was promulgated by Bonaparte, Premier consul. The bicentenary of that great work of jurisprudence has been marked in a number of ways, including the publication by Dalloz of a facsimile of the 1804 Code[3], a *Livre du Bicentenaire* with forewords written by the Président de la République, the Président du Sénat, the Président de l'Assemblée nationale and the Garde des Sceaux, ministre de la Justice[4] and the

[1] Rouen was under the command of Pierre de Préaux, who had previously been appointed by John as warden of the Channel Islands.

[2] The original name of the Code, which was re-named the *Code Napoléon* in 1807 before becoming simply the *Code civil*.

[3] *Code Civil des Français Bicentenaire 1804 2004* édition présentée par Jean-Denis Bredin, Dalloz, 2004.

[4] *Le Code civil 1804–2004, Livre du Bicentenaire 2004*, Dalloz.

re-publication of various texts commemorating the event. It is hard to imagine any piece of English legislation being celebrated in quite the same way; certainly none from the last 300 years. Even Magna Carta[5] and the Bill of Rights[6] are more noteworthy as historical events conferring certain basic freedoms as opposed to being great works of law-making in themselves.

The *Code civil*'s influence spread far beyond the boundaries of France. There are papers in the *Livre du Bicentenaire* concerning the *Code civil* and its future in Africa as well as its effect in Argentina, Israel, Louisiana, the Middle East, the Netherlands, Peru, Quebec and Vietnam. This is not to overlook countries such as Belgium, Luxembourg, Portugal, Spain, Italy and even Japan[7]. The purpose of this paper is to consider the relationship of the *Code civil* to Guernsey law and to examine the potential usefulness of the Code as a source of inspiration in the making of future case-law.

Guernsey froideur[8]

It has to be conceded from the outset that Guernsey has been rather leery of the *Code civil*. Although it is, of course, possible to find Guernsey cases which cite the *Code civil* they are not all that frequent. At the same time there are cases which show a certain disregard for the Code even in areas of law where one might expect it to be influential. Thus, in the case of *The Rector and Churchwardens of St Saviour v Traisnel & Bougourd* (1989) 7 GLJ 51 it was held that the Church had a right of way through German-built tunnels on neighbouring land to the tunnels under the Church itself by operation of law. The *Code civil* was cited and the principles applied to the facts of the case. However, in *Singleton v Le Noury* (1990) 9 GLJ 48, another case concerning servitudes, Sir Charles Frossard stated:

> "This Court is of (the) opinion that the *Code civil* has no application in this case. The commentators on the coûtume set out in detail the law to be applied."

The Jersey Court of Appeal went further in *Public Services Committee v Maynard* [1996] JLR 343 at 350 where Southwell JA stated:

> "... care has to be taken in referring to French legal texts in connection with the law of Jersey. After the Channel Islands were severed from the rest of

[5] 1215.

[6] 1689.

[7] See the paper *Territorial Expansion of the Code* by Jean Limpens at p92 of *The Code Napoleon and the Common-Law World*, ed. by Bernard Schwartz, a collection of papers marking the 150th anniversary of the Code and re-published by the Lawbook Exchange in 1998, see www.lawbookexchange.com.

[8] Literally, coolness, the cold-shoulder.

the Norman territories in what is now France, Norman customary law continued to develop in Jersey, Guernsey and Normandy in parallel, but not with identical developments. In Normandy, development was naturally affected by doctrines prevailing in other parts of France. The Napoleonic Codes embodied much of the pre-existing laws of the French provinces, but with some material changes. After the Napoleonic Codes came into existence, French law developed independently of developments in Jersey and Guernsey, under the direction or influence of French statutes, French jurisprudential writers and the case law of the French courts. Accordingly, no great weight can be placed on French law as it exists today in ascertaining what is Jersey law, except perhaps on a comparative basis as showing how the same problems have been treated in another legal system. ..."[9]

The principal message of this paper is to suggest that the Code has a considerable amount to offer contemporary Guernsey jurisprudence. It is a combination of the circumstances in which the Code came into being and a misperception of its true nature which has, perhaps, led to its playing less of a part in Guernsey jurisprudence than might have been expected. It is suggested that the Code should be re-examined and referred to as a matter of course, not only in those areas of Guernsey law which depend upon customary or French law but generally.

The historical context of the naissance *of the* Code civil

Guernsey jurisprudence has a long memory; that memory is perhaps a little coloured by the less than propitious circumstances of the Code's birth; at least so far as the Channel Islands and Islands public opinion was concerned. There was very good reason to be suspicious of all things French towards the end of the 18th century. On 1st May 1779 the so-called prince or count of Nassau with almost 3,000 men and fifty flat-bottomed boats escorted by five frigates and armed cutters appeared in sight of Jersey and attempted to land in St Ouen's bay. However, after one reportedly "feeble attack"[10] the French gave up. A more serious attempt was made during the night of 5th and 6th January 1781 under the leadership of the Baron de Rullecour. This impetuous commander pursued his invasion attempt notwithstanding the dispersal of his fleet in a storm and the

[9] See also Southwell JA's articles in the Jersey Law Review, *The Sources of Jersey Law*, 1997 Vol. 1 at p221, *A Note on Sources of Jersey Law*, 1999 Vol. 3 at p213 as well as his more recent article in February 2004 *Citation from Other Legal Systems*. Again see section 14 of *The Origin and Development of Jersey Law An Outline Guide* by Stéphanie Nicolle QC, HM Solicitor General for Jersey, revised edtn. 2003. The 1999 article responds to this chapter.

[10] See *The History of Guernsey and its Bailiwick with Occasional Notices of Jersey* by Ferdinand Brock Tupper 2nd Edtn. 1876 at pp 411 – 417 for an account of these matters.

fact that half his men never reached Jersey. Of the 1,000 men who attempted to land only 600 managed to reach shore. The watchmen were asleep and the people of Jersey awoke the following morning to find the market place of St Hellier filled with French soldiers. However, there were 1,900 regular British troops garrisoned on the island together with a similar number of militia and the resulting battle was an unequal one. The French surrendered, but not before both the Baron and the leader of the opposing British force, Major Peirson, had been killed in the action. Peirson is commemorated by a tablet set in the ground outside the Royal Court, Jersey.

The French revolution was barely eight years after these events. Again popular opinion would have been strongly against the French. Within a little over a year of the revolution Edmund Burke produced his *Reflections on the French Revolution*, a lengthy essay[11] written in the form of a letter to a French correspondent. His work can be said to have led the reaction in England to the events in France. Burke expressed himself in strong terms:

> "Formerly your affairs were your own concern only. We felt for them as men; but we kept aloof from them, because we were not citizens of France. But when we see the model held up to ourselves, we must feel as Englishmen, and feeling, we must provide as Englishmen. Your affairs, in spite of us, are made a part of our interest; so far at least as to keep at a distance your panacea, or your plague. If it be a panacea, we do not want it. We know the consequences of unnecessary physic. If it be a plague, it is such a plague that the precautions of the most severe quarantine ought to be established against it."[12]

Of course, Burke was writing a long time before even the Terror of 1792 – 1794 and the terrible excesses of that period. Meanwhile France was at war with most of the European powers in varying combinations in the years following the Revolution, including England. Napoleon came to the fore through his military success; becoming First Consul in 1799 and crowning himself Emperor in 1804. The state of hostility between England and France intensified. All of these events, before and after the turn of the century, were felt keenly in the Channel Islands. As Duncan notes:

> "During the horrors of the French revolution, a vast number of royalists fled from their own country to escape the deadly persecutions which threatened them, and found an asylum in these islands, where they were received with hospitality and kindness …".[13]

[11] 407 paragraphs. The full text is available on the internet.

[12] Ibid. para 149.

[13] See *The History of Guernsey, with Occasional Notices of Jersey, Alderney and Sark* by Jonathan Duncan, 1841.

Duncan tells us that during the revolutionary war against France, the privateers of Guernsey were "eminently distinguished by the hardihood of the crews and the rich prizes they captured"; noting also that:

> "The celebrated Edmund Burke once observed, that the Channel Islands alone might rank among the naval powers of Europe, and certain it is that they have contributed their full share to that naval pre-eminence, which is the chief dowry of Great Britain."[14]

Encounters between the French and English navies took place within sight of the coast of Guernsey, including the notable occasion on 8th June 1794 when Captain (later Admiral) Sir James Saumarez out-sailed a much superior naval force whilst permitting the rest of his ships to make good their escape. Meanwhile two divisions of Russian troops were landed in the Channel Islands (by agreement, because they could not be landed in England given the terms of the Bill of Rights) under a French *émigré* general; some six thousand were garrisoned in Guernsey. Tupper says of them that:

> "Their conduct towards the inhabitants was at first peaceable and orderly, although they were excessively fond of ardent spirits; and, having plenty of money, they indulged in them freely, swallowing immense quantities in a raw state at one draught."

The Russians left in June 1800 under something of a cloud, Tupper reporting that "the guns at Castle Cornet were kept shotted to prevent their relanding". The Napoleonic wars raged on land and sea until Waterloo finally put an end to Bonaparte's career followed by exile on another British island, St Helena. In the circumstances it is not entirely surprising that there should have been no headlong rush to adopt provisions of the *Code Napoléon*.

The naissance *of the* Code civil

Napoleon had plenty of time to reflect on his career whilst in exile. In his *Présentation* of the 2004 Dalloz re-print of the *Code Civil des Français*, Jean-Denis Bredin cites an earlier author as follows:

> "«C'est par l'histoire» a écrit Jean Charbonnier, qu'il est «entré dans notre mémoire», il a été mis au monde par la volonté de l'illustre Naploéon Bonaparte, déjà présent dans l'histoire et qui tant la secouera. «Ma vraie gloire, dira l'Empereur déchu, exilé à Sainte-Hélène, ce n'est pas d'avoir

[14] Ibid. footnote at p165.

> gagné quarante batailles … Ce que rien n'effacera, ce qui vivra éternellement, c'est mon *Code civil.*» «J'ai semé la liberté à pleine main partout où j'ai implanté mon *Code civil*» proclamera-t-il encore, sur son rocher, achevant de contempler sa gloire."[15]

It is true that Napoléon deserves considerable credit for the creation of the *Code civil*; not just through his force of personality but via his personal input in the lengthy debates contributing to the final form of the Code. However, there is much more to the history of the Code. The consolidation, if not codification, of "French" law had been the ambition of many a French King long before the revolution intervened. Indeed one can trace back these initiatives to at least the 16th century when the provinces were ordered to write down their customs in an authoritative form. "French" law was then so hopelessly fragmented that Voltaire famously commented that an individual changed laws as often as he changed his horse[16]. Halpérin says:

> "Au nord et au centre de la France sont en vigueur pas moins de 65 coutumes générales (et plus de 300 coutumes locales dérogeant sur quelques points aux précédentes) … Au sud de ces pays de coutumes, les pays dits de droit écrit ont acclimaté le droit romain aux conditions locales au gré de la jurisprudence propre à chaque parlement. …"[17]

One of the principal purposes of the Code was to unite French law as part of the process of forging a true nation, whether as an end in itself or else to consolidate the centralisation of power.

The Code was not a revolutionary document per se, more reactionary. It was only the product of the revolution inasmuch as the revolution swept away aspects of the *ancien régime* which would otherwise have obstructed the creation of the Code; for example the abolition of feudal rights and dues on 11th August 1789, or the very existence of a King incapable of ruling his country effectively in favour, ultimately, of a person who most certainly could. Napoleon did not carry

[15] Ibid. "'It is through history', wrote Jean Charbonnier, 'that it has entered into our memory', it came into the world through the will of the great Napoleon Bonaparte, already present in that history which he shook so hard. 'My true glory', the disappointed Emperor would say, exiled in St Helena, 'is not to have won forty battles … What nothing can wipe out, what will live eternally, is my *Code civil.* I have sown liberty, with a full hand, everywhere where I have implanted my *Code civil*', he would ever proclaim from his rock, ending by contemplating his glory."

[16] "On changeait, en la traversant, plus souvent de loi que de cheval."

[17] See *Le Code Civil* by Jean-Louis Halpérin, Dalloz, 2nd edtn. 2003; a comparatively brief but excellent summary of the history and principal themes of the Code. "To the North and in the centre of France there were in force not less than 65 general customs (and more than 300 local customs derogating on certain points from the preceding) … To the South of these provinces, the provinces of written law had acclimatised Roman law to local conditions according to the jurisprudential will peculiar to each *parlement* …".

on the revolution, he ended it. His own coronation and the promulgation of the Code were each powerful symbols of this fact.

Authors of the Code civil *projet*

The four individuals appointed on 12th August 1800 to produce the draft of the *Code civil* were each of them products of the *ancien régime* and in particular of *l'ancien droit*. Tronchet had been an *Avocat au Parlement de Paris* since 1745 and appeared as one of the advocates of Louis XVI before the *Convention*. He became President of the *Tribunal de Cassation* at the beginning of the *Consulat*; Jean-Louis Halpérin describes him as appearing "... surtout comme un fin connaisseur de l'ancien droit (et plutôt comme un défenseur de la coutume de Paris)"[18]. Portalis was a "*brillant*" advocate at Aix under *l'ancien régime*. He was a loyalist during the revolution and was lucky to survive, being imprisoned briefly and going into exile in Switzerland and Germany. He returned to France with the accession to power of Bonaparte. Portalis is seen as the principal figure of the four and deserves considerable recognition for his achievement; he can be seen as the true father of the Code[19]. Bigot de Préameneu was an advocate of the Parlement of Rennes; he too had been imprisoned during the revolution. Maleville was designated secretary of the commission and had been an advocate of the Parlement of Bordeaux. Halpérin says this of the four:

> "Les quatre hommes partagaient un parcours et des opinions similiaires: practiciens de l'ancien droit (aussi bien du droit écrit que du droit coutumier), ayant l'expérience des assemblées, ils étaient fondamentalement des modérés, peu enclins à révolutionner le droit."[20]

They worked quickly; the draft was printed and distributed on 21st January 1801[21]. The draft was preceded by a *Discours Préliminaire* written by Portalis extending to some 55 pages of text, itself regarded as a masterpiece of French

[18] Ibid. p17. "... above all as a connoisseur of the old law (and rather as a defender of the coutume of Paris)."

[19] See *Portalis père du Code civil* by Jean-Luc Chartier, published by Fayard in 2004, for a biography of the great man.

[20] Ibid. p18. "The four men shared a common path and similar opinions: practitioners of the old law (both written and customary), having had experience in the assemblies, they were fundamentally moderates, little inclined to revolutionise the law." Note the subtle distinction in the French language between *droit* and *loi*. The latter is distinguished by its use for purely man made law and regulation; whereas *droit* signifies law much more as a moral principle or function of reason, whether divine or humanist.

[21] Although it is fair to point out that there had been previous (and more revolutionary) *projets*, notably those of Cambacérès which undoubtedly influenced the commission. The delay between 1801 and 1804 is accounted for by an obstructive *Tribunat*, which was eventually purged, albeit happily not via the guillotine.

jurisprudential writing[22]. The Discourse sets out the approach of the Commission and the underlying philosophy of the Code. The emphasis of the Discourse is the respect accorded to the *ancien droit*. Portalis expressly contrasted the circumstances of the revolution with those of 1801 noting that:

> "… un bon *Code civil* pouvait-il naître au milieu des crises politiques qui agitaient la France?
>
> Toute révolution est une conquête. Fait-on des lois dans le passage de l'ancien gouvernement au nouveau? Par la seule force des choses, ces lois sont nécessairement hostiles, partiales, éversives."[23]

By contrast:

> "Aujourd'hui la France respire; et la constitution, qui garantit son repos, lui permet de penser à sa prospérité.
>
> De bonnes lois civiles sont le plus grand bien que les hommes puissent donner et recevoir; elles sont la source des mœurs, le *palladium* de la propriété, et la garantie de toute paix publique et particulière: si elles ne fondent pas le gouvernement, elles le maintiennent; elles modèrent la puissance, et contribuent à la faire respecter, comme si elle était la justice même. Elles atteignent chaque individu, elles se mêlent aux principales actions de sa vie, elles le suivent partout; elles sont souvent l'unique morale du peuple, et toujours elles font partie de sa liberté: enfin, elles consolent chaque citoyen des sacrifices que la loi politique lui commande pour la cité, en le protégeant, quand il le faut, dans sa personne et dans ses biens, comme s'il était, lui seul, la cité tout entière. …
>
> Mais quelle tâche que la rédaction d'une législation civile pour un grand peuple! L'ouvrage serait au-dessus des forces humaines, s'il s'agissait de donner à ce peuple une institution absolument nouvelle, et si, oubliant qu'il occupe le premier rang parmi les nations policées, on dédaignait de profiter de l'expérience du passé, et de cette tradition de bon sens, de règles et de maximes, qui est parvenue jusqu'à nous, et qui forme l'esprit des siècles."[24]

[22] See p35 et seq. *Naissance du Code Civil, Travaux Préparatoires du Code civil* Extraits choisis et présentés par François Ewald, Flammarion, 2004.

[23] "… could a good *Code civil* be born in the middle of the political crises which shook France? Every revolution is a conquest. Does one make laws during the transition between old and new government? By the nature of things such laws are necessarily hostile, partial and ill-considered".

[24] Ibid. pp37–38. "Today France may breathe again; and the constitution, which guarantees her rest, allows her to reflect on her future well-being. Good civil laws are the greatest benefit that men can give and receive; they are the source of morality, the safeguard of ownership, and the guarantee of public and personal peace. If they do not found government then they maintain it. They limit the exercise of power whilst contributing to its respect, as if power were justice itself. They reach each individual, they intermingle with the principal actions of his life, they follow him everywhere; they are often the only moral

No one could have been left in any doubt as to the intention or the sympathies of Portalis and his co-commissioners. Halpérin sums up the Code very elegantly in this way:

> "Personne ne conteste qu'il s'agit d'un monument de l'histoire du droit français, ligne d'horizon vers laquelle convergent les évolutions des sources et des institutions de l'Ancien droit et point de départ de l'histoire contemporaine d'un droit privé désormais unifié."[25]

And:

> "Présenté comme une transaction entre les coutumes et le droit écrit, comme une œuvre tenant compte de "l'expérience du passé" et d'un "riche héritage", le *Code civil* ne pouvait manquer d'apparaître comme une consolidation de règles et de formulations issues de l'Ancien droit."[26]

The Code as synthesis

The *Code civil* was a synthesis of what went before; it represents a form of Hegelian dialectic[27]; ie the result of thesis (ancien droit), antithesis (revolutionary law) producing synthesis (Code). It is sometimes objected that the element of revolutionary law, or more particularly non-Norman, law in the Code means that Guernsey law cannot look to the Code, at least not confidently. However, this is to aggrandise the significance of ancient customary law as well as to overlook its many lacunae. It is very rare that one will lift a contemporary Guernsey law solution off the page of the Grand Coutume or its last great commentator, Guillaume Terrien.

standard of a people, and always they form a part of their liberty. Finally they console each citizen for the sacrifices that political law requires of him for the (sake of the) community, while protecting him, when it is necessary, both in his person and in his property as if he was, and he alone, the entire community ... But what a task to draft the civil legislation of a great people! The work would be beyond human power if it was a question of giving this people an absolutely new institution, and if, forgetting that they occupied the first rank amongst regulated peoples, one neglected to profit from past experience, and the tradition of good sense, rules and maxims, which has come down to us, and which represent the spirit of centuries (of law)."

[25] Jean-Louis Halpérin, *Le Regard de l'Historien*, one of the papers contributed to *Le Code Civil 1804 – 2004, Livre du Bicentenaire*, Dalloz 2004 at p43. "Nobody would contest that it is a monument of French legal history, the line on the horizon towards which the old law's evolving sources and institutions converged and the point of departure for contemporary private law history, from now on unified."

[26] Ibid. at p47. "Presented as a compromise between the customs and written law, as a work taking account of the "experience of the past" and of a "rich heritage", the *Code civil* could not help but appear as a consolidation of the rules and formulations put forth by the old law."

[27] Georg Wilhelm Friederich Hegel, 1770–1831, German idealist philosopher.

A re-evaluation of Guernsey customary law

When Elizabeth I sent out commissioners to enquire as to the "*true state of that Isle*" the resulting Order in Council dated 9th October 1580 shows that they found complaints of "*want of due administration of Justice through the libertie, the Bailiffe and Jurats do take unto them selves to directe their Judgements by presidents, wherein there is neyther certainety nor rule of Justice … forsaking the Customarye of Normandie whereunto they should holde them selves …*". The Bailiff and Jurats were ordered to follow the Grand Coutume save in those respects where local practice and law differed, as to which they were to produce for the Privy Council a written report[28]. Meanwhile they were only to observe variations from the Grand Coutume such "*… as they can shew have ben used there time out of minde …*". The order appears not to have been respected, because a further Order in Council followed dated 30th July 1581 which again required the making of "*… a booke of the sayd Lawes and Customs …*".

Terrien had appeared in 1574. The Bailiff and Jurats defined Guernsey law by reference to Terrien, notwithstanding that the Grande Coutume itself was more than 300 years old at the time and the King of France had been complaining to the Parlement of Rouen that they should replace what was already largely an obsolete text. The Guernseymen produced their report which was called "*L'Approbation des Loix*"; literally "The Approbation of Laws" indicating which parts of Terrien and the Grand Coutume were approved as being a part of Guernsey law. That report acquired the status of a statute on 27th October 1583, which is the date of the Order in Council adopting "L'Approbation". Alas, on 1st July 1583, just 17 weeks before, the Commissioners appointed by the king of France had completed their work of revising the Grand Coutume. It was on this date that the new *Coustumes du Pays de Normandie, anciens ressorts et enclaves d'iceluy*, or *la Coutume Redigée* or *Reformée*, the Reformed Custom, came into force. It follows that Guernsey law was defined and enshrined in the legal strait-jacket of an Order in Council which took as its reference point a body of law only recently superseded to a very great extent in its jurisdiction of origin.

The obsolescence of the *Grand Coutume* is evidenced by various letters patent sent by Henri III to the material office holders in Normandy. The following is an extract from a letter dated 17th July 1577:

> "… les Rois nos predecesseurs ayent par plusieurs fois ordonné que les coustumes de chacun des Bailiages & Seneschaussées de cestuy nostre Royaume soient accordés en l'assemblée des trois Estats d'iceux, redigées

[28] The Bailiff and Jurats were to be joined by 12 men appointed by the Governor for the purpose of producing their report.

par escrit, omologuées, publiées & enregistrées par après en toutes nos Courts & Jurisdictions, pour servir de Loy, & y avoir recours à l'avenir. Ce qui n'avoit encores esté executé en nostre pays de Normandie, combien que par plusieurs fois il nous eust esté requis par les Estats dudit pays, & qu'il fust tres-necessaire: parce que les coustumes, usages & stil d'iceluy ne se trouvent escrites qu'en un livre fort ancien, composé de langage & mots peu intelligibles, estans la pluspart d'iceux hors d'usage, & peu ou point entendus des habitans du pays: mesmes aussi qu'aucuns articles de coustume, employez audit livre ancien, concernans tant l'instruction que decision des procès, sont antiquez d'un commun & tacite consentement par non usage: pareillement qu'il y a eu accession de nouvelles observances, provenues tant des Ordonnances depuis faites par nosdits precedesseurs, que Arrests de nostredite Court, & introduction de l'usage commun. Desirans pour ces causes que la dite coustume soit reduite …"[29]

This again suggests that it was perhaps not the most sensible time in history in which to found the Bailiwick's system of law on the *Grande Coutume*, given that it appeared obsolete in large measure to Henry III and his court back in 1577; and yet we continue to read it today.

In or about 1700 Thomas Le Marchant sought to correct the (many) errors made in L'Approbation as well as to explain Guernsey law more fully[30]. Later still, the Commissioners appointed by the Crown in May 1846 to inquire into the state of the criminal law in the Channel Islands were particularly scathing about Terrien itself, saying of his work:

"The Norman law is here professedly brought down to the time of the work. The several chapters of the Grand Coutumier which it contains are rearranged, and form a very small part of the whole. The treatise enjoys a high reputation among the lawyers of Jersey, for which we find it difficult to

[29] "… the Kings our predecessors have several times ordered that the customs of each of the Bailiwicks and Sénéschalsies of this our Kingdom be approved by the Three Estates, reduced to writing, compiled, published and registered thereafter in all our Courts and Jurisdictions in order to serve the law and to have recourse thereto in the future. Which has not yet been effected in our province of Normandy, notwithstanding that it has been requested several times by the States of the said province and that it is very necessary because the customs, usages and procedure of that place only find themselves written in a very ancient work, drafted using a barely intelligible language and words, being for the most part out of use and little or not at all understood by the inhabitants of the province, even including those customary articles employed from the said work concerning the commencement and conclusion of court proceedings, and are antique by common and tacit agreement through their non-usage. Likewise there have arisen new practises, with their origins as much in ordonnances since made by our said predecessors as judgments of our said Court as well as the introduction of common usage(s). Desiring for these reasons that the said custom be reduced …".

[30] *Remarques et Animadversions sur l'Approbation des Lois et Coutumier de Guernesey*. Le Marchant lived between 1650 and 1714 but the work was not printed until 1826.

account. The intention of the author seems to have been to arrange and expound the Law of Normandy according to the system of the Civil Law; a design, as we think, ill conceived and ill executed. The treatise appears to us to be utterly vague and unsatisfactory, and to possess scarcely any of the requisites essential to a legal authority. … In Guernsey, indeed, it has … received a very remarkable recognition in the reign of Queen Elizabeth …"[31]

And:

"If his work was, in other respects, unobjectionable, its form alone would unfit it for the purpose to which it has been applied. But the text, not being confined to the Customary of Normandy, to which the Bailiffe and Juratts were directed to hold themselves, but extending to Ordonnances of the Court of the Exchequer at Rouen and the Parliament of Normandy, and recent Edicts of the French Kings, contains laws never contemplated by the Orders in Council; and the notes, abounding with superfluous discussions in the style common at the time in which Terrien lived, with decisions of the French Courts upon laws never prevalent in Guernsey, and with statements of opinions conflicting one with another, form a worse than useless groundwork for a system of definite law. The arrangement of the treatise appears also to us to be ill judged and most inconvenient for use. In some cases, too, the Approbation has entirely misrepresented the meaning of Terrien."[32]

The Commissioners were too harsh. Terrien never intended his work to be put to this use. He assumed a certain familiarity with the Grand Coutume. He was also aware of the reality of Norman law; ie that it was itself a *mélange* of strictly (Norman) customary law, the influence of other *coutumes*, judicial law making both in Normandy and elsewhere, Royal Ordonnances and, in particular, Roman law. Terrien frequently cites Justinian, by way of example. The Grande Coutume itself is not a self-contained legal system; it does not pretend to be an all-encompassing system of civil law. It plainly has little to say on the subjects of civil wrongs and contract law which makes up a considerable proportion of what is the proper concern of civil law (as opposed to mere regulation). If man cannot live by bread alone, then he certainly could not live by pure customary law alone, unless one is taking the word "customary" in the broader sense of whatever Norman law in all areas happened to be, regardless of its origins and regardless of whether it pre or post-dated 1204. The emperor was clothed, but he was not wearing a lot if one takes too minimalist an approach.

[31] From the report on Jersey.

[32] From the report on Guernsey.

Continued evolution of Guernsey common law

In the centuries following the events of 1583, and notwithstanding those events, Guernsey law continued to evolve and adapt by reference to the law and practice of its Norman mainland. Given the continuing influence of the *Coutume reformé* even today, it is fair to infer that its influence has always been felt. Indeed, Laurent Carey[33] frequently cited the *Coutume reformé*. The writings of the commentators of the *Coutume reformé* continue to be studied, copies of Bérault, Godefroy, d'Aviron[34], Basnage, Pesnelle and Flaust are to be found in most serious Channel Island law libraries. At the same time the works of other, non-Norman, French jurists had a considerable impact, not just on French and Norman law but also Channel Island law. The figures of Jean Domat[35] and Robert Joseph Pothier[36] stand out in this regard, and Pothier in particular; a giant even amongst the most influential jurists in the history of Western law, including Anglo-American law. Pothier continues to be cited frequently in Channel Island Courts, in particular his *Traité des Obligations* and the more specialist sub-treatises concerning, inter alia, contracts of sale (this in a jurisdiction without any sale of goods legislation). Pothier was not a Norman; but he knew a great deal about customary law, having written a detailed commentary on the coutume of Orléans. He also knew a great deal about Roman law, having, in effect, re-edited the entire Digest of Justinian. In short, he never married and devoted the whole of his adult life to jurisprudence, dying after a short illness at the age of 73[37].

The critical point to note is the debt owed by the *Code civil* to Pothier. Dupin, in his dissertation on the life and works of Pothier preceding his 1827 edition of the *Œuvres de Pothier* said this[38]:

> "Les ouvrages de Pothier n'ont pas été reçus comme lois; mails ils ont obtenu un honneur semblable: car plus des trois quarts du *Code civil* ont été

[33] *Essai sur les Institutions, Lois et Coûtumes de l'île de Guernesey*, written no later than 1769 (the year of his death) but not printed until 1889. It plainly underwent some revision before printing, given a number of references to legislation post-dating Laurent Carey's death.

[34] These three are generally found combined in what is called the "Amalgam"; a new edition was produced in 1776,

[35] 1625–96. His *Les lois civiles dans leur ordre naturel* constituted a deeply influential restatement of Roman law.

[36] 1699–1772.

[37] An *Eloge* to Pothier appears at the beginning of Evans' 1806 translation of the *Traité des Obligations* which was re-published by the Lawbook Exchange in 2000. It is a warm tribute to a man held in the highest possible regard by his peers, but not without humour; for example: "Perfectly free from all pecuniary anxiety, he consecrated the whole of his life to his functions, and the study of jurisprudence; he had no other duties to fulfil, nor any other inclination to gratify. He never had the smallest disposition to marry. He said that he had not sufficient courage for it, and that he admired those who had."

[38] At pcxiv.

> littéralement extraits de ses Traités. En effet, les rédacteurs de ce Code, persuadés qu'ils ne pourraient jamais imaginer un ordre plus parfait que celui que Pothier avait adopté pour ses divers traités, et que nulle part ailleurs ils ne trouveraient ni des principes plus sûrs, ni des décisions plus équitables, ont eu l'extrême bon sens de se borner à analyser ses ouvrages."[39]

Taking all the above into account it is suggested that the *Code civil* is best seen as being itself a new *coutume*; a consolidation of French law synthesising its customary and Roman antecedents filtered through centuries of law-making, judicial decisions and experience. Indeed it was a common criticism of the Code that it was merely a re-working of l'ancien droit. To the extent that the Code included true changes to pre-revolutionary law, they largely anticipated similar changes which would later occur in Channel Island law in any event, in common with advances across Western legal systems; for example to permit divorce[40].

Changes to the 1804 Code

Those who are persuaded of the evolutionary rather than revolutionary nature of the Code may still object that the legislative changes inflicted upon the Code mean that it is far removed from the 1804 original. This is true, but only up to a point, because as at 2003[41] fully 1,193 of the 2,283 articles of the Code remained intact. As recently as 1964 there had been 1,716, which perhaps serves merely to evidence the fact that most Western European law will have undergone significant change since that time. It is noteworthy that areas which are likely to have changed most, eg family law, are also those areas least likely to have an influence upon Guernsey law. By contrast the Code's provisions concerning the law of contract and property are comparatively very much closer to the 1804 original. But even if the Code has evolved over the intervening 200 years that does not detract from its status as a legitimate descendant and repository of ancient (and modern) French civil law, nor mainland Normandy's identity with it.

In short, the *Code civil* is and remains a legitimate source of inspiration for

[39] "The works of Pothier have not been received as if they were legislation; but they have obtained a similar honour, for more than three-quarters of the *Code civil* has been literally extracted from his treatises. In effect the writers of the Code, persuaded that they could not imagine an order more perfect than Pothier had adopted for his various treatises, and that nowhere else would they find principle more certain or decisions more just, had the extreme good sense to restrict themselves to analysing his works." Modern writers would ascribe a wider range of influences upon the Code; see for example Halpérin, *Le Code Civil*, at p101, who, while conceding that the authors of the Code literally copied whole paragraphs from Pothier, also says "Tout le *Code civil* n'est pas dans Pothier".

[40] Albeit this particular innovation was reversed in 1816.

[41] According to Halpérin.

Guernsey and, I suggest, Channel Island law more generally. True it is not authoritative per se; no more than English law, but it is a valuable, persuasive and under-used resource for contemporary Guernsey jurisprudence.

The Code civil *in 2004*

The *Code civil* is in its 103rd edition[42]. Although a very brief 4th book has been added in this edition, containing 18 provisions particular to Mayotte, the preceding 2,283 articles (2,281 in 1804) remain divided into the *Titre Préliminaire*[43] (articles 1–6 in both 1804 and 2004) followed by the *Livre Premier, Des Personnes*[44] (articles 7–515 in both 1804 and 2004) the *Livre Deuxième, Des Biens et des Différentes Modifications de la Propriété*[45] (articles 516–710 in both 1804 and 2004) and the *Livre Troisième, Des Différentes Manières dont on Acquiert la Propriété*[46] (articles 711–2281 in 1804 and 711–2,283 in 2004). The three divisions are therefore concerned with (i) the status, rights and obligations of individuals *qua* individuals (ii) the nature of property *qua* property and (iii) the means of acquisition (and loss) of property rights. The scope of this paper only permits the briefest of journeys through the 2004 Code, pointing out some of the jurisprudential highlights along the way.

Livre Premier, Des Personnes

Arts 7–16(1-13) concern civil rights. The French law of human rights is considerably more advanced than English law, necessarily so given the comparative youthfulness of English human rights legislation. It would be particularly interesting to see how Guernsey jurisprudence would deal with the question of whether or not there is an enforceable private law right of privacy. Certainly English common law has gone through all manner of contortions on the subject in recent years.

Arts 112–132 may be of some assistance concerning the treatment of missing persons.

Arts 388–487 concern *tutelle*[47] an institution common to Guernsey and French law, with, for example, its reliance on the *conseil de famille*[48], albeit the

[42] Dalloz. The 2005 edition is the 104th.

[43] "Preliminary title."

[44] "Book one, concerning persons."

[45] "Book two, concerning property and the different forms of ownership."

[46] "Book three, concerning the different ways in which one may acquire ownership."

[47] Guardianship of minors.

[48] Family council.

finer points of procedure would not be adopted, as opposed to principle. Likewise, at articles 488–515 for adult *incapables*[49] and the institution of *curatelle*[50].

Livre Deuxième, Des Biens et des Différentes Modifications de la Propriété

The whole of this, the smallest of the three original books of the Code, is of considerable potential usefulness in Guernsey jurisprudence. Arts 516–543 concern the *Distinction de Biens*[51] with particular regard to *immeubles* and *meubles*[52]. Arts 544–577 concern the right of ownership. Art 544 famously states:

> "La propriété est le droit de jouir et de disposer des choses de la manière la plus absolue, pourvu qu'on ne fasse pas un usage prohibé par les lois ou par les règlements."[53]

Arts 578–636 concern *usufruit*[54], the *droit de l'usage* and *de l'habitation*[55]. As regards usufruit, there is a Guernsey Ordinance dated 16th January 1854 entitled *Rapport sur le Droit Coutumier à l'Égard de l'Usufruit établi sur les Immeubles*[56]. There is little to distinguish this summary of the Guernsey law of usufruit from the provisions of the Code. Indeed, a close study of the Ordinance shows that it follows and, indeed, borrows heavily from, the Code. Thus the definition of a usufruit at paragraph 1 of the Ordinance is taken directly and word for word from the definition found at Art 578:

> "L'usufruit est le droit de jouir des choses dont un autre a la propriété, comme le propriétaire lui-même, mais à la charge d'en conserver la substance".

Which translates as:

> "A usufruit is the right to enjoy property belonging to another as if its owner, but at the expense of preserving the substance of that property".

49 Incompetents, ie under a disability.
50 Guardianship of adults.
51 Distinction between different forms of property.
52 Immovables and movables.
53 "Ownership is the right to enjoy and dispose of things in the most absolute of ways, provided that the use made is neither prohibited by law or by regulation."
54 Usufruct, ie a right to enjoy the fruits of any given asset for a term (typically life) whilst preserving the underlying capital.
55 Rights to use or inhabit land.
56 "Report on the customary law concerning the usufruct of realty."

Nineteenth century Guernsey Advocates undoubtedly knew their *Code civil*, indeed their education at a French university made this inevitable[57].

Arts 637–710 concern servitudes and are again of considerable potential use in modern Guernsey law. Indeed this has been demonstrated very recently in the case of *Russell & Caine v Gillespie & Ford* Royal Ct; (Rowland, Deputy Bailiff) [2003] GRC 17. The parties were the successors in title respectively of adjoining parcels of land in the vicinity of Le Gouffre. The land had been in the ownership of a single individual who had bequeathed what was now the Plaintiffs' cottage to his former housekeeper. The gift included "the right on foot and with all vehicles over and by way of the drive and yard owned with the (other property – a house) ... to pass and repass at all times between the premises devised ... and the public road." After the death of the testator the will was registered in the normal way following application to the Royal Court. The house was subsequently sold. The former housekeeper was added as a party to the conveyance in which the right of way to the cottage was confirmed and ratified (as well as the boundaries) with the purchasers expressly acknowledging that the former housekeeper and her successors in title would be allowed right of way on foot and with all vehicles over and by way of (the driveway). Subsequently the Defendants' immediate predecessors in title erected a gate and posts across the driveway. The gates were re-hung by the Defendants who claimed that because the will did not express the right of way to be in perpetuity the testator had granted a right of way personally to the former housekeeper which could not benefit successors in title. It was said also that the subsequent conveyance did not vary or enhance the right of way. Although the land was *enclavé*[58] and had been in the ownership of a single individual the Plaintiffs did not claim a servitude of necessity and/or rights arising through the principle *destination du père de famille*[59] given the uncertainty and cost involved in negotiating such with the Defendants (although neither principle was in doubt). It was held that the servitude was a *servitude réelle*, following the classification of Basnage, *Commentaires sur la Coûtume de Normandie*, 4th edtn. 1778, which classification had also been adopted by Laurent Carey in his *Essai sur les Institutions, Lois et Coutumes de Guernesey*. The servitude ran with both the servient and dominant land. This was the essence of a *praedial* or real servitude in Roman law, a real right in English law and a *servitude réelle* or *prediale* servitude in the *Coutume de Normandie*. If a servitude was a *servitude réelle* then, by its very nature, it was to be regarded as enduring for the benefit of successors in title unless expressly restricted. The Court cited and drew comfort from passages in Fournel, *Traité du Voisinage*[60], and Pardessus, *Traité des Servitudes*

[57] Ie doing a full French law degree.

[58] Ie enclosed and with no right of access independent of the operation of law.

[59] Literally, "use intended by the father of the family".

[60] Treatise on Neighbourhood.

8th Edtn. both of which were treated as authorities in Guernsey, notwithstanding that they are mid to late 19th century texts concerned with French law post-*Code civil.*

Livre Troisième, Des Différentes Manières dont on Acquiert la Propriété

Arts 711–1100 concern the law of succession, *inter-vivos* dispositions and wills. Arguably Guernsey law is sufficiently well provided for by its own legislation not to need much assistance from the *Code civil*; but it is easy to imagine points of principle where it could help, certainly to a much greater extent than English law.

Arts 1101–1369 contain general provisions relating to contracts. These articles are of obvious practical assistance to establishing Guernsey contract law. It is important to note in this context the fact that English law itself is likely to move increasingly towards a continental model. It is very likely that we will see European commercial law consolidate itself; indeed there is already a draft European contract law code.

Arts 1371–1381 concern quasi-contracts and are of considerable interest, particularly in the context of unjust enrichment.

Arts 1382–1386 concern torts and constitutes perhaps the least satisfactory aspect of the *Code civil.* There is simply not enough here to found a modern tort law system; nor has French case law made up the deficit. Hence the heavy reliance on English and Commonwealth case law. Nevertheless Art 1382 is a highlight of the Code and worth setting out in full:

> Art. 1382 "Tout fait quelconque de l'homme, qui cause à autrui un dommage, oblige celui par la faute duquel il est arrivé, à le réparer."

Which translates as:

> "Every human act whatsoever which causes damage to another obliges the person by whose fault that damage has occurred to make it good."

Art 1386(1-18) concerns responsibility for defective products and is perhaps of limited use, general principles almost certainly being sufficient to make up for any want of particularity in Guernsey law.

Arts 1387–1581 concern contracts of marriage and matrimonial regimes and have little to offer modern Guernsey law, save for the possibilities of reforming our own English-looking law comprehensively to find happier solutions to problems which take up a considerable amount of court time, as well as a large proportion of the legal aid budget.

Arts 1582–1831 concern contracts of, inter alia, sale, exchange and rental.

Arts 1832–1873 concern companies and are of little use given the comparatively recent and comprehensive Guernsey legislation in the same area.

Art 1873(1-18) contains potentially useful provisions concerning contracts relative to the exercise of *droits indivis*[61].

Arts 1874–1963 concern contracts of loan or bailment as well as the equivalent of the English stakeholder (*séquestre*).

Arts 1964–1983 relate to *contrats aléatoires*; ie where what is contracted for is uncertain.

Arts 1984–2010 concern *mandat* or agency and could again prove to be of considerable assistance.

Arts 2011–2043 concern *cautionnement* or the law relating to sureties and may be helpful; in particular as regards the *droit de discussion* (Art 2021 et seq.) and *division* (Art 2026).

Arts 2044–2061 concern the law of compromise (*transaction*).

Arts 2071–2203(1) concern *nantissement* or security together with *privilèges* (in the sense of lien or preference) and *hypothèques*, and might, subject to the express provisions of Guernsey statute law, be of some assistance. Note for example the wording of a Guernsey bond, which concludes, "In witness whereof the Borrower appeared before the undersigned Lieutenant Bailiff and the Jurats of the Royal Court of this Island of Guernsey on the day and year first above written and confirmed and ratified this bond on the security of all his real and personal property present and future". You only have to look at Art 2092 which reads: "Quiconque s'est obligé personnellement, est tenu de remplir son engagement sur tous ses biens mobiliers et immobiliers, présents et à venir"[62] to see that such provisions are out of the same stable.

Arts 2204–2218 concern *expropriation forcée*, ie *saisie immobilière*.

Arts 2219–2283 concern *prescription* and *possession* and are of obvious potential assistance to Guernsey law, if not the precise periods themselves.

More generally there is assistance to be found with the meaning of particular words, such as *bon père de famille*[63] which appears from time to time in Guernsey statute and case law, most notably at s.18(1) of the Trusts (Guernsey) Law 1989 (as amended); see for example articles 601, 627, 1137, 1728, 1766, 1806 and 1880 of the 2004 Code.

[61] Ie governing jointly owned property.

[62] "Whoever obliges himself personally, is bound to fulfil his obligation (on the security of) all his movable and immovable property, present and to come."

[63] Literally "good father of the family".

Other codes

There is not the time to consider other French codes; but I would mention the *Nouveau Code de Procédure Civile* which has a considerable amount to offer, at least potentially, to those areas of Guernsey procedural law plainly borrowed from France at some time or other. I make particular mention of the *action oblique* and *action paulienne* as concepts already developing in Channel Island jurisprudence as aids to effective execution[64].

English law

It is odd that Guernsey law should, currently, adopt almost unquestioningly, so much English case and (indirectly) statute law. All of the objections which could be made to the *Code civil* apply with equal if not greater force to English law. The principles underlying the case of *Morton v Paint* [1996] 21 GLJ 61 apply as much to French law as to English law[65]. The simple, but not very satisfactory, explanation is that those who make and practise Guernsey law are much more familiar with English law than French law; which emphasises the importance of informing ourselves about French law and the need to maintain the historic link between the Guernsey Bar and Caen University. A paper of the present kind could not possibly be written without that experience.

There is, in any event, an increasing questionmark over the value of English case-law. It is harder and harder to follow the meanderings of English judgments concerning what ought to be fairly basic issues capable of resolution, certainly within the many hundreds of years in which the common law has existed. A recent example is the case of *Transco Plc v Stockport Metropolitan Borough Council* [2003] UKHL 61. Five Law Lords, namely, Lords Bingham, Hoffmann[66], Hobhouse, Scott and Walker pondered, yet again, the true nature and extent of the near 150 year old rule taking its name from the case of *Rylands v Fletcher* (1866) LR 1 Exch 265. The very fact that this "rule" should still be controversial after such a time is itself something of an embarrassment for

[64] The former is the means by which a creditor stands in the shoes of his debtor in order to realise or reconstitute the debtor's assets as against third parties, which might include choses in action, interests under a trust or whatever. There seems little doubt that this is a part of Guernsey law. The latter is the means by which a creditor undoes essentially fraudulent transactions intended to frustrate execution. It is certainly known in Jersey law; see *In re Esteem Settlement* [2002] JLR 53.

[65] Ie that Guernsey common law cannot stand still and must evolve; it being permissible to look at the case law of related jurisdictions to see how Guernsey law might develop.

[66] Himself a former Channel Islands Court of Appeal judge between 1980 and 1985.

English jurisprudence[67]. The further fact that this is the third time the House of Lords has had to consider the inter-relationship between the rule and the law of nuisance and negligence in the last ten years alone is further testament to the unhappy state of English law. After citing 52 cases, 7 articles, one Law Commission report, 4 textbooks and 5 Acts as well as considering the law of 5 other jurisdictions, their lordships concluded, in the comparatively modest space of 35 sides of A4, that the rule in *Rylands and Fletcher* did indeed survive in English law – whatever the Scots and the Australians might think; although the rule was again confined in such a way as itself to represent something of a non-natural user. There is no Guernsey case law either way; what are we to do, follow England or Australia? Very difficult, and an expensive exercise. It sometimes seems that English judicial reformers cannot see the wood for the trees. They should start by providing clear and concise judgments, avoiding such uncertainty in the law and the repeated and often inconsistent examination of impossibly old chestnuts. A single judgment rather than three or more would be a great assistance; Judges should be required to reach agreement. It is not Latin tags which are the problem[68]. What layman could make sense of the *Transco* judgment? English law has become more of an extended navel-gazing exercise in medieval scholasticism than an attempt to produce clear, just and practical legal principles of general application.

Consider also the recent case of *Lagden v O'Connor* [2003] UKHL 64, a decision dated 4th December 2003. After 70 years *The Liesbosch* was sunk (again[69]) and this time finally; but not before who knows how much in the way of judicial time and legal costs have been wasted in arguing the toss over Lord Wright's "much discussed observations". Even then their Lordships could not reach agreement as to the merits of the appeal itself. The majority (Lords Nicholls, Slynn and Hope) dismissed the appeal; the minority (Lords Scott and Walker) would have allowed the appeal. Lord Scott went so far as to say that what the majority proposed would be "a disservice to the development of the law" (which is about as strong as you can get) whilst Lord Walker called it "dangerously open-ended". The majority were modifying a principle decided in

[67] The rule is that of strict liability for the escape of whatever has been accumulated on land pursuant to a non-natural user. It would form a part of the law of *voisinage* in France.

[68] English courts now discourage the use of Latin phrases in order to make legal language more intelligible to ordinary souls; which is absurd. The problem is the uncertain jurisprudence behind such phrases. For example, the notion of "mistake" in common law. There is no problem with that very ordinary English word , but try explaining the English law concepts supporting it to a layman and see how far you get.

[69] Its original sinking being the cause of all the trouble. The case concerned the question of whether a plaintiff could recover extra loss and damage suffered as a result of his impecuniosity; eg where a plaintiff cannot buy a replacement article immediately and has to hire one at ultimately greater expense. The *Liesbosch* said no; but was wrong.

the earlier (but not much earlier) House of Lords case of *Dimond v Lovell*[70]. Both cases were further sorry instalments in the contest between motor insurers and credit hirers which has gone through a number of rounds, including plumbing the depths of the execrable Consumer Credit Act 1974, surely one of the worst pieces of legislation ever conceived by man. The only Law Lord common to both decisions was Lord Nicholls, who found himself in the minority on the question of the measure of damages first time around; but made up for it in *Lagden*. Equally Lord Scott had found himself on the wrong end of things whilst still in the Court of Appeal for *Dimond*. He made his point by saying that either the House should stick to *Dimond* or else adopt a criterion of reasonableness as a test for recovery (of the full credit hire charges). Enough said.

Codification for Guernsey

Certainly the celebration of the *Code civil's* bicentenary in France has provoked debate concerning codification in general and the future of the *Code civil* in particular. Perhaps the Channel Islands should themselves reflect upon codification. A Channel Island penal code would be particularly useful, especially in Guernsey where its criminal law is a patchwork quilt with a few of the larger gaps only very recently having been filled with the passing of bail and police powers legislation. There is still no offences against the person law and the range of sentencing options is inadequate.

There is a lot to be said also for codifying at least the basic principles of tort and contract law. It would be a simple matter to anticipate and resolve issues which would otherwise take up an enormous amount of court time and legal costs. The question is, whether the Islands have the ambition and the will to take up such a challenge. It would be a great opportunity also for the Bailiwicks to cooperate in areas which need not be politically sensitive in the interests of good law making for everyday life. One can only speculate as to how much law-making effort and cost is duplicated at present; I suspect a great deal.

Conclusion

In the Privy Council case of *Vaudin v Hamon* [1974] AC 569 Lord Wilberforce said as follows:

> "While it may be true, in a very general sense, that there is some basic similarity between Roman Law, at various periods, the various customary laws

[70] [2002] 1 AC 384.

> applicable in different parts of France, the Civil Napoleonic Code, the law applicable in Jersey and that which governs in Guernsey, this similarity is of a too general sense and approximate character to be of much assistance in a particular case: it covers, quite clearly, large differences in matters not only of detail but of principle. Examination of the various laws of prescription in fact shows examples, within these supposedly analogous systems, of purely extinctive prescription, prescription extinguishing the remedy but not the right, prescription defined purely in terms of acquisition, and prescription effective both to confer title and to extinguish adverse claims. …
>
> Thus, although as this Board has pointed out in *La Cloche v La Cloche* (1870) LR 3 PC 125, it is proper to look at related systems of law, and commentators on them, in order to elucidate the meaning of terms, the particular legal provision under examination in any case, in this case the Guernsey law as to prescription, must in the end be interpreted in the light of its own terminology, context and history."

This statement is itself 30 years old. It remains correct, so far as it goes; but jurisprudence has moved on. The emphasis has changed. Certainly English courts are much more willing than ever before to consider continental European law. Lord Wilberforce perhaps did not give sufficient credit to the *Code civil* as a legitimate successor to, inter alia, Norman law. It is noteworthy that Lord Hope in the much more recent Privy Council case (admittedly for Jersey) of *Snell v Beadle* [2001] JLR 118 enthusiastically cited Roman and Scots law, whilst still expressing reservations about modern French law derived from Southwell JA's 1999 Jersey Law Review article. We continue to experience the backlash of the fact that the Privy Council allowed the appeal in Snell.

What these cases overlook is the fact that for Guernsey jurisprudence it is not a question of proving forensically the aetiology of any given provision of the *Code civil*, let alone that it is the direct successor of a provision of Norman law (and the Grande Coutume at that). The relationship between the two is much more subtle. The *Code civil* maintains the *esprit* of customary law to a much greater extent than English law and thereby derives its right to be consulted and cited by Guernsey lawyers.

Gérard Cornu wrote these words concerning the *Code civil* which bear reflecting upon:

> "… on a et on aura toujours au moins une raison de célébrer le Code de 1804: reconnaître en lui le tournant historique qui a consacré l'unité de la France civile; saluer ce point d'accomplissement de si loin amené où, par la confluence de toutes les sources du droit, les apports de toutes les France, se sont liés en un corps unique de droit, Ancien droit en sa double branche

> coutumière et écrite, ordonnances royales, œuvres des juriconsultes et, dans la fulgurance des idées révolutionaires, droit intermédiaire. Cette union puissante a scellé, à la base de notre société, l'affranchissement des terres et la liberté des personnes, l'égalité civile, la sécularisation du mariage et l'état civil, la propriété privée, la liberté contractuelle, la responsabilité individuelle, la liberté testamentaire pondérée par la réserve héréditaire, l'égalité des partages, la libre circulation des biens et, sans le mot, la neutralité confessionelle du droit civil."[71]

The *Code civil* has not yet played as full a rôle as it could and should have done in Guernsey jurisprudence. There are historical reasons for this; most recently the terrible consequences of 10 years of devastating World Wars in the twentieth century and the great political and cultural dislocations caused by those events. Equally there are great possibilities for European politics, culture and law, regardless of where in the spectrum of opinion you stand, whether advocating a glorified free trade area or else the creation of what should be, by rights, a superpower. In any event European law will evolve rapidly. The Channel Islands are peculiarly well placed, having a foot in both the Anglo-American and continental camps. We should make greater use of French law, and in particular the *Code civil*, in evolving and maintaining our own distinct and free jurisprudence. It is rare that a single legal system can move effortlessly between civil and common law principles, with an unbroken and informed viewpoint spanning fully 800 years.

Gordon Dawes
Advocate of the Royal Court of Guernsey

[71] "... there is and always will be at least one reason to celebrate the Code of 1804: to recognise in it the historic moment which consecrated the unity of civilian France; to salute this accomplishment so long in the making, through the confluence of all the sources of law, the contributions of all France, bound together into a single body of law, old law with its twin branches of customary and written law, royal ordonnances, the works of jurists and, in the fulguration of revolutionary ideas, intermediate law. This powerful union has sealed, as the foundation of our society, the freeing of lands and the freedom of individuals, civil equality, the secularisation of marriage and civil status, private property, freedom of contract, individual responsibility, testamentary freedom (subject only to reserved hereditary entitlement) the equality of division of property, the free circulation of property and, without expressly saying so, the confessed impartiality of civil law." See *Réflexions en attendant le tricentenaire* by Gérard Cornu, the last paper to appear in the *Livre du Bicentenaire*, ibid.

De la coutume au Code : De l'utilité du Code Civil pour le Droit contemporain de l'Ile de Guernesey

GORDON DAWES

Trois anniversaires

Souvenir et commémoration sont-ils jamais plus légitimes qu'au temps des centenaires ? L'année 2004 ne compte pas moins de trois anniversaires à célébrer, ci-après énumérés à rebours du calendrier:

C'était un vingt-quatre juin, voici 800 ans. Rouen se soumettait aux troupes du roi de France, Philippe Auguste, au point cardinal d'un ensemble d'événements qui furent la cause directe du particularisme constitutionnel des Iles Anglo-Normandes[1]. Le 8e centenaire de la perte de la Normandie continentale par la couronne d'Angleterre nous donne l'occasion de nous rappeler les lois, les coutumes et les droits distincts et très anciens de ces Iles.

C'était un 8 avril, voici 100 ans. L'Entente Cordiale était signée par le Secrétaire britannique aux affaires étrangères, Lord Lansdowne, et l'Ambassadeur de France, Paul Cambon. L'Entente constitua un tournant dans les relations franco-anglaises, en réglant des différends de longue date et en servant de point de départ à d'étroites relations fondées sur le respect mutuel – si ce n'est une parfaite compréhension réciproque – et sur la conscience du fait que les intérêts respectifs des deux nations seraient mieux servis par l'amitié que par l'hostilité.

C'était un 21 mars, voici 200 ans. Le Code Civil des Français[2] était promulgué par Bonaparte, Premier consul. Le bicentenaire de cette grande œuvre juridique a été marqué de différentes façons, dont la publication par Dalloz d'une reproduction à l'identique du Code de 1804[3], un Livre du Bicentenaire préfacé par le Président de la République, le Président du Sénat, le Président de l'Assemblée nationale et le Garde des Sceaux, ministre de la Justice[4] et la réédition d'une

[1] Rouen était sous le commandement de Pierre de Préaux, que John avait précédemment nommé gardien des Iles Anglo-Normandes.

[2] Nom qui fut initialement donné au Code, qui fut rebaptisé Code Napoléon en 1807 avant de prendre le simple nom de Code Civil.

[3] *Code Civil des Français Bicentenaire 1804 2004*, édition présentée par Jean-Denis Bredin, Dalloz, 2004.

[4] *Le Code Civil 1804–2004, Livre du Bicentenaire 2004*, Dalloz.

série de textes commémorant l'événement. Il est difficile d'imaginer pareille célébration pour un pan quelconque de la législation britannique ; aucun, certainement, depuis 300 ans. Même la Grande Charte (*Magna Carta*)[5] et la Déclaration des Droits (*Bill of Rights*)[6] sont davantage dignes d'attention en tant qu'événements historiques à l'origine de certaines libertés fondamentales qu'en tant que grandes œuvres créatrices de droit en elles-mêmes.

L'influence du Code Civil s'est étendue bien au-delà des frontières françaises. Le *Livre du Bicentenaire* contient certains articles concernant le Code Civil et son avenir en Afrique ainsi que ses effets en Argentine, en Israël, en Louisiane, au Moyen-Orient, aux Pays-Bas, au Pérou, au Québec et au Vietnam, sans oublier des pays tels que la Belgique, le Luxembourg, le Portugal, l'Espagne, l'Italie et même le Japon[7]. Le présent article a pour objet d'étudier la relation entre le Code Civil et le droit de Guernesey et d'envisager l'utilité potentielle du Code en tant que source d'inspiration de la jurisprudence à venir.

La « froideur » de Guernesey

Il convient d'emblée de reconnaître que Guernesey s'est montrée plutôt méfiante à l'égard du Code Civil. S'il est bien sûr possible de trouver à Guernesey des affaires dans lesquelles le Code Civil est cité, celles-ci sont toutefois plutôt rares. Dans le même temps, il est des affaires qui révèlent un certain dédain pour le Code, jusque dans des domaines du droit où l'on tendrait à le considérer comme influent. Il a par exemple été jugé, dans l'affaire *The Rector and Churchwardens of St Saviour c. Traisnel & Bougourd* (1989) 7 GLJ 51 que l'église bénéficiait, en vertu de la loi, d'une servitude de passage au travers de tunnels construits par les Allemands sur un terrain voisin jusqu'aux tunnels se trouvant sous l'église elle-même. Le Code Civil a été cité et les principes appliqués au cas d'espèce. Toutefois, dans l'affaire *Singleton c. Le Noury* (1990) 9 GLJ 48, autre affaire concernant les servitudes, Sir Charles Frossard a affirmé :

> « Ce Tribunal considère que le Code Civil n'est pas applicable en l'espèce. Les commentateurs de la coutume ont exposé dans le détail la règle qu'il convenait d'appliquer. »

La Cour d'appel de Jersey est allée plus loin dans l'affaire *Public Services Committee c. Maynard* [1996] JLR 343 at 350, dans laquelle Southwell JA a affirmé :

[5] 1215.

[6] 1689.

[7] Voir l'article *Territorial Expansion of the Code* (L' extension territoriale du Code) de Jean Limpens à la p. 92 de *The Code Napoleon and the Common-Law World* (Le Code Napoléon et l'Univers de la Common Law), éd. de Bernard Schwartz, recueil d'articles rédigés à l'occasion du 150e anniversaire du Code et réédité par the Lawbook Exchange en 1998, voir www.lawbookexchange.com.

« … la prudence s'impose s'agissant de se référer aux textes juridiques français en relation avec le droit de Jersey. Après que les Iles Anglo-Normandes ont été séparées du reste des territoires normands qui se trouvent aujourd'hui en France, le droit coutumier normand a continué d'évoluer à Jersey, à Guernesey et en Normandie en parallèle, mais de façon différente. En Normandie, cette évolution a été naturellement affectée par les conceptions qui prévalaient en d'autres endroits de France. Les Codes napoléoniens ont intégré une grande partie du droit préexistant au sein des provinces françaises mais avec des changements importants. Après la promulgation des Codes napoléoniens, le droit français a évolué indépendamment des développements qui avaient lieu à Jersey et Guernesey, sous l'empire ou l'influence des lois françaises, des auteurs français et de la jurisprudence française. L'on ne peut donc avoir grand égard au droit français tel qu'il existe aujourd'hui pour s'assurer de ce qui constitue le droit de Jersey, si ce n'est peut-être à titre de comparaison, pour montrer comment les mêmes problèmes ont été traités dans le cadre d'un système juridique différent. … »[8]

Cet article a pour objet principal de suggérer que le Code a beaucoup à apporter au droit contemporain de Guernesey. Les circonstances dans lesquelles le Code a vu le jour, associées à une mauvaise perception de sa véritable nature, expliquent peut-être pourquoi il a joué dans la jurisprudence de Guernesey un rôle moindre que celui auquel on aurait pu s'attendre. Nous suggérons que le Code fasse l'objet d'un nouvel examen et que l'on s'y réfère en justice avec le plus grand naturel, non pas uniquement dans les domaines du droit de Guernesey qui dépendent du droit coutumier ou du droit français, mais de façon générale.

Le contexte historique de la naissance du Code Civil

Le droit de Guernesey est le fruit d'une longue histoire. Cette histoire est peut-être quelque peu marquée par les circonstances fort défavorables dans lesquels le Code Civil a vu le jour, du moins en ce qui concerne les Iles Anglo-Normandes et leur opinion publique. Les motifs de méfiance à l'égard de tout ce qui venait de France ne manquaient pas vers la fin du 18e siècle. Le 1er mars 1779 ledit prince ou comte de Nassau, à la tête de 3 000 hommes et de cinquante navires à fond plat escortés de cinq frégates et de canots apparurent au large de Jersey et

[8] Voir également les articles de Southwell JA in the Jersey Law Review, *The Sources of Jersey Law*, 1997 Vol. 1, p. 221, *A Note on Sources of Jersey Law*, 1999 Vol. 3, p. 213 ainsi que son article plus récent (février 2004), *Citation from Other Legal Systems*. Voir, de nouveau, section 14 de *The Origin and Development of Jersey Law An Outline Guide* de Stéphanie Nicolle QC, HM Solicitor General for Jersey, *revised edtn.* 2003. L'article de 1999 répond à ce chapitre.

tentèrent de débarquer dans la baie de St Ouen. Les Français renoncèrent toutefois à l'issue de ce qui fut qualifié d'« attaque médiocre »[9]. Une tentative plus sérieuse eut lieu dans la nuit du 5 au 6 janvier 1781 sous le commandement du Baron de Rullecour. Cet impétueux assaillant poursuivit sa tentative d'invasion malgré la tempête qui dispersa sa flotte et le fait que la moitié de ses hommes n'ait jamais atteint Jersey. Sur les 1 000 hommes qui tentèrent de débarquer, seuls 600 parvinrent au rivage. Les sentinelles s'étaient endormies et les habitants de Jersey eurent la surprise au matin suivant de trouver la place du marché de St Hellier occupée de soldats français. L'Ile abritait toutefois une garnison de 1 900 soldats de l'armée britannique ainsi qu'une milice en nombre comparable. Le combat qui s'ensuivit fut inégal. Les Français se rendirent mais le Baron ainsi que le chef des forces britanniques, le Major Peirson, n'en furent pas moins tués. La mémoire de Peirson est honorée par une plaque commémorative fixée dans le sol à proximité de la Cour Royale de Jersey.

La Révolution française vint à peine huit ans plus tard. De nouveau l'opinion aurait été très défavorable aux Français. Un peu plus d'un an après la Révolution, Edmund Burke écrivit ses *Reflections on the French Revolution* (Réflexions sur la révolution française), un long essai[10] sous forme de lettre à un correspondant français. On peut affirmer que son œuvre a inspiré la réaction des Anglais aux événements qui se déroulèrent en France. Burke s'est exprimé en des termes forts :

> « Autrefois vos affaires ne concernaient que vous. Nous les considérions en tant qu'hommes en nous tenant néanmoins à distance car nous n'étions pas citoyens français. Mais à la vue du modèle que vous nous présentez nous ne pouvons que nous sentir Anglais et c'est en Anglais que nous devons réagir. Vos affaires ont cessé malgré nous d'être étrangères à nos intérêts, qui nous commandent de tenir à distance votre panacée ou votre plaie. Si c'est une panacée, nous n'en voulons pas. Nous connaissons les conséquences des traitements administrés sans nécessité. Si c'est une plaie, elle est de nature a justifier la plus sévère des quarantaines. »[11]

Les écrits de Burke sont bien sûr très antérieurs à la Terreur de 1792 – 1794 et aux terribles excès de cette période. Dans l'intervalle la France est entrée en guerre avec la plupart des puissances européennes, y compris l'Angleterre, associées de diverses façons dans les années qui ont suivi la Révolution. Napoléon a été porté au premier plan par ses succès militaires. Devenu Premier Consul en 1799, il se fit sacrer Empereur en 1804. Les hostilités entre l'Angleterre et la

[9] Voir sur ces questions *The History of Guernesey and its Bailiwick with Occasional Notices of Jersey* de Ferdinand Brock Tupper 2e éd. 1876, pp. 411 – 417.

[10] 407 paragraphes. Le texte complet est disponible sur internet.

[11] Ibid. para 149.

France s'intensifièrent. L'ensemble de ces événements, avant comme après le changement de siècle, furent profondément ressentis dans les Iles Anglo-Normandes. Comme le constate Duncan :

> « Au temps des horreurs de la Révolution française, un grand nombre de royalistes fuyant leur pays et les funestes persécutions qui les y menaçaient trouvèrent asile dans ces Iles, où ils furent reçus avec une aimable hospitalité … ».[12]

Duncan nous enseigne qu'au cours de la guerre menée contre la France révolutionnaire, les corsaires de Guernesey « s'illustrèrent par la hardiesse de leurs équipages et par la richesse de leurs butins », et ajoute :

> « Le célèbre Edmund Burke fit une fois observer que les Iles Anglo-Normandes pourraient à elles seules trouver leur rang au sein des puissances navales de l'Europe, et qu'il était certain qu'elles avaient pleinement contribué à cette supériorité navale qui constituait l'atout maître de la Grande Bretagne. »[13]

Les flottes françaises et britanniques s'affrontèrent en vue des côtes de Guernesey, en particulier le 8 juin 1794, qui vit le capitaine (plus tard Amiral) Sir James Saumarez surpasser dans l'art de la navigation une force navale bien supérieure, tout en permettant au reste de ses navires de s'échapper sans encombre. Quelque temps après, deux divisions de l'armée russe débarquaient dans les Iles Anglo-Normandes (en vertu d'un accord dû au fait qu'elles ne pouvaient débarquer en Angleterre en raison des dispositions de la Déclaration des Droits *(Bill of Rights)*) sous le commandement d'un général français émigré ; quelque six mille hommes furent placés en garnison à Guernesey. Tupper dit d'eux que :

> « Leur conduite à l'égard des habitants fut d'abord paisible et policée, bien qu'ils fussent de tempérament par trop enthousiaste et prompts à bourse délier pour laisser libre cours à leur passion en avalant d'un trait d'énormes quantités d'alcool pur. »

Les Russes reprirent le large en juin 1800 sous un ciel peu clément, Tupper rapportant que « les canons de Castle Cornet restèrent armés pour empêcher leur retour ». Les guerres napoléoniennes firent rage à terre comme en mer jusqu'à ce que Waterloo finisse par mettre un terme à la carrière de Bonaparte que l'exil conduisit sur une autre île britannique, Sainte Hélène. Il n'est pas surprenant, dans de telles circonstances, que l'on ne se soit guère empressé d'adopter les dispositions du Code Napoléon.

[12] Voir *The History of Guernesey, with Occasional Notices of Jersey, Alderney and Sark* de Jonathan Duncan, 1841.

[13] Ibid. note de bas de page, p. 165.

La naissance du Code Civil

L'exil offrit à Napoléon de longues heures de réflexion sur sa carrière passée. Dans sa Présentation de la réédition de 2004 par Dalloz du Code Civil des Français, Jean-Denis Bredin cite un auteur plus ancien :

> « « C'est par l'histoire » a écrit Jean Charbonnier, qu'il est « entré dans notre mémoire », il a été mis au monde par la volonté de l'illustre Napoléon Bonaparte, déjà présent dans l'histoire et qui tant la secouera. « Ma vraie gloire, dira l'Empereur déchu, exilé à Sainte-Hélène, ce n'est pas d'avoir gagné quarante batailles … Ce que rien n'effacera, ce qui vivra éternellement, c'est mon Code Civil. » « J'ai semé la liberté à pleine main partout où j'ai implanté mon Code Civil » proclamera-t-il encore, sur son rocher, achevant de contempler sa gloire. »[14]

Il est vrai que la naissance du Code Civil doit être amplement portée au crédit de Napoléon, dont on retiendra la force de caractère et la contribution personnelle aux longs débats qui ont déterminé la forme finale de l'œuvre. Toutefois, l'histoire du Code n'est pas si simple. L'ambition de regrouper les sources du droit « français », sinon de le codifier, fut partagée par de nombreux rois de France, bien avant la Révolution. Ces initiatives remontent au moins au 16ᵉ siècle, lorsqu'il fut ordonné aux provinces de donner forme écrite et officielle à leurs coutumes. Le droit « français » était si désespérément fragmenté qu'il inspira à Voltaire, à propos de la France, ce commentaire fameux : « on changeait, en la traversant, plus souvent de loi que de cheval ». D'après Halpérin :

> « Au nord et au centre de la France sont en vigueur pas moins de 65 coutumes générales (et plus de 300 coutumes locales dérogeant sur quelques points aux précédentes) … Au sud de ces pays de coutumes, les pays dits de droit écrit ont acclimaté le droit romain aux conditions locales au gré de la jurisprudence propre à chaque parlement. … »[15]

L'un des principaux objectifs du Code était d'unifier le droit français dans le cadre d'un processus visant à forger une véritable nation, qu'il s'agisse d'une fin en soi ou de consolider la centralisation du pouvoir.

Le Code n'était pas en soi un document révolutionnaire mais plutôt réactionnaire. Il n'était le produit de la Révolution que dans la mesure où celle-ci avait fait disparaître les aspects de l'ancien régime qui auraient fait obstacle à sa création. Ainsi de l'abolition des droits et impôts féodaux, le 11 août 1789, ou de

[14] Ibid.

[15] Voir *Le Code Civil* de Jean-Louis Halpérin, Dalloz, 2e éd. 2003 ; un résumé relativement bref mais excellent de l'histoire et des principaux thèmes du Code.

l'existence même d'un roi incapable de diriger son pays de manière efficace et de l'avènement, in fine, d'une figure qui à l'évidence le pouvait. Napoléon n'a pas fait la Révolution mais y a mis un terme. Son propre sacre et la promulgation du Code ont puissamment symbolisé cet état de fait.

Les auteurs du projet de Code Civil

Les quatre personnes chargées le 12 août 1800 de rédiger un projet de Code Civil étaient toutes des produits de l'Ancien régime et en particulier de l'Ancien droit. Tronchet était Avocat au Parlement de Paris depuis 1745 et avait été l'un des avocats de Louis XVI devant la Convention. Il devint Président du Tribunal de Cassation au début du Consulat ; Jean-Louis Halpérin le décrit « ... surtout comme un fin connaisseur de l'ancien droit (et plutôt comme un défenseur de la coutume de Paris) »[16]. Portalis était un « brillant » avocat de la ville d'Aix sous l'Ancien régime. Il fut loyaliste durant la Révolution, à laquelle il eut la chance de survivre, ayant été brièvement emprisonné et s'étant exilé en Suisse et en Allemagne. Il rentra en France au moment où Bonaparte parvint au pouvoir. Portalis est considéré comme la personnalité la plus marquante des trois. Ayant éminemment contribué à cette réussite, il peut être considéré comme le véritable père du Code[17]. Bigot de Préameneu était avocat au Parlement of Rennes ; lui aussi avait été emprisonné durant la Révolution. Maleville fut désigné comme secrétaire de la commission. Il avait été avocat au Parlement de Bordeaux. D'après Halpérin :

> « Les quatre hommes partageaient un parcours et des opinions similaires : praticiens de l'ancien droit (aussi bien du droit écrit que du droit coutumier), ayant l'expérience des assemblées, ils étaient fondamentalement des modérés, peu enclins à révolutionner le droit. »[18]

Ils oeuvrèrent avec célérité. Le projet fut imprimé et distribué le 21 janvier 1801[19]. Il fut précédé d'un Discours Préliminaire d'environ 55 pages, considéré en lui-même comme un chef d'œuvre de la littérature juridique française[20]. Le

[16] Ibid. p. 17.

[17] Voir *Portalis père du Code Civil* de Jean-Luc Chartier, publié par Fayard en 2004, pour une biographie de ce grand homme.

[18] Ibid. p. 18.

[19] Il est toutefois juste de souligner que des projets antérieurs (et plus révolutionnaires) avaient existé, en particulier ceux de Cambacérès dont l'influence sur la commission ne fait aucun doute. Le retard constaté entre 1801 et 1804 s'explique par l'obstruction du Tribunat, qui finit par être levée, heureusement sans recours à la guillotine.

[20] Voir p. 35 et suiv. *Naissance du Code Civil, Travaux Préparatoires du Code Civil* Extraits choisis et présentés par François Ewald, Flammarion, 2004.

Discours expose la démarche de la commission et les sources philosophiques du Code. L'accent y est mis sur le respect accordé à l'Ancien droit. Portalis y souligne les différences de circonstances entre la période révolutionnaire et l'année 1801 en notant que :

> « ... un bon Code Civil pouvait-il naître au milieu des crises politiques qui agitaient la France ?
>
> Toute révolution est une conquête. Fait-on des lois dans le passage de l'ancien gouvernement au nouveau ? Par la seule force des choses, ces lois sont nécessairement hostiles, partiales, éversives. »

A l'inverse :

> « Aujourd'hui la France respire ; et la constitution, qui garantit son repos, lui permet de penser à sa prospérité.
>
> De bonnes lois civiles sont le plus grand bien que les hommes puissent donner et recevoir ; elles sont la source des mœurs, le *palladium* de la propriété, et la garantie de toute paix publique et particulière : si elles ne fondent pas le gouvernement, elles le maintiennent ; elles modèrent la puissance, et contribuent à la faire respecter, comme si elle était la justice même. Elles atteignent chaque individu, elles se mêlent aux principales actions de sa vie, elles le suivent partout ; elles sont souvent l'unique morale du peuple, et toujours elles font partie de sa liberté : enfin, elles consolent chaque citoyen des sacrifices que la loi politique lui commande pour la cité, en le protégeant, quand il le faut, dans sa personne et dans ses biens, comme s'il était, lui seul, la cité tout entière. ...
>
> Mais quelle tâche que la rédaction d'une législation civile pour un grand peuple ! L'ouvrage serait au-dessus des forces humaines, s'il s'agissait de donner à ce peuple une institution absolument nouvelle, et si, oubliant qu'il occupe le premier rang parmi les nations policées, on dédaignait de profiter de l'expérience du passé, et de cette tradition de bon sens, de règles et de maximes, qui est parvenue jusqu'à nous, et qui forme l'esprit des siècles. »

Aucun doute n'existe quant aux intentions et aux sympathies de Portalis et des autres membres de la commission. Halpérin résume ainsi le Code de manière fort élégante :

> « Personne ne conteste qu'il s'agit d'un monument de l'histoire du droit français, ligne d'horizon vers laquelle convergent les évolutions des sources et des institutions de l'Ancien droit et point de départ de l'histoire contemporaine d'un droit privé désormais unifié. »[21]

[21] Jean-Louis Halpérin, *Le Regard de l'Historien*, l'un des articles publiés dans *Le Code Civil 1804–2004, Livre du Bicentenaire*, Dalloz 2004, p. 43.

Et :

« Présenté comme une transaction entre les coutumes et le droit écrit, comme une œuvre tenant compte de « l'expérience du passé » et d'un « riche héritage », le Code Civil ne pouvait manquer d'apparaître comme une consolidation de règles et de formulations issues de l'Ancien droit. »

Le Code en tant que synthèse

Le Code Civil fut une synthèse de ce qui l'avait précédé, à savoir l'Ancien droit (la thèse) et le droit révolutionnaire (l'antithèse). Il représente une certaine forme de dialectique hégélienne[22]. L'on objecte parfois que la composante « droit révolutionnaire » du Code, ou plus particulièrement celle étrangère au droit normand, empêche le droit de Guernesey de s'y référer, du moins en toute confiance. C'est toutefois exagérer l'importance de l'ancien droit coutumier et faire fi de ses nombreuses lacunes. Il est très rare aujourd'hui de tirer des pages de la Grande Coutume ou des écrits de son dernier grand commentateur, Guillaume Terrien, la solution d'un problème juridique se posant à Guernesey.

Une réévaluation du droit coutumier de Guernesey

Lorsque Elizabeth I chargea des commissaires d'aller s'enquérir de la « *situation réelle de l'Ile* », l'ordre en conseil *(Order in Council)* en date du 9 Octobre 1580 qui s'ensuivit indique que d'aucuns se plaignirent auprès d'eux d'une « *mauvaise administration de la Justice en raison de la liberté que le Bailiff et les Jurats [prenaient] de fonder leurs jugements sur des précédents qui ne [procédaient] ni d'une quelconque certitude ni d'une règle de droit … délaissant la Coutume de Normandie à laquelle ils [auraient dû] se tenir …* ». Il fut ordonné au *Bailiff* et aux Jurats de se conformer à la Grande Coutume sauf lorsqu'une divergence existait entre la pratique locale et la règle, auquel cas il leur incombait d'établir un rapport à l'intention du *Privy Council*[23]. Dans l'intervalle, ils ne devaient faire cas des écarts constatés par rapport à la Grande Coutume que dans la mesure où « *… ils pouvaient montrer qu'ils remontaient, sur place, à des temps immémoriaux …* ». L'ordre paraît ne pas avoir été respecté car un nouvel ordre en conseil *(Order in Council)* suivit, en date du 30 juillet 1581, qui, de nouveau, ordonnait que soit rédigé « *… un recueil desdites Lois et Coutumes …* ».

[22] Georg Wilhelm Friederich Hegel, 1770–1831, philosophe idéaliste allemand.

[23] Le *Bailiff* et les Jurats allaient être rejoints par 12 hommes désignés par le Gouverneur en vue d'établir leur rapport.

Terrien était apparu en 1574. Le *Bailiff* et les Jurats définissaient le droit de Guernesey par référence à Terrien, bien que la Grande Coutume elle-même datât alors de plus de 300 ans et que le roi de France n'eût cessé de faire valoir auprès du Parlement de Rouen la nécessité de remplacer ce qui constituait déjà, pour une large part, un texte obsolète. Les hommes de Guernesey produisirent leur rapport qui fut intitulé « *L'Approbation des Loix* » et indiquait quelles parts des écrits de Terrien et de la Grande Coutume étaient approuvées comme faisant partie du droit de Guernesey. Ce rapport acquit force de loi le 27 octobre 1583, date de l'ordre en conseil adoptant « l'Approbation ». Hélas, le 1er juillet 1583, précisément 17 semaines auparavant, les Commissaires désignés par le roi de France avaient achevé leur œuvre de révision de la Grande Coutume. C'est à cette date que les nouvelles *Coustumes du Pays de Normandie, anciens ressorts et enclaves d'iceluy*, ou *la Coutume Rédigée* ou *Réformée*, entrèrent en vigueur. Le droit de Guernesey fut par conséquent défini et enserré dans le corset juridique d'un ordre en conseil prenant pour référence un corps de règles récemment remplacé, dans une très large mesure, sur sa terre d'origine.

L'obsolescence de la Grande Coutume ressort de diverses lettre patentes adressées par Henri III aux titulaires de charges importantes en Normandie. Voici l'extrait d'une lettre en date du 17 juillet 1577 :

> « … les Rois nos predecesseurs ayent[24] par plusieurs fois ordonné que les coustumes de chacun des Bailiages & Seneschaussées de cestuy nostre Royaume soient accordés en l'assemblée des trois Estats d'iceux[25], redigées par escrit, omologuées, publiées & enregistrées par après[26] en toutes nos Courts & Jurisdictions, pour servir de Loy, & y avoir recours à l'avenir. Ce qui n'avoit encores esté executé en nostre pays de Normandie, combien que[27] par plusieurs fois il nous eust esté requis par les Estats dudit pays, & qu'il fust tres-necessaire : parce que les coustumes, usages & stil d'iceluy[28] ne se trouvent escrites qu'en un livre fort ancien, composé de langage & mots peu intelligibles, estans la pluspart d'iceux hors d'usage[29], & peu ou point entendus des habitans du pays : mesmes[30] aussi qu'aucuns articles de

24 « ont ».
25 « soient approuvées par l'assemblée des trois Etats ».
26 « ensuite ».
27 « bien que ».
28 « et procédures de ces lieux ».
29 « la plupart n'étant plus utilisés ».
30 « mesmes aussi… » : « Certains articles de coutume, employés dans ledit livre ancien, concernant aussi bien l'instruction que la décision lors dès procès, sont même devenus obsolètes d'un commun et tacite accord, du fait de leur non usage ; de même que sont nées de nouvelles pratiques, dont l'origine se trouve aussi bien dans des Ordonnances prises depuis lors par nosdits prédécesseurs que dans des Arrêts de notre Cour et dans l'usage commun. Désirant, pour ces raisons, que ladite coutume soit réduite… ». (Traduction de l'ancien français sous réserve (NdT)).

coustume, employez audit livre ancien, concernans tant l'instruction que decision des procès, sont antiquez d'un commun & tacite consentement par non usage : pareillement qu'il y a eu accession de nouvelles observances, provenues tant des Ordonnances depuis faites par nosdits precedesseurs, que Arrests de nostredite Court, & introduction de l'usage commun. Desirans pour ces causes que la dite coustume soit reduite … »

Ces propos suggèrent de nouveau que le moment n'était peut-être pas le plus opportun dans l'Histoire pour fonder sur la Grande Coutume le système juridique de nos territoires, cette dernière paraissant dans une grande mesure obsolète aux yeux d'Henry III et de sa cour dès 1577. Nous continuons pourtant à la lire aujourd'hui.

Vers l'an 1700 Thomas Le Marchant chercha à corriger les (nombreuses) erreurs commises dans l'Approbation ainsi qu'à expliquer de façon plus complète le droit de Guernesey[31]. Plus tard les Commissaires désignés par la Couronne en mai 1846 pour enquêter sur l'état du droit pénal dans les Iles Anglo-Normandes tinrent des propos particulièrement cinglants sur Terrien lui-même, disant de son œuvre :

« L'on prétend ici dresser l'état du droit normand à la date de l'ouvrage. Les différents chapitres de la Grande Coutume qui y sont contenus sont remaniés, et constituent une très faible part de l'ensemble. Le traité jouit parmi les juristes de Jersey d'une excellente réputation que nous peinons à expliquer. L'auteur semble avoir eu pour intention d'aménager et d'expliquer le Droit normand selon le système du Droit civil ; un projet que nous estimons mal conçu et mal exécuté. Le traité nous paraît particulièrement vague et peu satisfaisant ; il ne possède pratiquement aucune des qualités qui fondent l'autorité d'un texte de droit. … A Guernesey, pourtant, il a … bénéficié d'une très grande reconnaissance sous le règne d'Elizabeth … »[32]

Et :

« Si son ouvrage était, à d'autres égards, incontestable, sa forme suffirait en elle-même à le rendre impropre à l'usage auquel on l'a consacré. Mais le texte, qui ne se limite pas à la Coutume de Normandie, à laquelle il fut ordonné au *Bailiff* et aux Jurats de se conformer, mais s'étend aux Ordonnances de la Cour de l'Echiquier de Rouen et du Parlement de Normandie, ainsi qu'aux récents Edits des rois de France, contient des règles qui n'ont jamais été envisagées par les Ordres en Conseil *(Orders in Council)*. Quant aux notes, riches en discussions superflues rédigées dans

[31] *Remarques et Animadversions sur l'Approbation des Lois et Coutumier de Guernesey*. Le Marchant vécut de 1650 à 1714 mais l'ouvrage ne fut imprimé qu'en 1826.

[32] Issu du rapport sur Jersey.

un style courant à l'époque de Terrien, en décisions des juridictions françaises fondées sur des lois qui jamais ne prévalurent à Guernesey, et en exposés d'opinions contradictoires, elles ne sont certainement pas de nature à fonder un système juridique. La structure du traité nous paraît également mal pensée et nous le rend très peu pratique à utiliser. Dans certains cas, aussi, l'Approbation a déformé le sens de l'ouvrage de Terrien. »[33]

La sévérité des Commissaires était excessive. Terrien n'a jamais destiné son ouvrage à un tel usage. Il prêtait à ses lecteurs une certaine connaissance de la Grande Coutume. Il connaissait également la réalité du droit normand ; à savoir qu'il s'agissait d'un mélange constitué de droit strictement coutumier (normand), de l'influence d'autres coutumes, d'une jurisprudence normande et extra-normande, d'ordonnances royales et, en particulier, de Droit romain. Terrien citait fréquemment Justinien, par exemple. La Grande Coutume elle-même ne constitue pas un système juridique autonome ; elle ne prétend pas être un système exhaustif de droit civil. Elle n'a manifestement que peu à dire au sujet des délits et quasi-délits et du droit des contrats qui représentent une part considérable des sujets auxquels le droit civil doit s'intéresser (par opposition à la simple réglementation). S'il est vrai que l'homme ne peut vivre que de pain, il est aussi vrai qu'il ne peut vivre que de droit coutumier, à moins que l'on n'entende le mot « coutumier » comme désignant tout ce que le droit normand fut jamais dans tous les domaines, abstraction faite de ses origines et de la question de savoir s'il est antérieur ou postérieur à l'an 1204. Le roi était vêtu, mais plutôt légèrement, si l'on choisit une approche trop minimaliste.

L'évolution continue de la « common law » de Guernesey

Au cours des siècles qui suivirent les événements de 1583, et malgré ces événements, le droit de Guernesey continua d'évoluer et de s'adapter par référence au droit et aux pratiques de la Normandie continentale. Il est aisé de comprendre que cette influence a toujours été ressentie si l'on considère celle de la Coutume réformée, encore actuelle. En effet, Laurent Carey[34] a fréquemment cité la Coutume réformée. Les écrits des commentateurs de cette Coutume continuent d'être étudiés, et des exemplaires de Bérault, Godefroy, d'Aviron[35], Basnage, Pesnelle et Flaust se rencontrent dans les meilleures librairies de droit des Iles

[33] Issu du rapport sur Guernesey.

[34] *Essai sur les Institutions, Lois et Coûtumes de l'île de Guernesey*, rédigé dès 1769 (l'année de son décès) mais pas imprimé avant 1889. Il est manifeste qu'il fut modifié avant son impression, eu égard à un certain nombre de références à la législation postérieure au décès de Laurent Carey.

[35] Ces trois-ci sont généralement associés dans ce qu'on appelle « l'Amalgame » ; une nouvelle édition date de 1776.

Anglo-Normandes. Les ouvrages d'autres juristes français, non originaires de Normandie, ont eu dans le même temps un impact considérable, non seulement sur le droit français et normand, mais également sur celui des Iles Anglo-Normandes. Les figures de Jean Domat[36] et de Robert Joseph Pothier[37] se distinguent à cet égard, en particulier celle de Pothier, immense personnage, à classer même parmi les juristes les plus influents dans l'histoire du droit en Occident, y compris le droit anglo-américain. Pothier continue d'être fréquemment cité au sein des juridictions anglo-normandes, en particulier son *Traité des Obligations* ainsi que d'autres traités plus spécialisés relatifs, entre autres sujets, au contrat de vente (ce sur un territoire dépourvu de toute législation relative aux ventes de marchandises). Pothier n'était pas normand mais avait une très bonne connaissance du droit coutumier, ayant rédigé un commentaire détaillé de la coutume d'Orléans. Il avait également une connaissance approfondie du Droit romain, ayant, en effet, réédité dans son entier le Digeste de Justinien. Jamais marié, il consacra entièrement sa vie adulte à ses travaux de juristes, avant de décéder d'une brève maladie à l'âge de 73 ans[38].

Il est essentiel de signaler ce que le Code Civil doit à Pothier. Dupin, dans son ouvrage sur la vie et l'oeuvre de Pothier précédant son édition de 1827 des *Œuvres de Pothier* affirma[39] :

> « Les ouvrages de Pothier n'ont pas été reçus comme lois ; mais ils ont obtenu un honneur semblable : car plus des trois quarts du Code Civil ont été littéralement extraits de ses Traités. En effet, les rédacteurs de ce Code, persuadés qu'ils ne pourraient jamais imaginer un ordre plus parfait que celui que Pothier avait adopté pour ses divers traités, et que nulle part ailleurs ils ne trouveraient ni des principes plus sûrs, ni des décisions plus équitables, ont eu l'extrême bon sens de se borner à analyser ses ouvrages. »[40]

L'ensemble des considérations qui précèdent conduisent à penser que le Code

[36] 1625–96. Son ouvrage *Les lois civiles dans leur ordre naturel* a constitué une re-formulation très influente du Droit romain.

[37] 1699–1772.

[38] Un *Eloge* de Pothier figure au début de la traduction par Evans (1806) du *Traité des Obligations*, réédité par the Lawbook Exchange en 2000. Ce vibrant hommage à un homme ayant inspiré à ses pairs la plus haute estime qui se puisse concevoir n'est pas dépourvu d'humour ; par exemple : « Parfaitement libre de tout souci d'argent, il consacra sa vie entière à ses fonctions et à l'étude du droit ; il n'avait aucun autre devoir à remplir ni aucune autre inclination à satisfaire. Il n'eut jamais le moindre penchant pour le mariage. Il affirmait qu'il n'en avait pas le courage et qu'il admirait ce qui l'avaient. »

[39] Page cxiv.

[40] Les auteurs modernes jugeraient plus diverses les influences qui s'exercèrent sur le Code ; voir par exemple Halpérin, *Le Code Civil*, p. 101, qui, tout en admettant que les auteurs du Code ont littéralement copié des paragraphes entiers issus des ouvrages de Pothier, affirme « Tout le Code Civil n'est pas dans Pothier ».

Civil constituerait lui-même une nouvelle coutume, unifiant le droit français dont il formerait la synthèse des antécédents coutumiers et romains en puisant à la source de siècles d'élaboration de règles, de jurisprudence et d'expérience. De fait, il fut souvent reproché au Code de ne procéder que d'un remaniement de l'Ancien droit. Dans la mesure où le Code apportait de réels changements au droit pré-révolutionnaire, ceux-ci annonçaient largement des changements similaires qui plus tard ne manqueraient pas de se produire dans le droit des Iles Anglo-Normandes, tandis qu'ils se diffuseraient dans les systèmes juridiques occidentaux, comme par exemple l'introduction de la faculté de divorcer[41].

Modifications apportées au Code de 1804

Ceux qui sont convaincus que le Code procède davantage d'une évolution qu'il ne revêt un caractère révolutionnaire pourraient encore objecter que les changements législatifs qu'il a subis l'ont considérablement éloigné de l'original de 1804. C'est exact mais seulement dans une certaine mesure car en 2003, 1 193 articles sur les 2 283 que compte le Code demeuraient intacts. Ils étaient encore 1 716 en 1964, ce qui ne sert peut-être qu'à mesurer l'ampleur des changements que la plupart des Droits occidentaux ont connu depuis cette époque. Il est intéressant de noter que les domaines dont il est probable qu'ils aient connu les changements les plus importants, comme le droit de la famille, sont également ceux dont l'influence sur le droit de Guernesey est la moins probable. Par contraste, les dispositions du Code concernant le droit des contrats et des biens sont comparativement demeurées beaucoup plus proches de l'original de 1804. Même si le Code a évolué au cours de ses 200 ans d'existence, il n'en est pas moins le descendant et le dépositaire légitime du droit civil français ancien (et moderne), auquel la Normandie continentale peut s'identifier.

En résumé, le Code Civil est et demeure une source légitime d'inspiration pour Guernesey et plus généralement, nous le pensons, pour le droit des Iles Anglo-Normandes. S'il ne fait pas autorité « de plein droit » (pas plus que le droit anglais), il n'en constitue pas moins pour le droit contemporain de Guernesey une ressource de valeur, convaincante et sous-exploitée.

Le Code Civil en 2004

Le Code Civil en est à sa 103e édition[42]. Bien qu'un 4e livre très bref ait été ajouté à cette édition, contenant 18 dispositions propres à Mayotte, les 2 283 articles (2 281 en 1804) précédents demeurent divisés en un *Titre Préliminaire* (articles 1–6

[41] Bien que cette innovation particulière fut abandonnée en 1816.
[42] Dalloz ; maintenant à sa 104 ^e^ édition.

à la fois en 1804 et en 2004) suivi d'un *Livre Premier*, *Des Personnes* (articles 7–515 à la fois en 1804 et en 2004) d'un *Livre Deuxième, Des Biens et des Différentes Modifications de la Propriété* (articles 516–710 à la fois en 1804 et en 2004) et d'un *Livre Troisième, Des Différentes Manières dont on Acquiert la Propriété* (articles 711–2 281 en 1804 et 711–2 283 en 2004). Les trois divisions concernent donc (i) la situation juridique, les droits et les obligations des personnes physiques en tant que telles, (ii) la nature des biens en tant que tels et (iii) les modalités d'acquisition (et de perte) des droits de propriété. Le présent article n'autorise que le plus bref des voyages à travers le Code de 2004, dont il souligne quelques-uns des points saillants.

Livre Premier, Des Personnes

Les articles 7–16 (1-13) concernent les droits civils. Le droit français des droits humains jouit d'une avance considérable sur le droit anglais, ce qui s'explique par le caractère plus récent de la législation anglaise relative aux droits humains. Il serait particulièrement intéressant de voir comment le droit de Guernesey traiterait la question de savoir s'il existe un droit à la vie privée dont on puisse imposer le respect. Il est certain que la « common law » anglaise a sur ce sujet, ces derniers années, connu les contorsions les plus diverses.

Les articles 112–132 peuvent être d'un certain secours s'agissant du traitement des « absents ».

Les articles 388–487 concernent la tutelle, institution commune au droit de Guernesey et au droit français, dans le cadre de laquelle existe, par exemple, le conseil de famille ; même si les points les plus détaillés de la procédure ne seraient pas adoptés, contrairement au principe. De même aux articles 488–515 pour les adultes incapables et l'institution de la curatelle.

Livre Deuxième, Des Biens et des Différentes Modifications de la Propriété

L'utilité potentielle de cet ensemble, le plus petit des trois livres d'origine, est considérable pour le droit de Guernesey. Les articles 516–543 ont trait à la Distinction de Biens et accordent une importance particulière aux immeubles et aux meubles. Les articles 544–577 concernent le droit de propriété. L'article 544 est célèbre qui dispose :

> « La propriété est le droit de jouir et de disposer des choses de la manière la plus absolue, pourvu qu'on ne fasse pas un usage prohibé par les lois ou par les règlements. »

Les articles 578–636 ont trait à l'usufruit, au droit de l'usage et de l'habitation. En ce qui concerne l'usufruit, il existe à Guernesey une Ordonnance en date du 16 janvier 1854 intitulée *Rapport sur le Droit Coutumier à l'Égard de l'Usufruit établi sur les Immeubles*. Les différences sont ténues entre ce résumé du droit de Guernesey concernant l'usufruit et les dispositions du Code. En effet, une étude approfondie de l'Ordonnance révèle qu'elle s'inspire du Code, auquel elle fait de considérables emprunts. Ainsi la définition de l'usufruit au paragraphe 1er de l'Ordonnance est-elle issue mot pour mot de la définition figurant à l'article 578 :

> « L'usufruit est le droit de jouir des choses dont un autre a la propriété, comme le propriétaire lui-même, mais à la charge d'en conserver la substance ».

Les avocats de Guernesey, au dix-neuvième siècle, connaissaient sans aucun doute le Code Civil, ce qui était inévitable dès lors qu'ils avaient été formés dans une université française[43].

Les articles 637–710 concernent les servitudes et peuvent être, eux aussi, très utiles dans le droit moderne de Guernesey. La démonstration en a très récemment était faite dans l'affaire *Russell & Caine c. Gillespie & Ford* Royal Ct ; (Rowland, Deputy Bailiff) [2003] GRC 17. Les parties étaient respectivement propriétaires, en tant qu'ayants cause, de terrains adjacents situés non loin de Le Gouffre. Les terrains avaient appartenu à une seule personne qui avait légué ce qui était à présent le cottage du demandeur à son ancienne gouvernante. La donation comprenait « le droit, à pied et avec tous véhicules, sur et par l'allée et la cour appartenant au propriétaire de (l'autre bien–une maison) ... de passer et repasser à tous moments entre les lieux légués ... et la voie publique. » Après le décès du testateur, le testament fut normalement enregistré à la suite d'une requête auprès de la Cour Royale. Puis la maison fut vendue. L'ancienne gouvernante intervint en tant que partie à l'acte de vente dans lequel le droit de passage permettant l'accès au cottage fut confirmé et ratifié (ainsi que le bornage), les acquéreurs reconnaissant expressément que l'ancienne gouvernante et ses ayants cause bénéficieraient d'un droit de passage à pied et avec tous véhicules sur et par (l'allée). Par la suite, les propriétaires, prédécesseurs immédiats des défendeurs, dressèrent une barrière et des poteaux en travers de l'allée. La barrière fut réinstallée par les défendeurs qui prétendirent qu'en raison du fait que le testament n'avait pas indiqué que le droit de passage avait un caractère perpétuel, le testateur l'avait accordé à titre personnel à l'ancienne gouvernante et qu'il ne pouvait bénéficier aux ayants cause successifs. Il fut également affirmé que la vente suivante n'avait pas modifié ni accru le droit de passage. Bien que le terrain fût enclavé[44] et qu'il ait appartenu à une seule personne, les demandeurs ne

[43] C'est-à-dire obtenu un diplôme de droit français.

[44] C'est-à-dire clos et sans droit d'accès qui n'existe par l'effet de la loi.

prétendaient pas à une servitude fondée sur la nécessité ni à des droits qui auraient résulté du principe de *destination du père de famille*, en raison du caractère incertain et coûteux de ce type de négociation avec les défendeurs (bien qu'aucun de ces principes n'aient été en doute). Il fut jugé que la servitude était une servitude réelle, suivant la classification de Basnage, *Commentaires sur la Coûtume de Normandie*, 4e éd. 1778, classification qui fut également adoptée par Laurent Carey dans son *Essai sur les Institutions, Lois et Coutumes de Guernesey*. La servitude allait de pair avec le fonds servant et le fonds dominant. Telle était l'essence de la servitude *praedial* ou servitude réelle en Droit romain, du droit réel en droit anglais et de la servitude réelle ou prédiale dans la *Coutume de Normandie*. Si une servitude était une servitude réelle alors, par sa nature même, elle devait être réputée perdurer au profit des ayants cause successifs, sauf restriction expresse. La Cour cita et étaya son raisonnement par des passages du *Traité du Voisinage* de Fournel et du *Traité des Servitudes* 8e éd., de Pardessus, qui étaient considérés comme faisant autorité à Guernesey, bien qu'il s'agisse de textes datant du milieu à la fin du dix-neuvième siècle, concernant le droit français postérieur au Code civil.

Livre Troisième, Des Différentes Manières dont on Acquiert la Propriété

Les articles 711–1100 concernent le droit des successions, les donations entre vifs et les testaments. Le droit de Guernesey est sans doute suffisamment bien doté par sa propre législation pour que le Code Civil ne lui soit pas d'un grand secours ; mais on imagine sans mal certains points de principe sur lesquels il pourrait être utile, dans une mesure beaucoup plus grande que le droit anglais.

Les articles 1101–1369 contiennent des dispositions générales relatives aux contrats. Ces articles sont à l'évidence d'une grande utilité pratique s'agissant d'établir le droit des contrats de Guernesey. Il est important de noter à cet égard qu'il est probable que le droit anglais lui-même évolue vers un modèle continental. Il est très probable que nous assistions à une unification du droit commercial européen. En effet, un projet de code européen des contrats existe déjà.

Les articles 1371–1381 concernent les quasi-contrats et présentent un intérêt considérable, en particulier en matière d'enrichissement sans cause.

Les articles 1382–1386 concernent les délits et quasi-délits et représentent peut-être l'aspect le moins satisfaisant du Code Civil. Ils ne suffisent pas à fonder un système moderne de droit de la responsabilité et la jurisprudence française n'a pas remédié à cette insuffisance, d'où un recours très important à la jurisprudence anglaise et à celle du Commonwealth. Néanmoins l'article 1382 est un point saillant du Code et mérite d'être cité en entier :

Art. 1382 « Tout fait quelconque de l'homme, qui cause à autrui un dommage, oblige celui par la faute duquel il est arrivé, à le réparer. »

Les articles 1386(1-18) concernent la responsabilité du fait des produits défectueux. Il est peut-être d'un usage limité car il est presque certain que les principes généraux sont suffisants pour combler tout manque de spécificité dans le droit de Guernesey.

Les articles 1387–1581 concernent les contrats de mariage et les régimes matrimoniaux et ont peu à offrir au droit actuel de Guernesey, hormis la possibilité d'une vaste réforme de notre droit, proche du droit anglais, afin d'apporter des solutions plus heureuses à des problèmes auxquelles les juridictions doivent consacrer un temps considérable et qui consomment une grande part du budget de l'aide juridictionnelle.

Les articles 1582–1831 concernent entre autres les contrats de vente, d'échange et de louage.

Les articles 1832–1873 concernent les sociétés et ne sont guère utiles compte tenu de l'existence dans ce domaine d'une législation relativement récente et complète à Guernesey.

Les articles 1873(1-18) contiennent des dispositions potentiellement utiles concernant les conventions relatives à l'exercice des droits indivis.

Les articles 1874–1963 concernent les contrats de prêt ou de dépôt ainsi que le séquestre, équivalent du *stakeholder* anglais.

Les articles 1964–1983 ont trait aux contrats aléatoires, c'est-à-dire aux cas dans lesquels l'objet du contrat est incertain.

Les articles 1984–2010 concernent le mandat et pourraient également s'avérer d'une aide précieuse.

Les articles 2011–2043 concernent le cautionnement ou le droit des sûretés et pourraient être utiles ; en particulier en ce qui concerne les bénéfices de discussion (art. 2021 et suivants) et de division (art. 2026).

Les articles 2044–2061 concernent la transaction.

Les articles 2071–2203(1) concernent le nantissement ainsi que les privilèges et hypothèques, et pourraient, sous réserve des dispositions expresses de la loi de Guernesey, présenter quelque utilité. Notons par exemple la rédaction d'une reconnaissance de dette (*bond*) de Guernesey qui se conclut en ces termes : « En foi de quoi l'Emprunteur s'est présenté devant le *Lieutenant Bailiff* soussigné et les Jurats de la Cour Royale de cette Ile de Guernesey à la date figurant en tête du présent acte et a confirmé et ratifié cette reconnaissance de dette qu'il garantit d'honorer sur tous ses biens présents et à venir ». Il suffit de se reporter à l'article 2092, rédigé en ces termes : « Quiconque s'est obligé personnellement, est tenu de remplir son engagement sur tous ses biens mobiliers et immobiliers, présents et à venir » pour constater que ces dispositions sont du même cru.

Les articles 2204–2218 concernent l'expropriation forcée, c'est-à-dire la saisie immobilière.

Les articles 2219–2283 concernent la prescription et la possession et sont à l'évidence potentiellement très utiles pour le droit de Guernesey, même si l'on fait abstraction des durées précises.

Plus généralement, une aide peut être trouvée en ce qui concerne la signification de certains termes et expressions, telles que « bon père de famille » qui figure par endroits dans la loi et la jurisprudence de Guernesey, en particulier à la section 18(1) de la Loi sur les Trusts (Guernesey) de 1989 (telle que modifiée) ; voir par exemple les articles 601, 627, 1137, 1728, 1766, 1806 et 1880 du Code de 2004.

Les autres codes

Le temps nous manque pour étudier d'autres codes français mais je citerai le Nouveau Code de Procédure Civile qui à beaucoup à apporter, au moins potentiellement, dans les domaines du droit procédural de Guernesey dont les emprunts à la France, à un moment ou à un autre, sont manifestes. Je mentionnerai en particulier l'action oblique ou l'action paulienne comme concepts d'ores et déjà en développement dans les Iles Anglo-Normandes en tant que moyens de favoriser une exécution efficace[45].

Le droit anglais

Il est étrange que le droit de Guernesey doive, actuellement, adopter de façon presque inconditionnelle la jurisprudence et (indirectement) la loi anglaise. Les objections qui pourraient être opposées au Code Civil valent autant sinon davantage encore pour le droit anglais. Les principes sous-jacents à l'affaire *Morton c. Paint* [1996] 21 GLJ 61 s'appliquent aussi bien au droit français qu'au droit anglais[46]. L'explication en est simple mais guère satisfaisante : ceux qui façon-

[45] La première consiste pour un créancier à se substituer à son débiteur afin de réaliser ou de reconstituer l'actif de ce dernier à l'encontre des tiers (actif qui peut comprendre des créances de toutes sortes, comme par exemple l'intérêt détenu par le bénéficiaire d'un trust). Il semble quasi-certain qu'elle fasse partie du droit de Guernesey. La seconde est le moyen par lequel un créancier défait des opérations de nature frauduleuse destinées à faire obstacle à l'exécution. Elle est manifestement connue du droit de Jersey ; voir *In re Esteem Settlement* [2002] JLR 53.

[46] C'est-à-dire que la « common law » de Guernesey ne peut rester inerte et doit évoluer ; étant précisé qu'il est permis de se pencher sur le droit d'autres entités politiques pour voir comment le droit de Guernesey pourrait évoluer.

nent et pratiquent le droit de Guernesey connaissent beaucoup mieux le droit anglais que le droit français ; ce qui montre combien il est important que nous nous informions du droit français, ainsi que la nécessité de maintenir le lien historique entre le Barreau de Guernesey et l'Université de Caen. Un article comme celui-ci ne pourrait être écrit sans cette expérience.

La pertinence de la jurisprudence anglaise est, quoi qu'il en soit, de plus en plus sujette à caution. Il devient de plus en plus difficile de suivre les méandres des jugements anglais dans des matières qui devraient être assez élémentaires et pouvoir donner lieu à des solutions, eu égard en particulier aux centaines d'années d'existence de la « common law ». Un exemple récent nous est donné par l'affaire *Transco Plc c. Stockport Metropolitan Borough Council* [2003] UKHL 61. Cinq Lords, à savoir Lords Bingham, Hoffmann[47], Hobhouse, Scott et Walker ont médité, une fois encore, sur la nature et la portée véritables de la règle datant de près de 150 ans qui emprunte son nom à l'affaire *Rylands c. Fletcher* (1866) LR 1 Exch 265. Le fait même que cette « règle » demeure un sujet de controverse après tant de temps est en soi une source d'embarras pour le droit anglais[48]. Le fait, par ailleurs, que ce soit la troisième fois que la Chambre des Lords ait eu à examiner la relation entre cette règle et le droit de la *nuisance* et de la négligence, ne serait-ce qu'au cours des dix dernières années, est un autre témoignage de la situation peu enviable du droit anglais. Après avoir cité 52 affaires, 7 articles, un rapport de la *Law Commission*, 4 recueils et 5 lois, et avoir examiné le droit de 5 autres pays ou territoires, les Lords conclurent, dans l'espace comparativement modeste de 35 pages de format A4, que la règle *Rylands and Fletcher* subsistait bien en droit anglais–quoi que puissent en penser les Ecossais et les Australiens ; bien que la règle fut de nouveau confinée de telle sorte que l'usage n'en soit guère naturel. Quoi qu'il en soit, il n'existe pas à Guernesey de droit jurisprudentiel sur cette question. Que devons-nous faire ? Suivre l'Angleterre ou l'Australie ? L'exercice est complexe et coûteux. Il semble parfois que les réformateurs judiciaires anglais confondent l'arbre et la forêt. Ils devraient d'abord s'attacher à produire des jugements clairs et concis, qui éviteraient une telle incertitude ainsi que l'examen répété et souvent incohérent de sujets que l'on qualifierait volontiers de vieilles lunes. Un seul jugement au lieu de trois ou davantage nous serait d'une grande aide. Les juges devraient être tenus de se mettre d'accord. Ce ne sont pas les citations latines qui posent problème[49]. Quel profane pourrait-il comprendre quoi que ce soit au jugement

[47] Lui-même a été juge à la Cour d'appel des Iles Anglo-Normandes de 1980 à 1985.

[48] La règle est celle d'une responsabilité sans faute lorsque s'échappe une chose ayant été accumulée sur le terrain par suite d'un usage *non naturel*. Elle ferait en France partie du droit du voisinage.

[49] Les juridictions anglaises découragent aujourd'hui l'emploi d'expressions latines afin de rendre le langage juridique plus intelligible au commun des mortels, ce qui est absurde. Le problème qui se pose est celui du caractère incertain du droit auquel s'attachent ces expressions. Par exemple, la notion d'« erreur » (*mistake*) dans la « common law ». Ce mot anglais très ordinaire ne pose aucun problème, mais

Transco ? Le droit anglais relève désormais davantage de l'exercice nombriliste de scolastique médiévale que d'une tentative de produire des principes clairs, équitables et pratiques, d'application générale.

Que l'on songe également à la récente affaire *Lagden c. O'Connor* [2003] UKHL 64 (décision en date du 4 décembre 2003). Après 70 ans, le *Liesbosch* fut (de nouveau[50]) envoyé par le fond, cette fois pour toujours ; mais seulement au prix (qui sait combien il fut élevé en temps et en argent pour la justice ?) d'interminables querelles au sujet des « observations très débattues » de Lord Wright. Les Lords ne parvinrent pas pour autant à s'entendre quand au bien fondé de l'appel lui-même. La majorité (Lords Nicholls, Slynn et Hope) a rejeté l'appel ; la minorité (Lords Scott et Walker) l'aurait admis. Lord Scott alla jusqu'à affirmer que ce que proposait la majorité rendrait un « mauvais service à l'évolution du droit » (peut-on concevoir plus vibrant éloge ?) tandis que Lord Walker le qualifiait d'« ouverture dangereuse ». La majorité modifiait un principe arrêté dans l'affaire *Dimond c. Lovell*[51] antérieurement (mais récemment) jugée par la Chambre des Lords. Les deux affaires s'inscrivaient – tristes épisodes – dans le contexte d'une « course » entre les assureurs automobile et les sociétés pratiquant la location de voitures à crédit[52], laquelle avait connu un certain nombre d'étapes, dont l'une avait consisté à sonder les profondeurs de cette loi exécrable sur le crédit à la consommation (*Consumer Credit Act*) de 1974, sûrement l'un des plus mauvais textes de loi qui furent jamais conçus. Le seul Lord ayant pris part aux deux décisions était Lord Nicholls, qui s'était lui-même en premier lieu trouvé en minorité sur la question de l'évaluation des dommages ; mais qui se rattrapa dans l'affaire *Lagden*. De même Lord Scott s'était-il trouvé du mauvais côté tandis qu'il siégeait encore à la Cour d'appel dans l'affaire *Dimond*. Il fit valoir que la Chambre devait soit s'en tenir à la jurisprudence *Dimond* soit adopter le critère du « raisonnable » pour décider de la récupération de l'intégralité du prix de la location. Nous n'en dirons pas davantage.

essayez d'expliquer au profane les concepts du droit anglais qui s'y rapportent et voyez jusqu'où cela vous mène.

[50] Le fait qu'il ait été une première fois envoyé par le fond était la cause du problème. L'affaire avait trait à la question de savoir si un demandeur pouvait obtenir la réparation de dommages supplémentaires subis en raison de son impécuniosité ; par exemple lorsqu'un demandeur ne peut immédiatement acheter un article de remplacement et doit en louer un en engageant des frais finalement plus élevés. Le *Liesbosch* répondait par la négative, mais à tort.

[51] [2002] 1 AC 384.

[52] Note du traducteur : Il s'agit de sociétés louant un véhicule de remplacement à des personnes dont le véhicule personnel est hors d'usage par suite d'un accident, sans que le prix de cette location soit payé d'emblée (solution prévue par certains assureurs). La société de location s'efforce ensuite de récupérer le prix de la location (plus élevé que le prix normal) auprès de l'autre conducteur en le poursuivant au nom de la personne ayant loué la voiture. Cette pratique a donné lieu à un contentieux abondant.

Une codification pour Guernesey ?

Il est certain que la célébration en France du bicentenaire du Code Civil a provoqué un débat sur la codification en général et sur l'avenir du Code Civil en particulier. Peut-être les Iles Anglo-Normandes devraient-elles elles-mêmes réfléchir à la codification. Un code pénal des Iles Anglo-Normandes serait d'une grande utilité, en particulier à Guernesey où le droit pénal est un patchwork dont quelques-unes des pièces faisant le plus défaut n'ont été que récemment tissées avec l'adoption de la législation en matière de mise en liberté sous caution et de pouvoirs de police. Il n'existe toujours pas à proprement parler de loi régissant les atteintes à la personne et la gamme des sanctions est inadéquate.

Beaucoup serait également à dire en vue d'une codification qui concernerait au moins les principes de base de la responsabilité et du droit des contrats. Il serait assez simple de résoudre par anticipation les problèmes dont la résolution serait, à défaut, très coûteuse en temps et frais de justice. La question est de savoir si les Iles ont l'ambition et la volonté de relever pareil défi. L'occasion serait également excellente pour les deux baillages de Guernesey et de Jersey de coopérer dans des domaines qui ne sont pas nécessairement sensibles d'un point de vue politique, afin de concevoir un droit de qualité, utile dans la vie quotidienne. On ne peut que répondre par des hypothèses à la question de savoir dans quelle mesure l'effort d'élaboration du droit et les coûts y afférents consistent en une répétition d'efforts accomplis et de coûts supportés par ailleurs ; dans une large mesure, je crois.

Conclusion

Dans l'affaire *Vaudin c. Hamon* [1974] AC 569 jugée en *Privy Council*, Lord Wilberforce s'exprima en ces termes :

> « S'il n'est pas impossible, dans un sens très général, qu'il existe une certaine similitude élémentaire entre le Droit romain, à différentes périodes, les différentes Coutumes applicables en diverses régions de France, le Code Civil de Napoléon, la loi applicable à Jersey et celle en vigueur à Guernesey, cette similitude est trop générale et approximative pour être d'un grand secours dans une affaire particulière : elle dissimule, à l'évidence, de grandes différences non seulement sur des questions de détail mais également en matière de principes. L'examen des différentes règles de prescription applicables révèle, dans le cadre de ces systèmes supposés analogues, des exemples de prescriptions purement extinctives,

de prescriptions qui éteignent la sanction sans éteindre le droit, de prescriptions purement acquisitives et de prescriptions ayant pour double effet de conférer la propriété et d'éteindre les prétentions antagonistes. …

Ainsi, bien que cette instance (*Board*) ait souligné dans l'affaire *La Cloche c. La Cloche* (1870) LR 3 PC 125, qu'il convenait de se pencher sur des systèmes de droit liés au nôtre, et de prêter une oreille attentive à leurs commentateurs, afin d'élucider le sens des termes, la disposition légale particulière examinée dans le cadre d'une affaire – en l'espèce le droit de Guernesey relatif à la prescription – doit être interprétée à la lumière de la terminologie, du contexte et de l'histoire qui lui sont propres. »

Cette déclaration date de trente ans. Elle demeure exacte, aussi loin qu'elle aille ; mais le droit a évolué. Le point de vue a changé. Les juridictions anglaises sont certainement plus disposées que jamais à prendre en compte le droit de l'Europe continentale. Lord Wilberforce n'a peut être pas accordé un crédit suffisant au Code Civil en tant que successeur légitime, entre autres, du droit normand. Il convient de noter que Lord Hope, dans une affaire beaucoup plus récemment jugée par le *Privy Council* (pour Jersey, il est vrai), *Snell c Beadle* [2001] JLR 118, a cité avec enthousiasme le droit romain et le droit écossais, tout en continuant d'exprimer des réserves au sujet du droit français moderne, tirées de l'article de Southwell JA publié en 1999 par la revue Jersey Law Review. Nous continuons de subir le contrecoup du fait que le *Privy Council* ait donné raison à l'appelant dans l'affaire Snell.

Ce que ces affaires tendent à faire oublier c'est qu'il ne s'agit pas, pour les juristes de Guernesey, d'analyser avec une minutie d'expert médico-légal une quelconque disposition du Code Civil pour en tirer des preuves d'ordre étiologique, et encore moins de prouver qu'elle succède directement à une disposition du droit normand (et encore de la Grande Coutume). La relation entre les deux est beaucoup plus subtile. Le Code Civil conserve l'esprit du droit coutumier dans une bien plus grande mesure que le droit anglais, ce qui lui confère le droit d'être consulté et cité par les juristes de Guernesey.

Gérard Cornu écrivit au sujet du Code Civil ces mots qui méritent réflexion :

« … on a et on aura toujours au moins une raison de célébrer le Code de 1804 : reconnaître en lui le tournant historique qui a consacré l'unité de la France civile ; saluer ce point d'accomplissement de si loin amené où, par la confluence de toutes les sources du droit, les apports de toutes les France, se sont liés en un corps unique de droit, Ancien droit en sa double branche coutumière et écrite, ordonnances royales, œuvres des jurisconsultes et, dans la fulgurance des idées révolutionnaires, droit intermédiaire. Cette union puissante a scellé, à la base de notre société, l'affranchissement des terres et la liberté des personnes, l'égalité civile, la sécularisation du mariage et l'état civil, la propriété privée, la liberté contractuelle, la responsabilité individuelle, la liberté testamentaire pondérée par la réserve héréditaire, l'égalité des partages, la libre circulation des biens et, sans le mot, la neutralité confessionnelle du droit civil. »[53]

Le Code Civil n'a pas encore joué un rôle aussi complet que celui qu'il pouvait et qu'il aurait dû jouer dans le droit de Guernesey. Cela s'explique par des raisons historiques telles que, pour la période la plus récente, les dix années de guerres mondiales dévastatrices qu'a connu le vingtième siècle et les grands bouleversements politiques et culturels qu'ont causés ces événements. L'Europe est également riche de possibilités d'un point de vue politique, culturel et juridique, où que l'on se situe dans la gamme des opinions – que l'on soit partisan d'une zone de libre échange ou plutôt favorable à la création de ce qui devrait être une superpuissance. En toute hypothèse le droit européen va connaître une évolution rapide. Les Iles Anglo-Normandes jouissent d'une situation exceptionnelle, entre le « camp » anglo-américain et le « camp » continental. Nous devrions davantage utiliser le droit français et en particulier le Code Civil, tout en faisant évoluer et en conservant notre droit distinct et indépendant. Il est rare qu'un seul système juridique puisse se mouvoir avec aisance entre les principes du droit civil et ceux de la « common law », en embrassant 800 ans d'un regard informé et d'une perpétuelle vigilance.

Gordon Dawes
Advocate of the Royal Court of Guernsey
Translated byJean-Marc Sahuc, Juriste Linguiste

[53] Voir *Réflexions en attendant le tricentenaire* de Gérard Cornu, dernier article figurant dans le *Livre du Bicentenaire*, ibid.

THE AUTHORS

François Neveux est professeur d'histoire du Moyen-Age à l'Université de Caen. Auteur de nombreux articles, il a publié plusieurs livres: L'Évêque Pierre Cauchon (1987), Bayeux et Lisieux, villes épiscopales à la fin du Moyen-Age (1996) et la Normandie, des ducs aux rois, Xe-XIIe (1998). Il a également dirigé des ouvrages collectives (avec Pierre Bouet): Les Normands en Méditerranée (1994), Les Évêques normands du XIe siècle (1995) et les Saints en Normandie (1999). Membre de l'Office Universitaire d'Études Normandes (OUEN) et du Centre de Recherche en Histoire Quantitative (CRHQ) de l'Université de Caen, François Neveux est aussi organiste titulaire des grande orgues de la cathédrale de Bayeux.

Dr Gregory Stevens-Cox was educated at Beauminster Grammar School. Won an open exhibition to St John's College, Oxford. Read classics and oriental languages (BA, Hons). Awarded M. Ed with distinction by Exeter University. Awarded a Ph.D. by Leicester University. Monograph of St Peter Port recommended by Royal Historical Society for publication. Author of several entries for The Oxford Dictionary of National Biography. School master at Blanchelande Girls' College.

Eric Barré, enseignant consulaire, est doctorant en histoire à l'Université de Caen. Spécialiste d'histoire maritime, il prépare une thèse ayant pour sujet: "La vie maritime en Normandie au travers des registres de l'Echiquier de Normandie (1337–1497)". Il est délégué pour la Normandie de la Société Française d'Histoire Maritime, secrétaire général adjoint de la fédération des Sociétés archéologiques et historiques de Normandie, et auteur de plusieurs articles sur le département de la Manche et les îles Anglo-Normandes Durant le Moyen Âge parus dans la *Revue de la Manche* et la *Chronique d'histoire maritime*. Organisateur de colloques sue le monde maritime, il est member du comité scientifique du Pôle maritime de l'Université de Caen.

The Bailiff. Certificat course in Caen – 1965.

Sophie Poirey est maître de conferences en Histoire du droit à la Faculté de droit et de sciences politiques de l'Université de Caen, spécialisée en droit normand et institutions normandes. Elle dirige le *Diplôme d'Études Juridiques et normandes,* créé en partenariat entre le l'Université de Caen et le bailliage de Guernesey. Elle est l'auteur d'articles sur le droit Normand parus dans la *Revue d'Histoire du Droit*, les *Cahiers Gilles de Gouberville*. Membre à la Faculté de droit et de sciences politiques de l'Université de Caen, membre du *Centre d'Études*

Normand sur la Théorie et la Régulation de l'État (CENTRE), elle est co-directrice de *l'Office Universitaire d'Études Normandes* (OUEN). Elle est par ailleurs member de la *Société française d'Histoire du droit*, et de la *Société Nationale Académique de Cherbourg*.

Advocate St John Robilliard. Born and educated in Guernsey (Elizabeth College) and also Emmanuel College, Cambridge (M.A, LL.B). Lecturer in Law, University of Manchester 1976–1987; called to English bar 1985; with Nigel Harris and Partners, Jersey 1987–1994; Ozannes, Guernsey 1994. Advocate of the Royal Court of Guernsey 1996, Partner 1999. Author "Religion and the Law" (1984). Co-Author "Police Powers and the Individual" (1986). Regular contributor articles and conferences.

Martin Collins, QC. Called to the Bar of England in 1952 and took silk in 1972, retired from practice in 2002, since when has lived in Normandy. Deputy Chairman of Cumberland Quarter Sessions 1964–1972 and then Recorder of the Crown Court to 1988. Deputy High Court Judge. Judge of Appeal Jersey 1984–1999 and Guernsey 1984–2000. Commissioner Jersey Royal Court 1999–2002.

Robert Lockley Turner. The Senior Master of the Supreme Court, Queen's Bench Division and the Queen's Remembrancer since 1996. Served in the Regular Army for 8 years including tours in Germany and Aden. Practised at Common Law Bar in London and on Midland and Oxford Circuit 1967–1984; a Recorder of the Crown Court, 1981–1984; Master of the Supreme Court, Q.B.D., 1984–1996, Prescribed Officer for Election Petitions, 1996, Member of Notarial Board, President of the Institute of Credit Management, Visiting Fellow to International Maritime Institute, Malta; Advisor to Law Reform Commn, Malta 1993. Assessor, Access to Justice Inquiry, 1994–1996.

During his 17 years at the Bar he specialised in P.I. and employment law mainly in London, the Midlands and the North East. As Senior Master he has been responsible for the introduction of the new Civil Procedure Rules into the High Court. During the past 8 years he has visited New Zealand, Malta, Singapore, Uganda, Kenya, Northern Ireland, Scotland and Jersey to lecture on the handling of civil litigation. He has assisted in the preparation of new civil codes in some of these countries. At the Royal Courts of Justice he has had the opportunity of meeting many visitors, both judges and court officials from the Commonwealth.

Dr Tim Thornton works on the late medieval and early modern, political and social history of the British Isles, spanning the period c. 1400–1650. He specialises in the non-English territories of the crown. Tim studied at New College, Oxford, where he was a scholar and senior scholar, 1986–93. In 1997 he was awarded the

Royal Historical Society's David Berry prize for his work on the Isle of Man; in 1999 he was proxime accessit for the Society's Alexander Prize for an essay on the palatinate of Durham. He was the first scholar based in a new University to win one of the Society's prizes. Tim is currently Head of the Department of History, English, Languages and Media at the University of Huddersfield.

Dr Darryl Ogier studied at the University of Warwick, 1986–92 and his doctoral thesis appeared in 1996 as *Reformation and Society in Guernsey* (Woodbridge 1996). He is the author of several articles, and also the forthcoming *Government and Law of Guernsey*. He is a Fellow of the Royal Historical Society, and since 1996 has been Island Archivist and *Archiviste de la Court Royale*. He is married and has three young children.

Corinne Bléry, maître de conferences en droit privé à la Faculté de droit et de sciences de l'Université de Caen, est member du Centre de Recherches en Droit privé et responsable des échanges internationaux (programme ERASMUS). Elle publié L'efficacité substantielle des jugements civils (2000), en collaboration avec Bernard Beignier Introduction au droit (2004), de nombreux articles de droit privé et a travaillé sur des nombreux articles de droit privé et a travaillé sur le survivances coutumières après la Révolution française.

Advocate John Kelleher is an Advocate of the Royal Court of Jersey and a partner in Carey Olsen. He has a Ph.D in history for his work on nineteenth century Jersey. He appeared as Counsel in the following leading customary law cases:

Selby v Romeril (Royal Court) 1996 JLR 210
Snell v Beadle (nee Silcock) (Privy Council) 2001 JLR 118

Most recently he was counsel for the Plaintiff in *Les Pas Holdings Ltd v HM Receiver for Her Majesty and Greffier of the States of Jersey for the Public*.

William Simpson practised as an English barrister, and also in Cayman and the British Virgin Islands, in the 1980's, before joining Ozannes in 1991. He is currently a partner in Ogier & Le Masurier, based in Guernsey.

Jeremy Muir is a Barrister & Solicitor (New Zealand) and an aspirant to the Guernsey Bar, having completed both the local exams and the Certificat at Caen. Currently with Ogiers in Cayman, he previously worked for their Guernsey office.

Gordon Dawes is a Barrister (England & Wales) called in 1989 and an Advocate of the Royal Court of Guernsey (2001). He is the author of Laws of Guernsey, Hart Publishing, 2003 and a member of the editorial board of the Jersey Law Review. He is a partner in the litigation department of Ozannes, Advocates and Notaries Public, St Peter Port.

PROGRAMME OF EVENTS

Thursday 10 June 2004

09.30 Opening ceremony at the Royal Court
10.00 Procession to the Town Church
10.15 Church Service and organ recital
11.00 François Neveux Professor d'histoire, Université de Caen – "La Commise de 1204"
11.30 Dr Gregory Stevens-Cox – "Crime and Punishment in Medieval Guernsey"
12.00 Eric Barré, docteur en histoire – "L'échiquier de Normandie en 1204"
14.00 Sophie Poirey, Maître de conferences en histoire du droit, université de Caen – "Le role du lignage dans l'union matirmoniale en Normandie"
14.30 Advocate St John Robilliard – "Guernsey Perceptions of Duke and Duchy"
15.00 Martin Collins QC – "Lésion Ultradimidiaire"
15.30 Master Turner – "An Account of the Growth and Development of the English Court of Exchequer"

Friday 11 June 2004

10.00 Dr Tim Thornton – "English attitudes to the laws of the Channel Islands in the early modern period"
11.00 Dr Darryl Ogier, States Archivist – "New-born child murder in Reformation Guernsey"
11.30 Corinne Bléry maître de conferences en droit privé, Université de Caen « L'évolution du regime matrimonial normand après 1789 »
12.00 Advocate John Kelleher – "The mysterious case of the ship abandoned off Sark in 1608: the customary law of Varech and choses gaives"
1.00 Closing Ceremony

[The two papers of William Simpson & Jeremy Muir and Gordon Dawes were not read at the Rencontre but written for it.]

COMMISE 1204

On 24th June 1204, Rouen, principal city of the Duchy of Normandy, surrendered to the invading King Philip Augustus of France. John, King of England and Duke of Normandy, had forfeited the Duchy to the French King. That forfeiture and the process completed by Philip's military conquest is known as the *Commise*. The Duchy was re-absorbed into the Kingdom of France; all, that is, save for the Channel Islands, which remained loyal to the English Crown and continue to this day as Crown Dependencies.

Notwithstanding the *Commise*, mainland Normandy retained its distinct laws and customs, at least until the introduction of the Code civil in 1804 (and even beyond). The Channel Islands continue as independent jurisdicitons with their own laws and customs.

In 2004 the 8th centenary of the *Commise* was commemorated throughout Normandy. On 10th and 11th June 2004 academics and lawyers from England, Guernsey and France met in the Royal Court, St Peter Port in order to present and discuss papers on aspects of the history and law of both continental and insular Normandy. This book gathers together those papers and is both an important and enduring contribution to the study of their subjects.